宁夏大学"提升中西部高校综合实力项目"资助出版

宁夏大学引进人才科研项目
（BQD2014004）

西夏文献研究丛刊

《天盛律令》典当借贷门整理研究

于光建 著

杜建录 波波娃 主编

上海古籍出版社

总　　序

　　西夏在中国,大量的西夏文献收藏在俄罗斯,西夏研究成为中俄两国共同关注的学术领域。为此,2009 年在国家领导人的亲切关怀下,中俄人文合作委员会秘书处(教育部)将"西夏文化研究"列入两国语言年活动项目,由宁夏回族自治区教育厅和宁夏大学承担。在教育部的指导下,宁夏大学西夏学研究院和俄罗斯科学院东方文献研究所签订协议,成立中俄人文合作交流机制下研究机构——中俄西夏学联合研究所,宁夏大学西夏学研究院院长杜建录教授任中方所长,俄罗斯科学院东方文献研究所所长波波娃教授任俄方所长。

　　2010 年 7 月 26 日,我利用中国高等教育学会外国留学生教育管理分会银川学术年会间隙,专门考察了宁夏大学西夏学研究院,该院主持完成的《中国藏西夏文献》《中国藏黑水城汉文文献》《说西夏》等著作,给我留下了深刻的印象。作为中俄人文合作委员会教育合作分委会主席,我高兴地看到,中俄西夏学联合研究每年都有新成果、新亮点。2010 年 10 月中俄西夏学联合研究所在宁夏大学揭牌,2011 年 9 月俄中西夏学联合研究所在俄罗斯科学院东方文献研究所揭牌。连续召开三届西夏学国际学术论坛,一批西夏学中青年骨干赴俄罗斯访问研究。更令人欣慰的是,两国学者不是停留在一般性的往来上,而是围绕西夏法律文献、社会文书、佛教典籍等领域开展实质性的合作研究,相继完成"西夏社会文书研究"、"夏译《孟子》研究"、"天盛律令研究"、"党项西夏碑刻研究"、"西夏《功德宝集偈》跨语言对勘研究"、"黑水城出土汉文文书释录"等课题,陆续出版的《西夏文献研究丛刊》和《黑水城出土汉文社会文书释录》,就是其中的一部分。

　　中俄西夏学联合研究源远流长，上世纪 30 年代，《国立北平图书馆馆刊》刊出西夏文专号，中苏等国西夏学者发表成果，相互酬唱，成为佳话；90 年代以来，中俄两国学者联合整理出版大型文献丛书《俄藏黑水城文献》；进入新世纪，中俄人文合作交流框架下的西夏学合作研究，是在西夏文献整理出版基础上的深入研究，相信在两国政府的支持和两国学者的共同努力下，一定会取得丰硕的成果，为推动中俄全面战略协作伙伴关系的发展做出应有贡献。

中俄人文合作委员会

教育合作分委会中方主席

郝　平

二〇一四年十一月二十六日

目　　录

绪　　论

一、选题缘由及意义

宋辽西夏金时代，是中国封建社会继续发展的时期。由唐朝中期开始的社会变革，到宋朝已完全定型。[①] 大变革的表现之一就是商品经济的长足发展和繁荣，促使了租佃和借贷契约关系在生产关系中发挥的作用日益重要，由此而引发了社会阶级关系的重大变革。随着生产方式的转变和生产力的提高，与宋朝并立的少数民族政权西夏，在这样的时代变革背景下，其境内的商品买卖、典当、借贷经济在契约关系中也较为活跃。与之相适应的西夏法典《天盛改旧新定律令》（以下简称《天盛律令》）专门制定了严格而详细的典贷律法，将典当借贷经济纳入到法律的规范和保障之下，使之合法而有序地发展。

现藏于俄罗斯科学院东方文献研究所的西夏文《天盛律令》卷三《当铺门》、《催索债利门》、卷十一《出典工门》及卷十七中"官物借贷"为典当借贷及相关条文。从戈尔芭乔娃、克恰诺夫《西夏写本和刊本》[②]公布的俄藏黑水城西夏法律文献目录中，得知《天盛律令》总共有 124 个编号，未考订具体内容者有 23 个编号。其中属于卷三的有 Инв. NO154、156、169、2572、2576、2578、2580、2590，共 8 个编号。《俄藏黑水城文献》第八册刊布的《天盛律令》甲种本，[③]刊布的卷三有四个编号，即在 ИнвNO169、Инв. NO2576、Инв. NO2578 三个文献缀合的基础上，增加了 Инв. NO4188，构成了通行的《天盛律令》卷三。增加的

[①] 朱瑞熙、张邦炜、刘复生、蔡崇榜、王曾瑜著：《辽宋西夏金社会生活史·前言》，中国社会科学出版社 1998 年，第 1 页。

[②] 〔俄〕戈尔芭乔娃、克恰诺夫著：《西夏文写本和刊本》，第 46～68 页，见中国社会科学院民族学与人类学研究所编，白滨译《民族史译文》第 3 辑，1978 年。

[③] 俄罗斯科学院东方学研究所圣彼得堡分所、中国社会科学院民族学研究所、上海古籍出版社编：《俄藏黑水城文献》第 8 册，上海古籍出版社 1998 年。

Инв. NO4188 仅有 1 页,内容是卷三门类条目。克恰诺夫俄译本①《天盛律令》卷三是利用 Инв. NO2576、154、2580 三个编号文献缀合的。据此比较可知,目前仍有 Инв. NO156、2572、2590 三个编号的文献尚未刊布。

《西夏写本和刊本》记录的《天盛律令》卷十一共有 Инв. NO174、175、176、177、178、179、180、180a、713、2591,共 10 个编号。但《俄藏黑水城文献》第八册刊布卷十一的条例只是在 Инв. NO176、178、180 三个文献基础上缀合而成。克恰诺夫俄译本《天盛律令》卷十一是利用 Инв. NO2591、178、180、179 缀合的。目前还有编号 Инв. NO174、175、177、180a、713 五个编号文献没有刊布。

上述可见,《天盛律令》甲种本是由多种编号缀合的文本,不是完全意义上的西夏版本,编者在若干写本中,选择存字较多的一种,为学界缀合出一部相对完整的西夏文本,开山之作,功不可没。但由于文献完残不一,即使是很残的复件,往往也能补缀文本之缺佚。加之,文献整理缀合是一项非常复杂的工作,难免挂一漏万。如卷十五《催缴租门》漏译第一、二行;《催缴租门》第三至十一行被错置在《春开渠事门》,因此,有必要对通行的文本进行校勘补正。② 这是其一。

其二,汉译本《天盛律令》开创了直接将西夏法律文献译成汉文的先河,尤其是史金波等先生利用整理俄藏黑水城西夏文献的便利,通过西夏文佛经发愿文、夏译汉籍、西夏文辞书、类书、诗歌等文献中的资料,解决了大量法律术语和名物制度的翻译,不仅为研究者提供了完整的汉文译本,而且为后来翻译西夏文《亥年新法》、《法则》等法律文献提供了重要依据,也为解读西夏社会文书提供了重要依据,成为迄今最为通行、影响最大的译本。

但西夏文是一种死文字,西夏文《天盛律令》又是多种文本缀合,目前通行的汉译本除了所依据西夏文本缺漏、页码错乱等方面的问题外,在译文上还存在进一步探讨的地方,如有的是意译,有的是音译,缺少利用夏汉对音对义小辞书《番汉合时掌中珠》、夏译汉籍、夏译佛经等西夏时期的对译材料进一步考证注释,学界在使用过程中往往出现望文生义的现象,为此非常必要进一步考释,以便研究者使用。

其三,传世的 1 500 余件西夏文社会文书中,买卖、借贷、租赁等契约文书多达 500 多件,《天盛律令》中典当借贷条例又非常详尽,这样一来,把西夏法律制度层面的规定和实际运用层面上的典当借贷文契结合起来研究成为可能。在杜建录等老师的积极倡导下,

---

① 〔俄〕Е. И. Кычанов, *Измененный и заново утвержденный кодекс девиза царствования небесное процветание 1149 – 1169*, кн.1, Москва: Наука, 1987.
② 潘洁:《〈天盛改旧新定律令・催缴租门〉一段西夏文缀合》,《宁夏社会科学》2012 年第 6 期,第 94~96 页。

这种研究正成为当前西夏学研究的新趋势。

其四,"俄藏西夏法律文献整理研究",是中俄人文合作委员会重点项目,由宁夏大学西夏学研究院和俄罗斯科学院东方文献研究所联合实施,为本选题的研究创造了条件。

二、国内外研究进展

二十世纪初,俄国探险家科兹洛夫从我国内蒙古额济纳旗黑水城盗运走了大批珍贵的西夏文献文物,其中就包括西夏法典《天盛律令》在内的诸多法律文献,这批文献现藏于俄罗斯科学院圣彼得堡科学研究中心东方学研究分所。1932 年,前苏联著名西夏学专家聂历山在《国立北平图书馆馆刊西夏文专号》发表了《西夏书籍目录》,首次将《天盛改旧新定律令》的消息公布于世,而且在其另一著述《西夏语研究小史》中将其名称翻译为《天盛年变新民制学》,聂历山由此也成为浩如烟海的俄藏黑水城文献中发现《天盛改旧新定律令》的第一人。1963 年,戈尔芭乔娃和克恰诺夫在编著《西夏文写本和刊本》中对该西夏法典的藏号、文献特征、卷次、保存状况等进行了较为详细的著录。

(一)《天盛律令》的翻译与研究

鉴于该法典对解释西夏社会历史面貌的重要性,克恰诺夫开始专注于西夏文《天盛改旧新定律令》的译释研究工作,先后发表的一系列相关研究文章中引用了该法典的内容。1987 年至 1989 年克恰诺夫出版了俄文版《天盛改旧新定律令》四卷本。[①] 第一卷为其对该法典的研究成果,第二至四卷是他对西夏文《天盛改旧新定律令》的翻译和图版,取得了较高的研究成果,让学术界第一次看到了《天盛律令》的基本全貌和内容,引起了国内外西夏学研究者对该法典的高度关注和重视。

1988 年,我国学者李仲三先生将克恰诺夫俄译本中的《天盛律令》第一至七卷翻译成汉文《西夏法典》(1 至 7 卷)。[②] 1994 年,我国西夏学专家史金波、聂鸿音、白滨三位先生将西夏文《天盛律令》进行了全文汉译,由科学出版社出版了汉译本《西夏天盛律令》。1998 年,《俄藏黑水城文献》第 8、9 册出版,根据俄藏黑水城文献中的大量西夏文法律文献,刊布了整理缀合后较为完整的西夏文《天盛改旧新定律令》(俄藏甲种本)以及其五种写本及

---

① 〔俄〕E. И. Кычанов, *Измененный и заново утвержденный кодекс девиза царствования небесное процветание 1149 - 1169*, кн.1, Москва：Наука, 1987.

② 〔俄〕克恰诺夫著,李仲三译：《西夏法典》(1—7 卷),宁夏人民出版社 1988 年。

残页,补充了克恰诺夫俄文本中所缺的《名略》等大量内容。之后,史金波等先生重新对先前出版的汉译本进行了修订,出版了《天盛改旧新定律令》(后文以"汉译本"简称),成为学界最为通行的汉译本。①

汉译本的出版,引起了国内外对西夏法律制度研究的热潮,学界推出了一批有关西夏法律及其制度的著作。如,王天顺《西夏天盛律令研究》②、杨积堂《法典中的西夏文化——西夏天盛改旧新定律令研究》③、杜建录《〈天盛律令〉与西夏法制研究》④、姜歆《西夏法律制度研究——〈天盛改旧新定律令〉初探》⑤、陈永胜《西夏法律制度研究》⑥、邵方《西夏法制研究》⑦等著作,在探讨《天盛律令》特点、研究条文内容等基础上,论述了西夏的刑法、民法、经济法、财政法、军事法、行政法、宗教与禁卫法等,阐述了其特点和历史文献价值,为研究西夏法制及其社会制度打下了基础。

此外,自从《天盛律令》的汉译本出版以来,依据《天盛律令》,许多学者从历史学、法学、文献学角度发表了百余篇文章,从微观角度来研究西夏的法律、职官、农业、水利、畜牧业、商业、宗教、婚姻、丧葬等一系列问题,取得了丰硕的成果。如杜建录《西夏畜牧法初探》从国有牧场的管理、群牧生产及其产品分配三个方面对西夏畜牧法进行了详细论述。⑧ 韩小忙《天盛律令与西夏婚姻制度》对卷八《为婚门》的内容进行了梳理,并结合唐宋律法,讨论了西夏的婚姻制度和特点。⑨ 杨蕤《〈天盛律令·司序行文门〉与西夏政区刍议》通过对司序行文门的解读,廓清了西夏政区概况,并纠正了汉文史籍对西夏政区记载的不足,并就政区特点进行了讨论。⑩ 王天顺《〈天盛律令〉与西夏社会形态》探究了西夏的社会形态。⑪ 崔红芬《〈天盛律令〉与西夏佛教》依据《天盛律令·为修寺僧道门》讨论了西夏的法典对佛教、道教及僧道的规定和制度。⑫

(二)汉译本《天盛律令》补正

尽管西夏文《天盛律令》图版已经在《俄藏黑水城文献》刊布,汉译修订本也已经出版,

---

① 史金波、聂鸿音、白滨译注:《天盛改旧新定律令》,法律出版社 2000 年。
② 王天顺:《西夏天盛律令研究》,甘肃文化出版社 1998 年。
③ 杨积堂:《法典中的西夏文化——西夏天盛改旧新定律令研究》,法律出版社 2003 年。
④ 杜建录:《〈天盛律令〉与西夏法制研究》,宁夏人民出版社 2005 年。
⑤ 姜歆:《西夏法律制度研究——〈天盛改旧新定律令〉初探》,兰州大学出版社 2005 年。
⑥ 陈永胜:《西夏法律制度研究》,民族出版社 2006 年。
⑦ 邵方:《西夏法制研究》,人民出版社 2009 年。
⑧ 杜建录:《西夏畜牧法初探》,《中国农史》1999 年第 3 期,第 107～113 页。
⑨ 韩小忙:《〈天盛律令〉与西夏婚姻制度》,《宁夏大学学报》1992 年第 2 期,第 31～38 页。
⑩ 杨蕤:《〈天盛律令·司序行文门〉与西夏政区刍议》,《中国史研究》2007 年第 4 期,第 121～131 页。
⑪ 王天顺:《〈天盛律令〉与西夏社会形态》,《中国史研究》1999 年第 4 期,第 132～143 页。
⑫ 崔红芬:《〈天盛律令〉与西夏佛教》,《宗教学研究》2005 年第 2 期,第 158～163 页。

但仍有许多残卷尚未公布,汉译本中也存在缺译、误译现象。如,日本学者佐藤贵保《西夏法典贸易关联条文译注》①对汉译本中有关贸易条文错误进行了纠正考释,其《未刊俄藏西夏文〈天盛律令〉印本残片》一文则利用未刊西夏文《天盛改旧新定律令》残片补充了已刊本卷十九所缺部分内容。②

聂鸿音《俄藏6965号〈天盛律令〉残卷考》③、《西夏〈天盛律令〉里的中药名》④分别补充了汉译本卷十四的所缺部分内容,以及纠正了汉译本中卷十七物离库门中误译和尚未解决的中药名称。韩小忙《俄Инв.No.353号〈天盛律令〉残片考》利用刊布的《天盛律令》乙种本残片,对汉译本卷十一出典工门中的残缺字词予以了补正。⑤ 许伟伟《〈天盛律令·节亲门〉对译与考释》⑥、文志勇《〈天盛律令〉卷一及西夏法律中的十恶罪》⑦分别在将《天盛律令·节亲门》及卷一重新进行翻译和注释的基础上,并对通行的汉译本中所出现的错误提出了纠正,对难以理解或与译文分歧较大之处提出自己的看法,并同唐宋律法中的十恶罪进行了比较研究。

潘洁⑧、许伟伟⑨、翟丽萍⑩博士学位论文分别对《天盛律令》卷十五有关农业水利租税的条文、卷十二内宫制度条文、卷十职官政区条例重新进行了对译考释,对汉译本中的失误、疑难等问题详细考证,并对相关问题进行了专题研究,为以后《天盛律令》的全面展开研究提供了有益的借鉴和成功的典范。刘艳丽《西夏典当制度简论》利用《天盛律令》卷三当铺门条文对西夏的典当制度予以了梳理论述。⑪

（三）西夏典当借贷制度

西夏社会不仅官方经营典当和借贷,而且在民间也非常活跃,官营典当借贷收益和征收买卖税也成为增加政府财政收入的重要途径和来源之一。为了规范境内的典当借贷经

① 〔日〕佐藤贵保:《西夏法典贸易关联条文译注》,载《丝绸之路与世界史》,大阪大学研究院文学研究科2003年,第197～255页。
② 〔日〕佐藤贵保:《未刊俄藏西夏文〈天盛律令〉印本残片》,新泻大学主编《西北出土文献研究》第6期,第55～62页,新泻西北出土文献研究会2008年。汉文译文见《西夏研究》2011年第3期,第124～128页。
③ 聂鸿音:《俄藏6965号〈天盛律令〉残卷考》,《宁夏大学学报》(哲学社会科学版)1998年第3期,第17～18页。
④ 聂鸿音:《西夏〈天盛律令〉里的中药名》,《中华文史论丛》2009年第4期,第291～321页。
⑤ 韩小忙:《俄Инв.No.353号〈天盛律令〉残片考》,载《吴天墀教授百年诞辰纪念文集》,四川人民出版社2013年,第129～131页。
⑥ 许伟伟:《〈天盛律令·节亲门〉对译与考释》,《西夏学》第4辑,宁夏人民出版社2009年,第78～83页。
⑦ 文志勇:《〈天盛律令〉卷一及西夏法律中的十恶罪》,《宁夏师范学院学报》(社会科学)2010年第5期,第32～42页。
⑧ 潘洁:《〈天盛律令〉·农业卷研究》,宁夏大学博士学位论文,2010年。
⑨ 许伟伟:《〈天盛改旧新定律令·内宫待命等头项门〉研究》,宁夏大学博士学位论文,2013年。
⑩ 翟丽萍:《西夏职官制度研究——以〈天盛革故鼎新律令〉卷十为中心》,陕西师范大学博士学位论文,2013年。
⑪ 刘艳丽:《西夏典当制度简论》,陕西师范大学硕士学位论文,2013年。

济活动,《天盛律令》有专门的《当铺门》、《催索债利门》、《出典工门》来规范典当借贷经济。这些珍贵的法律条文为揭示西夏典当借贷经济活动提供了资料基础,学术界利用这些材料开始探究西夏典当借贷经济,这也为解读出土的西夏典当借贷契约提供了法律制度层面的依据。

史金波先生《西夏社会》中详细探讨了《天盛律令》中有关借贷和典当的法律规定,并释读公布了中国藏和俄藏的十数件借贷和典当契约,为学术界提供了研究便利。杜建录先生《西夏高利贷初探》一文及《西夏经济史》[①]著作中结合出土的西夏借贷典当契约以及《天盛律令》卷三之《当铺门》和《催索债利门》,详细论述了西夏境内的典当借贷经济活动,并就借贷的流程、利率、剥削率、违约处罚、以工抵债等问题予以详尽考论,揭示了西夏社会高利贷亦非常盛行的现象。杜先生《〈天盛律令〉与西夏法制研究》第三章第一节债务法中就西夏买卖债务、借贷债务、典当规定、利率限制、担保责任、债务清偿等诸问题的研究更是深入细致。

利率是研究典当借贷的重要内容之一。史金波[②]、杜建录[③]先生根据出土的贷粮、贷钱契约中对利息的记载和换算,科学揭示出《催索债利门》"一缗收利五钱"是指货币借贷日利率,即贷钱日利率是 0.5%,月利率是 15%;"一斛收利一斛"当为对粮食借贷利率的总额限制,解决了学术界对西夏借贷利率问题的迷惑。

赵彦龙[④]、孟庆霞[⑤]等依据目前学界已经公布和考释的汉文、西夏文契约实物,结合《天盛律令》的规定,考察了西夏契约成立的要素、违约责任、担保制度、借贷(典当)利息、借贷缘由以及行文格式等制度。

(四)典当借贷契约译释

在整理出版《俄藏黑水城文献》、《中国藏西夏文献》、《英藏黑水城文献》等大型资料集成的过程中,陆续发现了大量西夏社会文书,其中就有许多汉文、西夏文典当和借贷的契约。据史金波先生整理研究,仅在俄藏黑水城文献中就发现了 100 余号,计 500 多件契约,有借贷契约、典当契约、买卖契约。如此众多的数百件西夏典当和借贷契约文书是明

① 杜建录:《西夏经济史》,中国社会科学出版社 2002 年。
② 史金波:《西夏社会》,上海人民出版社 2007 年。
③ 杜建录、史金波:《西夏社会文书研究》,上海古籍出版社 2010 年。
④ 赵彦龙:《西夏时期的契约档案》,(《西北民族研究》2001 年第 4 期,第 26~32 页;《西夏契约研究》,《青海民族研究》2007 年第 4 期,第 105~111 页;《西夏契约成立的要素》,《宁夏师范学院学报》(社会科学版),2007 年第 5 期;《论西夏契约及其制度》,《宁夏社会科学》2007 年第 4 期,第 86~90 页;《西夏契约再研究》,《宁夏社会科学》2008 年第 5 期,第 79~100 页。
⑤ 孟庆霞、刘庆国:《简论西夏法典对买卖契约的规制》,《北方民族大学学报》(哲学社会科学版)2011 年第 6 期,第 121~124 页。

清以前契约文献资料所不见。这些契约文书是西夏典当借贷经济在操作层面真实体现，有助于进一步解读《天盛律令》典当借贷条文，对深入研究西夏社会经济具有重要价值。

最早关注西夏典当借贷契约文书的是俄国已故著名西夏学专家克恰诺夫教授。1972年他在整理黑水城文献时，发现了一件西夏文行书体的《天盛庚寅二十二年(1170)耶和寡妇典卖土地契约》，并做了译释研究，这是第一次刊布西夏契约，引起了中外西夏研究者的重视。日本学者松泽博《武威西夏博物館藏亥母洞出土西夏文契約文書について》一文亦对武威西夏博物馆收藏的亥母洞出土的几件西夏文契约进行了再译释。①

20世纪80年代，我国学者也开始关注西夏借典契约的价值。黄振华②、陈炳应先生③著作中对克恰诺夫所译《天盛二十二年卖地契》又进行了详细的译释研究，校正了克恰诺夫译文的失误。陈国灿先生《西夏天庆间典当残契的复原》对英藏斯坦因在黑水城盗掘文献中的西夏天庆年间的数件汉文典粮契约残件予以了复原和详细考释。④ 孙寿岭《西夏乾定申年典糜契约》、《武威亥母洞出土一批西夏文物》介绍和译释了武威出土的典糜契约、典驴契约、买牛契约。⑤

由于西夏的契约大部分是西夏文，而且多为草书书写，限制了学界深入研究西夏借贷和典当经济。而在西夏文草书契约解读方面，史金波先生做了大量卓有成效的工作，先后解读了大部分契约文书，《俄藏黑水城文献》第12、13、14册中整理刊布了500余件契约文书(上海古籍出版社，2011年)。⑥ 史金波先生《西夏粮食借贷契约研究》在论述西夏借贷典当经济法律制度的同时，就俄藏黑水城文献中的20多件西夏借贷契约的时间、借贷者身份、出贷者身份，借贷粮食品种数量、利息和利率、偿还期限、违约处罚、签字画押以及算码等问题进行了详细考证研究。⑦ 史先生《黑水城出土西夏文卖地契约》翻译整理了俄藏黑水城出土12件西夏文草书典卖土地契约，详细考证了土地买卖的时间、原因、数量、买卖双方身份、土地兼并、农户占有耕地数量、灌溉水渠、给水、官地、私地、熟地、生地、耕地

---

① 〔日〕松泽博：《武威西夏博物館藏亥母洞出土西夏文契約文書について》，《东洋史苑》2010年第75号，第21～64页。
② 黄振华：《西夏天盛二十二年卖地文契考释》，载白滨主编《西夏史论文集》，宁夏人民出版社1984年，第313～319页。
③ 陈炳应：《西夏文物研究》，宁夏人民出版社1985年，第275～279页。
④ 陈国灿：《西夏天庆间典当残契的复原》，《中国史研究》1980年第1期。
⑤ 孙寿岭：《西夏乾定申年典糜契约》，载《中国文物报》1993年5月23日；《武威亥母洞出土一批西夏文物》，《国家图书馆学刊》2002年，西夏研究专号。
⑥ 《俄藏黑水城文献》第12、13、14册，上海古籍出版社2011年。
⑦ 史金波：《西夏粮食借贷契约研究》，《中国社会科学院学术委员集刊》第1集，中国社会科学文献出版社2005年，第186～204页。

价格、耕地税、违约处罚、白红契等问题。① 《西夏文卖畜契和雇畜契研究》对俄藏黑水城出的 14 件西夏文草书卖畜和雇畜契约进行了翻译专题研究。② 杜建录、史金波二位先生合著的《西夏社会文书研究》整理研究了数十件国内外收藏的西夏文、汉文借贷典当契约文书,是目前译释整理西夏契约最多、研究最为深入的著作③,2012 年该书再版时又补充了十数件契约文书,成为学界研究西夏契约及其相关问题必不可少的参考。④ 杜先生《俄藏西夏天庆年间典粮文契考释》对俄藏天庆年间的 12 件汉文典粮契约释文的基础上,从订立契约时间、文契格式与形制、偿还期限与违约处罚、借贷双方的民族成分、借贷利率等方面进行了详细考证。⑤

另外,王元林《西夏光定未年借谷物考释》⑥、陈静《黑水城所出天庆年间裴松寿处典麦契考释》⑦、李晓明等《英藏黑水城文献中一件西夏契约文书考释》⑧分别对俄藏《光定未年耶和小狗山借谷物契》、俄藏《天庆年间裴松寿处典麦契》、英藏《天庆十三年裴松寿典粮契》进行了考释,对借贷谷物契的年代、内容、行文款式以及所反映的社会经济、民族问题进行了研究。许伟伟《黑城夏元时期契约文书的若干问题——以谷物借贷文书为中心》通过黑城出土的夏元时期谷物借贷契约比较,探讨了黑城地区的谷物种类、夏元习俗传承及经济活动特点等。⑨ 张可辉⑩、罗海山⑪对敦煌研究院藏《嵬名法宝达卖地文契》的性质进行了新的探讨,认为该件文书是卖地订立契约之前的问账文书。马玲玲《西夏契约档案整理研究》学位论文从档案学的角度对《俄藏黑水城文献》、《中国藏西夏文献》等文献资料中收录的西夏买卖、借贷、典当等契约档案依据编号、契约名称、馆藏地等进行分类梳理统计,认为目前所见西夏契约档案共有 213 号,并与唐宋契约档案的内容进行了异同比较。⑫

综上所述,自《天盛律令》汉译本出版以来,依据《天盛律令》,许多学者从历史学、法

---

① 史金波:《黑水城出土西夏文卖地契约》,《历史研究》2012 年第 2 期,第 45~67 页。
② 史金波:《西夏文卖畜契和雇畜契研究》,《中华文史论丛》2014 年第 3 期,第 1~53 页。
③ 杜建录、史金波:《西夏社会文书研究》,上海古籍出版社 2010 年。
④ 杜建录、史金波:《西夏社会文书研究》(修订版),上海古籍出版社 2012 年。
⑤ 杜建录:《俄藏西夏天庆年间典粮文契考释》,《西夏研究》2010 年第 1 期,第 55~59 页。
⑥ 王元林:《西夏光定未年借谷物考释》,《敦煌研究》2002 年第 2 期,第 31~36 页。
⑦ 陈静:《黑水城所出天庆年间裴松寿处典麦契考释》,《文物春秋》2009 年第 2 期,第 62~66 页。
⑧ 李晓明、张建强:《英藏黑水城文献中一件西夏契约文书考释》,《西夏研究》2012 年第 1 期,第 52~57 页。
⑨ 许伟伟:《黑城夏元时期契约文书的若干问题——以谷物借贷文书为中心》,《宁夏社会科学》2009 年第 3 期,第 95~97 页。
⑩ 张可辉:《官法私契与西夏地权流转研究》,《中国农史》2013 年第 3 期,第 93~101 页。
⑪ 罗海山:《"名法宝达卖地文书"考辨》,载沈之北主编《三个 U 集——霍存福教授从教三十周年纪念文集》,知识产权出版社,2015 年,第 62~76 页。
⑫ 马玲玲:《西夏契约档案整理研究》,宁夏大学硕士学位论文,2014 年。

学、文献学角度发表了百余篇文章。从微观角度来研究西夏的法律、职官、农业、水利、畜牧业、商业、宗教、婚姻、丧葬等一系列问题,取得了丰硕的成果。其中,有关典当借贷制度及契约的论著 23 篇,占 15％,对借贷典当以及契约的解读研究位居第二位。由此可看出,结合出土契约,探讨西夏典当借贷经济成为西夏经济史研究的重要路径之一,也是西夏学研究的前沿问题之一。

西夏典当借贷研究虽然取得了丰硕成果,但目前的研究还存在诸多问题,还有部分有待深入研究的问题。如,西夏典当借贷与唐宋、辽金时期的典当借贷制度及其实践有何异同,有哪些自己的特色,借贷典当中的牙人、以工抵债、官物借贷机构及程序等诸问题学术界还关注不够。

此外,目前国内外收藏的西夏文献已经刊布,其中包含了数百件的典当借贷契约,但这些珍贵的出土契约绝大部分都是难以解读的西夏文草书。史金波先生虽然已解读翻译出了几十件西夏文草书契约,但这只是数量众多的契约文书中的少部分,目前仍然有大部分的西夏文草书契约没有译释出来,因此,解读这些契约也是今后西夏经济史研究的重要课题。

总之,将实践层面的出土契约与西夏典当、借贷法律制度结合研究,并与唐宋辽金典当借贷进行比较研究,这是推动西夏社会经济史向纵深方向发展的重要路径。这样才能全面了解西夏社会的典当借贷经济活动,也是当前和今后西夏社会经济史研究的学术前沿课题。

三、研究内容及方法

本课题分为上篇和下篇。

上篇为文献校勘考释,主要从以下方面展开:

(一) 文本对勘

以《俄藏黑水城文献》中的甲种本(刻本)为底本,和其他几种写本、克恰诺夫教授译本所据刻本以及俄藏、英藏残件进行对勘、缀合、整理出比较完整的西夏文本。出校内容主要有四方面:(1) 其他版本中的缺字、衍字、误字;(2) 其他版本中行数、格式的不同;(3) 叶面残缺、顺序颠倒;(4) 根据其他版本和残件补充和缀合情况:如,俄藏甲种本《名略》卷十一中间部分略有残缺,其中出工典门第三条标题缺失 3 字,后 2 字模糊不清。汉译本所译《名略》中该部分也缺译。而《英藏黑水城文献》中 Or.12380—0044(K.KII0283. aaa)、Or.12380—0033(K.KII.0283.aaa)残件,恰好是《名略》卷十一,所存文字正好弥补俄藏《天盛改旧新定律令名略》卷十一第三条所缺,该行文字补全为"𗗕𘞉𘑨𗙈𘝚𗴝",意"仆役不许打杀"。

经过对勘、补充、缀合出的西夏文本,应该是迄今最好的文本,一是参考目前能见到的全部西夏文《天盛律令》,内容比较完整;二是调整了原整理本错乱叶面;三是根据原始文献,注明克恰诺夫和史金波等先生缀合、补缀情况,便于版本研究和史料运用。

(二)文本考证

以重新整理的西夏文文本为底本,进行考证、注释和补充。包括:(1)对专用术语、名物制度的音、形、义进行注释和考证。依据夏汉对照小辞书《番汉合时掌中珠》、夏译汉籍、夏译佛经等西夏时期的原始对译材料,找出翻译的依据。如"𗦎𗰖",《掌中珠》中"𗦎𗰖𘊴𗔉"作"修造舍屋",故"𗦎𗰖"为固定词组,意"舍屋"。(2)订正译文中的佚、衍、误。如卷三46-43左面第2行"𗁅𗗾"为"母畜",汉译本译为"畜",漏译了"𗗾(母)"。

(三)译文补释

一是补充汉译本缺漏。

二是校正汉译本个别误译。如:《当铺门》中"𗀋𘉋",根据文意及出土的西夏文租地契约,可知意为包租耕地所交纳的"地租",但汉译本误译为"地毛";《名略·催索债利门》第三条的"𘟙𘝚",根据文意应是"分担"之意,汉译本误译为"分别"。

三是对照中俄译文,指出二者之间的正误。如:《催索债利门》46-41左面第9行"𗴧𘞉𘞖𘝈"汉译本作"不准赖债",俄译本作"禁止强行向借债人索缴财物",俄译本误;《催索债利门》46-42右面第8行"𘈷𘐏𗫘𘝙𘈷𘐏𘊽𗤛𘍰"汉译本作"一斛收利一斛以下",俄译本作"一石谷付一斗以下",俄译本为误。

下篇为《天盛律令》专题研究,结合上篇文献译释发现的问题,在前贤研究的基础上,将《天盛律令》中有关借贷典当条例和出土的西夏典当借贷契约文书结合起来,就西夏典当借贷中的以下问题进行了考论研究。

1.关于西夏债权保障措施的问题

通过《天盛律令》与借贷典当契约文书相互印证,从刑民事责任、契约见证、保人代偿、以工抵债、强牵家资、违约处罚等方面详细探讨西夏债务清偿的方式,考察西夏律令与唐宋律法在债务偿还方面的异同。

2. 关于西夏的官营典当借贷问题

官营典当借贷学术界也有研究,但材料仅限于卷三《当铺门》和《催索债利门》中记载,忽视卷十七中有关于西夏官物借贷典当的规定,因此在充分占有资料的基础上,重点梳理了西夏官营借贷机构、借贷流程。

3. 关于以工抵债的问题

重点探讨典押人的身份以及与债主的关系、典押期间工钱与职责、典押期间违律与伤亡后债务的偿还,西夏法律中的"以工抵债"与唐、宋及元代"役身折酬"的异同。

4. 西夏典当借贷经济中的"中间人"问题

《天盛律令》债务法中出现的"中间人"就是促成商品买卖的"牙人"。传统典籍中没有关于西夏牙人的记载,但在《天盛律令》有对牙人的零星记载,目前学术界对这一问题没有足够的关注。西夏借贷和典当契约中的中间人,既不是契约结尾的知人,也不是同借(典)人,他们不仅在典当借贷完成后抽利,而且还担负价格调节、明晰来源是否合法的责任,有时还担负起草书写契约。

四、创　新　之　处

(一)通过已公布或尚未出版的《天盛律令》残件和不同文本,订正出俄藏甲种本和汉译本中 36 处缺、漏、误。

(二)利用夏汉对音义辞书、夏译汉籍、夏译佛经等西夏时期的原始对译资料,对《天盛律令》典当借贷门类中名物制度和法律术语进行考释,解决了学界对汉译本《天盛律令》望文生义的问题。

(三)将制度层面上的法律条文和实践层面上的典当借贷文契结合起来,探讨债权保障、官营借贷、以工抵债以及交易中间人等问题,丰富了西夏社会研究的内容。

上篇　文　献　译　释

凡　　例

（一）本文依据西夏文原始文献来源于已刊布的《俄藏黑水城文献》第 8 册卷三图版。录文依据刊布图版原始文献版式，以每页的半面为一板块，分左右面依次录文对译，并标示每行西夏文所在图版数和行数。如 46—38 左，46 代表《俄藏黑水城文献》第 8 册卷三所刊布的所有图版数，38 代表所录西夏文所在的第 38 个图版，"左"代表第 38 个图版的左面。

（二）录文中"□"表示缺字，校勘出的西夏字用□将字框在里面。

（三）对译中，〈〉表示不好译为汉文或无实义的虚词。

（四）注释是对西夏文关键字词的逐一注解，以带〔〕的数字表示。

（五）脚注是对释文、校勘中引文出处的标注，以带圈数字表示。

（六）汉译本，指史金波等译注的《天盛改旧新定律令》（法律出版社，2000 年）。

（七）俄译本译文，指由李仲三汉译、罗矛昆校对的俄国西夏学专家克恰诺夫翻译的《西夏法典——天盛年改旧新定律令（第 1—7 章）》（宁夏人民出版社，1988 年）。

（八）对汉译本注释、订正以【 】作注标明。

（九）西夏时期的对译材料主要选取已整理的《番汉合时掌中珠》、《〈文海〉研究》、《〈类林〉研究》、《新集慈孝传》、《孔子和坛记》、《德行集》、《夏译〈孟子〉研究》、夏译《孙子兵法三家注》、夏译《贞观政要》、夏译《六韬》、《凉州重修护国寺感通塔碑铭》、《大方广佛华严经》、《金光明最胜王经》、《维摩诘所说经》、《金刚般若波罗蜜经》、《添品妙法莲花经》、《妙法莲华经观世音菩萨普门品》等学界整理过的文本。

（十）文中除音译词给出汉语读音外，其他字词不标注拟音和国际音标。音译词，汉语读音均来自《掌中珠》标音，特此说明。

（十一）同一门中意义相同的西夏文字词，不再做注释。

第一章　当　铺　门

第一节　《名略·当铺门》校勘考释

　　《天盛改旧新定律令》正文前有两卷是《名略》，相当于是各卷每门之下各个条文主要内容或是题解。《俄藏黑水城文献》第 8 册刊布有四个版本的《天盛改旧新定律令·名略》，即甲种本（印本）、乙种本（写本）、丙种本（写本）、丁种本。甲种本《名略》上卷由俄藏编号 Инв. No 786、787、2558、5937 四个文献缀合，共 15 个图版；下卷由俄藏编号 Инв. No 786、2558 两个编号文献缀合，共 15 个图版。乙种本《名略》是俄藏 785 号，共 13 个图版，内容是卷一至卷十的名略。丙种本仅有 1 页，俄藏编号 5055，是卷十一的名略内容，从抄写字体看，和乙种本字体较为相似，似乎是同一人抄写，有可能是《名略》乙种本下卷第一页即《天盛改旧新定律令》卷十一名略。丁种本俄藏编号 7442，从书写格式和字体上看，明显不同于乙种本，有 3 页。《名略》甲种本中卷三《典当门》和《催索债利门》名略缺失，乙种本《名略》中卷三《典当门》和《催索债利门》的内容保存完整。本文中《名略》之《典当门》和《催索债利门》条目依据乙种本录文。

　　根据《俄藏黑水城文献》刊布的《名略》乙种本图版，《名略》之卷三《当铺门》在俄藏 785 号 13 - 3 图版中，共有 7 条内容。内容如下：

	𗥑	𗋽										
	当	铺										

𗥑	𗣂	𗥩	𗥩[1]	𗼻	𗫨	𗱕		𗤋				
典	钱	模	样	识	信	人		寻				

𱤩𱤩[2]	𱤩	𱤩	𱤩𱤩	𱤩	𱤩	𱤩						
言量	有	无	本利	等	卖	法						

𱤩	𱤩	𱤩	𱤩									
典	物	衣	卧具									

𱤩𱤩	𱤩𱤩	𱤩	𱤩	𱤩	𱤩							
屋舍	地畴	利	苗	不	算							

𱤩	𱤩𱤩[3]	𱤩𱤩	𱤩𱤩	𱤩	𱤩	𱤩						
典	畜物	屋舍	烧火	盗	诈	入						

𱤩	𱤩𱤩	𱤩										
盗	畜物	卖										

𱤩𱤩	𱤩	𱤩	𱤩𱤩	𱤩								
本利	因	等	典物	卖								

注释：

[1] 𱤩𱤩：乙种本《名略》图版中是"𱤩𱤩"，汉译"模样"，汉译本翻译为"依等"，因乙种本是写本，字体较小，疑汉译本似乎是将"𱤩"误识为"𱤩"。这里表示"典钱时的状态"。

[2] 𱤩𱤩：字面意思"语量""语限"，汉译本译为"语异"，根据正文中该条内容，此处的"𱤩𱤩"有"商量"的意思。正文注释将详解。

[3] 𱤩：汉译"物"，此字不在第5行正文中，是在第5行的第2字与第3字之间的右边增加之字。疑是抄写时遗漏后补写。此处补录。

汉译本：

1. 典钱时①寻识信人
2. 语异有无本利等卖法

---

① 汉译本误识为"𱤩"，实际为"𱤩𱤩"，原译为"依等"，现改译为"时"。

3. 典物衣被

4. 房屋土地利苗不算

5. 典畜物①房屋起火盗诈人

6. 卖盗畜物

7. 因本利等卖典物

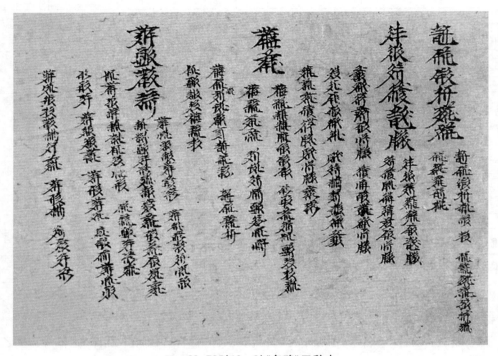

Инв.No.785(13‑3)《名略》乙种本

第二节 《当铺门》校勘考释

46‑38 左面：

		蘨	罷[1]	㩲							
		典	库	门							

---

① 汉译本原漏译"物"，现补录并译释。

一	诸	典 库 长[2]	诸 人	物	放 典 者	钱[3]	取	时	十	缗[4]	以

下[5]	识	不	识	〈〉	应	使	典	为	盗 物[6]	是	亦	罪	不

治[7]	物	当	还	钱	当	取	十	缗	以 上[8]	物	还	者	识

则	典	愿	〈〉	使	未 识	则	另	识 信[9]	当	寻	典

注释：

[1] 藭龀：意"当铺"。

藭，意"典当"、"贷"。如夏译《孟子》"慨藭薤骸绉祇"对应汉文本"又称贷而足之"。①

龀，意"库"、"府"等。见《掌中珠》"毦牧勝龀"作"楼阁帐库"。②

藭龀，二字连用意"当铺"。俄文本之汉译文翻译为"典当"。③

[2] 藭龀緓：意"当长府"。

藭，意"典当"、"贷"。

緓，意"长"。如，夏译《孟子》卷四《公孙丑章句下》"瓕豷薤憀薇緓"译"往返齐滕之长路。"④

龀緓，意"长府"。如，夏译《论语全解》卷六先进第十一"毵毦龀緓移"⑤对应汉文本《论语·先进》："鲁人为长府"。⑥ 在西夏文《论语全解》中"龀緓"作"长府"。长府是我国古代国家储藏财货的国库称谓。这一称谓最早出现于春秋时期的鲁国。正义曰："鲁人为长府者，藏财货曰府。长，其藏名也。"又曰："云'长府，藏名者'，言鲁藏财货之府名长府

① 彭向前：《西夏文〈孟子〉整理研究》，上海古籍出版社 2012 年，第 150 页。

② 《番汉合时掌中珠》(乙种本)，《俄藏黑水城文献》第一〇册，第 29 页。

③ 〔俄〕克恰诺夫著，李仲三译：《西夏法典》，宁夏人民出版社 1988 年，第 86 页。

④ 彭向前：《西夏文〈孟子〉整理研究》，上海古籍出版社 2012 年，第 130 页。

⑤ 西夏文《论语全解》卷六，《俄藏黑水城文献》第 11 册，第 51 页。

⑥ 聂鸿音：《西夏译本〈论语全解〉考释》，见聂鸿音：《西夏文献论稿》，上海古籍出版社 2012 年，第 14 页。

也。云'藏财货曰府'者,布帛曰财,金玉曰货。"[1]

□□□,意"当长府"。汉译本中将□□翻译在一起,而忽略了后面的□字,仅仅翻译为"当铺"。实际上,根据文意"□□□"为一词即"当长府",是西夏官营当铺的称谓。

[3]□:汉语借词,音"精尼",意"钱"。《掌中珠》"□□□[皆精尼□]"作"金钱花"。[2]《凉州重修护国寺感通塔碑》西夏文碑铭有"□□□□□□□□",对应汉文碑铭"钱千缗,谷千斛"。[3]

[4]□:意"缗",货币计量单位。《凉州重修护国寺感通塔碑》西夏文碑铭有"□□□□□□□□□□□□□□□□□□□□□□□□□□□□□□□□□□□□",汉文碑铭中对应"黄金一十五两,白金五十两,衣著罗帛六十,罗锦杂幡七十对,钱一千缗"。[4] 所以"□"指货币计量单位"缗"。

西夏货币计量沿袭唐宋,一缗等于一千钱(一千文)。[5] 1972年,武威张义镇小西沟修行洞发现一批西夏文物,出土的一张汉文欠款单记载:"李伴初欠钱三贯五百文,刘的的欠钱二贯二百五十文。"[6] 俄藏 Инв. No.915B、1158B 西夏汉文《收支钱帐文书》中所记载的钱数单位为贯、文,如"支钱三百五十五贯七百九十文"、"一贯八百文贴油价钱"等。[7] 结合西夏文和汉文文献可知,西夏货币(铜铁钱)计量单位是贯(缗)、文,一贯(缗)约等于一千文。

[5]□□:意"以下"、"地下"、"低于"。

□,"低"、"下"等意。如,西夏文《金光明最胜王经》卷九除病品第二十四"□□□□□□□□□",[8]对应汉文本"耳轮于旧殊,下唇垂向下"。[9]

□,意"低"、"下"。见《掌中珠》"□□","高下"。[10]

□□,意"以下"、"地下"。如,西夏文《金光明最胜王经》卷十有"□□□□□□□□□□□",[11]对应汉文本"菩萨见已即上高山,投身于地"。[12] 根据上下文意"□□□

---

① [魏]何晏注,[宋]邢昺疏,朱汉民整理:《论语注疏》卷十一,见李学勤主编:《十三经注疏》,北京大学出版社1999年,第147页。
② 《番汉合时掌中珠》(甲种本),《俄藏黑水城文献》第一○册,第7页。
③ 陈炳应:《西夏文物研究》,宁夏人民出版社1985年,第170页。
④ 陈炳应:《西夏文物研究》,宁夏人民出版社1985年,第170页。
⑤ 史金波:《西夏社会》,上海人民出版社2007年,第163页。
⑥ 杜建录、史金波:《西夏社会文书研究》,上海古籍出版社2010年,第217页。
⑦ 杜建录、史金波:《西夏社会文书研究》,上海古籍出版社2010年,第274~275页。
⑧ 西夏文《金光明最胜王经》卷九,《中国藏西夏文献》第三册,第394页。
⑨〔日〕《大正新修大藏经》第一六册,No.665,《金光明最胜王经》卷九,大正一切经刊行会印行1934年。
⑩ 《番汉合时掌中珠》(甲种本),《俄藏黑水城文献》第一○册,第7页。
⑪ 西夏文《金光明最胜王经》卷十,《中国藏西夏文献》第四册,第16页。
⑫〔日〕《大正新修大藏经》第一六册,No.0665,《金光明最胜王经》卷一○,大正一切经刊行会印行1934年。

𗀅",此处𗀅𗀅为"以下"之意。

［6］𗗼𗰒：意"盗物"。

𗗼，意"盗"。如,《类林》"𠵅𗱕𗗉𗶅𗗼𗱻𗱻"对应汉文本"鲍山持刀后追盗贼"[1]，"𗗼𗰀𗰒𗆉𗲲𗸦𗲲"对应汉文本"盗人物属者诬陷我属"。[2]《文海》92.152 释𗗼的构字结构为"𗗼𗙷𗰒𗘺𗰻"，[3]即"𗗼"是左右结构，由"𗙷"（窃）的左部和"𗘺"（偷）的右部构成。

𗰒，意"物"、"财"，汉语借词，音"幹"。如,《掌中珠》"𗰒𗱻𗱻𗰁［幹那名辣］"作"不失于物"。[4]

此处"𗗼𗰒"为名词，意"盗物"。

［7］𗠛：意"止"、"制"。

在西夏文《维摩诘所说经》卷首题款有"𗾴𗉘𗅲𗠛"，[5]对应汉文夏仁宗尊号中的"制义去邪"。《宋史·夏国传》记载："仁孝上尊号曰'制义去邪'。"[6]

西夏文《天盛律令》中多次出现"𗧾"与"𗶵𗠛"连用，意"罪不治"，如卷三《分持盗畜物门》中第三条最后有"𗶵𗱻𗧾𗶵𗠛"，[7]译"不知罪不治"。

［8］𗵧𗿢：意"以上"。

𗵧，意"高"。《文海》中𗵧字形结构为"𗵧𗰀𗰒𗵛𗰻"，[8]由"𗰀"的左部和"𗵛"的右部构成左右结构，右部的"𗿢"表意，故意"高"。𗿢，意"高"，《掌中珠》"𗀅𗿢"作"高下"。[9]

𗵧𗿢，意"以上"。𗵧𗿢在句子中同"𗀅𗀅"一起出现，组成"𗵧𗿢……，𗀅𗀅……"句式，表示范围限定"……以上，……以下"。

［9］𗼰𗴛：意"识信"。

𗼰，如前注，意"知"、"识"。

𗴛，意"信"。如《掌中珠》"𗰣𗾴𗉘𗴛"作"仁义忠信"。[10]

因图录中该字模糊，汉译本中将"𗴛"误识为"𗠛"，将"𗼰𗴛"，翻译为"识人"，[11]现改译为"识信"。

① 史金波、黄振华、聂鸿音：《类林研究》，宁夏人民出版社 1993 年，第 33 页。
② 史金波、黄振华、聂鸿音：《类林研究》，宁夏人民出版社 1993 年，第 82 页。
③ 史金波、白滨、黄振华：《文海研究》，中国社会科学出版社 1983 年，第 310 页。
④ 《番汉合时掌中珠》（甲种本），《俄藏黑水城文献》第一〇册，第 18 页。
⑤ 于光建、黎大祥：《武威博物馆藏西夏文〈维摩诘所说经〉上集残叶考释》，《西夏研究》2010 年第 4 期，第 43～46 页。
⑥ ［元］脱脱等：《宋史》卷四八六夏国传，中华书局 1977 年，第 14024 页。
⑦ 西夏文《天盛改旧新定律令》，《俄藏黑水城文献》第八册，第 86 页。
⑧ 史金波、白滨、黄振华：《文海研究》，中国社会科学出版社 1983 年，第 203 页。
⑨ 《番汉合时掌中珠》（甲种本），《俄藏黑水城文献》第一〇册，第 7 页。
⑩ 《番汉合时掌中珠》（甲种本），《俄藏黑水城文献》第一〇册，第 11 页。
⑪ 史金波、聂鸿音、白滨译注：《天盛改旧新定律令》，法律出版社 2000 年，第 186 页。

汉译本：

当铺门

一诸典长府①诸人放物典当取钱时，十缗以下，识未识一律当典给，是盗物亦不予治罪，
物应还回，钱当取。送十缗以上物者，识则令典给，未识则当另寻识信②，令其典当。

俄译本：

典当

若某将物送当并〔以此为质〕取钱，或若〔抵押价值〕在十缗以下，不论〔送当者〕本人与
受当者熟识与否，抵押应该接受，哪怕此物是窃得之物，〔受当者〕不获罪。〔赃〕物应归还
给〔物主〕，而〔送当者所取〕之钱要退还。若某作〔质〕物价值超过十缗，其本人熟识〔受当
者〕，则可受当。

46－39右面：

愿	放	使	假如[1]	识信人[2]	无	典	放	使	盗物	是	时

三月月[3]	期限[4]	当	给	盗人[5]	当	寻	盗	〈　〉	得	未	知

则	罪	不	治	若	期超[6]	盗	无	得[7]	真	则	物	实属者[8]

之	当	还	为	典	赏	钱	全	当	罚[9]	又方	盗人	初	典

赏钱	得	则	先	识信	只关者[10]	未	寻	使	误	官有[11]

---

① 汉译本原译为"当铺"，现改译为"典长府"。
② 汉译本将"騰報"误识为"騰敏"，原译作"识人"，现改译为"识信"。原译作"识人"，现改译为"识信"。

罚	马	一	庶人	十	三	杖			

一	典放者	物属者	及	当铺	持者	等	二	乐	言

分	物	多夥	钱	稀少	因	典	为	本	利	同亦同

卖	为	我	言	知验	有	及	物	少	钱	多	因	典	为

注释：

［1］刻巍：意"假若"。

刻，意"假若"。如，汉文本《妙法莲花经心》："假若人有象、马、七宝、国城、妻眷等皆当布施。"在夏译本作："刻巍镤巯瓰乢贲骏巅恍缵缀蕻羊憗释。"①

巍，意"假若"、"或者"。如，汉文本《金刚般若波罗密多经》大乘正宗分第三"若卵生、若胎生、若湿生、若化生"，在夏译本作"巍巯辈巍骏辈巍缀辈巍袋辈"。②

刻巍，意"假若"、"倘若"，语助词。如，夏译本《妙法莲花经观世音菩萨普门品》："刻巍散疰敊疰巅能憪缑缓鼍骏蕋镤俯蕋缓蕤。"③对应汉文本："若三千大千国土，满中夜叉、罗刹、欲来恼人。"④

［2］腾镤镤：意"识信人"。如前注释，"腾镤"意"知信"。根据文意"识信人"是指在典当过程中，对典当物所有权合法性能够做出辨别、鉴定以及证明的人。也即西夏契约结尾签字画押处的"知人"，有时还是促成典当借贷成功的中间人——牙人。

［3］散獅貓：意"三个月"。

散，汉语借词，音"桑"，意"三"，见《掌中珠》"散獬［桑睿］"，"三刑"；"散傑［桑积尼］"，

---

① 孙伯君：《西夏文〈妙法莲花心经〉考释》，杜建录主编《西夏学》第八辑，上海古籍出版社 2011 年，第 61～65 页。
② 西夏文《金刚般若波罗密多经》，《中国藏西夏文献》第一六册，第 95 页。
③ 西夏文《妙法莲花经观世音菩萨普门品》，《中国藏西夏文献》第一六册，第 51 页。
④ 汉文《妙法莲花经》卷七《观世音菩萨普门品》，《俄藏黑水城文献》第一册，第 260 页。

"三丘"。①

𘂤，意"月"，《掌中珠》"𘂤𘂤[张力]，𘂤𘂤[吟张]，𘂤𘂤[鲁张]"，作"正月，腊月，闰月"。②

𘂤，意"月"。《掌中珠》"𘂤𘂤𘂤"作"一个月"。③ 所以此处"𘂤"为计算月份的量词，本意为月，此处可引申为计算月份的量词"个"。

𘂤𘂤𘂤，字面意思"三月"，意"三个月"。如西夏文佛经《金光明最胜王经》卷九有"𘂤𘂤𘂤"，对应汉文本佛经"三个月"。④

[4] 𘂤𘂤：意"日限"，即"期限"。见《掌中珠》"𘂤𘂤"作"日限"。⑤

[5] 𘂤𘂤：如前所释，𘂤意"盗"，𘂤𘂤意"盗人"、"盗贼"。夏译《类林》中有："𘂤𘂤𘂤𘂤𘂤𘂤𘂤𘂤。"对应汉文本："盗人物属者诬陷我属。"⑥

[6] 𘂤𘂤：意"超期"、"逾期"。

𘂤，如前注释，𘂤意"日期"。

𘂤，意"渡"、"过"、"超"、"逾"。《凉州重修护国寺感通塔碑》西夏文铭文有："𘂤𘂤𘂤𘂤𘂤𘂤𘂤𘂤𘂤𘂤𘂤。"⑦汉文碑铭中有："迄今八百二十余年矣。"⑧

𘂤𘂤，字面意思"日期过"，即"超期"、"逾期"。

[7] 𘂤：汉译本漏译。形容词，意"真"。《掌中珠》"𘂤𘂤"作"真正"。⑨ 汉文本佛经《圣妙吉祥真实名经》，西夏文经名为《𘂤𘂤𘂤𘂤𘂤𘂤𘂤𘂤𘂤》，克恰诺夫翻译为《圣柔吉祥之真实名诵》。⑩

[8] 𘂤𘂤𘂤：意"实属者"。

𘂤，意"实"、"现"，如《掌中珠》"𘂤𘂤𘂤𘂤"作"不说实话"⑪，"𘂤𘂤𘂤𘂤"作"踪迹见有"。⑫

---

① 《番汉合时掌中珠》（甲种本），《俄藏黑水城文献》第一〇册，第4页。
② 《番汉合时掌中珠》（甲种本），《俄藏黑水城文献》第一〇册，第6页。
③ 《番汉合时掌中珠》（甲种本），《俄藏黑水城文献》第一〇册，第6页。
④ 王静如：《金光明最胜王经卷九夏汉合璧考释》，见王静如《西夏研究》第三辑，国立中央研究院历史语言研究所1933年，第290页。
⑤ 《番汉合时掌中珠》（甲种本），《俄藏黑水城文献》第一〇册，第5页。
⑥ 史金波、黄振华、聂鸿音：《〈类林〉研究》，宁夏人民出版社1993年，第82页。
⑦ 陈炳应：《西夏文物研究》，宁夏人民出版社1985年，第167页。
⑧ 陈炳应：《西夏文物研究》，宁夏人民出版社1985年，第108页。
⑨ 《番汉合时掌中珠》（乙种本），《俄藏黑水城文献》第一〇册，第27页。
⑩ Е.И.Кычанов：Каталог тангутских буддийских памятников，Киото，Университет Киото，1999г. p435.
⑪ 《番汉合时掌中珠》（甲种本），《俄藏黑水城文献》第一〇册，第16页。
⑫ 《番汉合时掌中珠》（甲种本），《俄藏黑水城文献》第一〇册，第16页。

□，存在动词，意"属"、"有"。如，西夏文佛经《现在贤劫千佛名经》有："□□□□□□。"对应汉文本："夺他人之妻妾。"[1]存在动词"□"是对具体事物和抽象事物的占有、享有和属有。[2]

□□□，这里指已典当的盗物应归还本来的所有者，故"□"在这里应该是"实"的意思，"□□□"应作"实属者"。汉译本作"现属者"。[3] 若翻译为"现属者"，文意不通，"现属者"使人理解为盗物归还现已得到盗物当铺主。俄译本作"物归原主"[4]，更贴切文意，较为合适。

[9] □□：意"以后"、"将来"等。

□，意"又"、"复"、"后"。《掌中珠》"□□□□"作"并诸亲戚"。[5] "□□□□"作"更卖田地"。[6]

□，意"方向"。《掌中珠》"□□□□"作"四方四隅"。[7]

□□，意"以后"、"将来"等，表示动作将要发生。如，西夏文《孙子兵法三注》九变品第八："□□□□□□□□□□□□□□□□。"对应汉文本：《孙子兵法》"孙子曰凡用兵之法，将受命于君令，以后集合军马。"[8]西夏文《孟子》"继而有师命"，在夏译本《孟子》作"□□□□□□"。[9]

[10] □□□：意"只关者"，"□□"音译词，音"只关"，意"只关"。见《掌中珠》"□□□□[卓尼缧只关]"作"状接只关"。[10]

[11] □□：意"有官人"。

□，意"官"、"爵位"。《掌中珠》"□□□□"作"因此加官"。[11]《重修凉州护国寺感通塔碑》西夏文碑铭"□□□□□□□□□□"（大小头监种种匠人等之官。）[12]

□，存在动词，意"有"，见《掌中珠》"□□□□"对应"君子有礼"。[13]

① 王静如：《〈现在贤劫千佛名经〉下卷残卷考释》，见王静如《西夏研究》第三辑，国立北平中央研究院历史语言研究所1933年，第96页。
② 史金波：《西夏文字教程》，社会科学文献出版社2013年，第273页。
③ 史金波、聂鸿音、白滨译注：《天盛改旧新定律令》，法律出版社2000年，第450页。
④ 〔俄〕克恰诺夫著，李仲三译：《西夏法典》，第86页，宁夏人民出版社1988年。
⑤ 《番汉合时掌中珠》（甲种本），《俄藏黑水城文献》第一〇册，第18页。
⑥ 《番汉合时掌中珠》（乙种本），《俄藏黑水城文献》第一〇册，第32页。
⑦ 《番汉合时掌中珠》（乙种本），《俄藏黑水城文献》第一〇册，第25页。
⑧ 西夏文《孙子兵法三注》中卷（甲种本），《俄藏黑水城文献》第一一册，第162页。
⑨ 彭向前：《夏译〈孟子〉研究》，上海古籍出版社2012年，第143页。
⑩ 《番汉合时掌中珠》（甲种本），《俄藏黑水城文献》第一〇册，第16页。
⑪ 《番汉合时掌中珠》（甲种本），《俄藏黑水城文献》第一〇册，第14页。
⑫ 陈炳应：《西夏文物研究》，宁夏人民出版社1985年，第171页。
⑬ 《番汉合时掌中珠》（甲种本），《俄藏黑水城文献》第一〇册，第16页。

□□，对译"官有"，意"有官人"。

西夏的职官制度由"官"、"职"、"军"三个系统构成。西夏社会有官人区别于庶人，"有官"是身份地位的体现。犯相同罪时有官人处罚轻，庶人处罚重，除十恶罪以外，有官人犯罪还可以用官相抵，体现了西夏社会的阶级性。西夏的"官"是其职官制度中的一个独立的系统，等级复杂，至少分为十二品官和杂官。按所授官印可分为及授、及御印、未及御印三类。已知的西夏官阶有 80 多品阶，100 多个名号。西夏的"职"是任现职，但年老而不能任职时，其官阶可保留，官位实行嫡长子、长孙继承制，亦可凭功劳获得官。西夏官制并不存蕃官和汉官两套，两套官制是指"官"与"职"之分，汉文史料中所谓蕃官名可能是西夏官品名称的西夏语称谓。西夏的"官"一般不表示担任何种实职性的职务，类似于中原王朝的"爵"。[1]

[12] □：意"罚"。如《新集锦合辞》"□□□□"（羔岁乃罚）。[2] 这里的"罚"是指西夏律法所规定的刑罚主刑之外的五种附加刑之一。

西夏的罚与中原王朝的罚有所不同，它是把赎和罚结合起来，以罚代替肉刑。各种轻微犯罪，一般对庶人处以杖刑，对有官人罚纳马或铜钱，其中罚刑中以有官罚马一，最为常见，此外还有有官罚马二、罚马三、罚马四等。罚是以钱物代刑，各类刑罚和罚物之间可以相互转化，不堪罚马则可寻找担保人，罚一匹马折交二十缗钱。交钱也不堪，甚至可以在俸禄中减除；没有俸禄了，可以官品赎，罚一马减官一级等；不愿降官可以受杖刑代替，罚一匹马杖十三，二马杖十五，三马杖十七，罚四匹马以上杖二十。除罚马外，还有罚纳铁的情形。[3]

[13] □□：意"庶人"。

□，意"兵"、"卒"。如《孙子法兵》地形篇第十"兵强吏弱曰驰"和"吏勇兵弱曰陷"之句在夏译《孙子兵法三注》分别作"□□□□□□"和"□□□□□□"。[4]

□□，意"庶人"。如，夏译《孟子》卷四《公孙丑章句下》孟子自齐葬于鲁章"□□□□□□□□□□□□□"，对应汉文本《孟子》："自天子达于庶人，非直为观美也。"[5] "□□"恰作"庶人"。

西夏社会是一个全民皆兵的军事社会，男子年十五至七十岁都要纳入军籍，成年女

---

① 史金波：《西夏社会》，上海人民出版社 2007 年，第 286—298 页。
② 西夏文《新集锦合辞》（甲种本），《俄藏黑水城文献》第一〇册，第 339 页。
③ 杜建录：《天盛律令与西夏法制研究》，宁夏人民出版社 2005 年，第 59～62 页。
④ 西夏文《孙子兵法三注》卷下（甲种本），《俄藏黑水城文献》第一一册，第 170 页。
⑤ 彭向前：《西夏文〈孟子〉整理研究》，上海古籍出版社 2012 年，第 132 页。

子则可以担任军事基层组织抄中的"负赡",负责后勤保障。百姓平时生产,战时则点集成兵,"有事则举国皆来"。① 所以,除有官者和使军、奴仆外,西夏的普通丁基本上都是基层军队的主要战斗力,具有"兵"的成分,故这里没有官的"𗱕𗥃"(兵人)就是指庶人,是指除"有官品者"和"使军"、"奴仆"之外的人,相当于唐宋时期完全具有人身自由的"良人"。

　　[14] 𗱕:意"杖"、"拷"、"打"。《文海》89.232 释𗱕"𗱕𗱕𗱕𗱕𗱕𗱕𗱕𗱕𗱕𗱕𗱕𗱕𗱕𗱕𗱕𗱕𗱕𗱕𗱕𗱕𗱕"(杖:木杖著右,杖者槌也,拷打击也,以粗打以细拷也)。②

　　杖刑,西夏刑罚中五刑之一。西夏的杖刑是将"徒、流"合一,发配至边地服苦役。杖刑是五种主刑中最为常见的刑罚种类之一,它的广泛性远远高于笞刑。一般分为七(八)杖、十杖、十三杖三个等级,或七杖、八杖、十杖、十三杖四个等级。此外还有七杖、十三杖、十五杖、十七杖以及十三杖、十五杖、十七杖、二十杖等四个不同的等级。其中十三杖、十五杖、十七杖、二十杖经常在附加刑罚与折杖中使用。西夏的杖刑具有鲜明的阶级性,主要是针对庶民和农奴犯罪,有官人或折以笞刑受罚,或以罚马代替。③

　　[15] 𗱕𗱕𗱕:意"物属者"。

　　𗱕,意"物"、"财"。如,《掌中珠》"𗱕𗱕𗱕𗱕"作"不失于物"。④ 又如,夏译《妙法莲花经观世音菩萨普门品》"𗱕𗱕𗱕𗱕𗱕𗱕𗱕𗱕𗱕"⑤,对应汉文本"有一卖主,将诸商人,赍持财宝"。⑥

　　𗱕,存在动词,意"有"、"属于"。如,夏译《现在贤劫千佛名经》有"𗱕𗱕𗱕𗱕𗱕𗱕",对应汉文本"夺他人之妻妾"。⑦

　　𗱕𗱕𗱕,意"物属者"。在西夏文契约中,通常会出现"𗱕𗱕(自属)"这个词,表示所卖买、典当、借贷物品属于立契约者本人。如黑水城出土文书 Инв. No.5010 西夏文《天盛二十二年耶和寡妇卖地契约》⑧就有"𗱕𗱕𗱕(今将自属的……)"⑨,明确交易物所有权和合法性。

① [宋]曾巩著、王瑞来校证:《隆平集校证》卷二〇,中华书局 2012 年,第 603 页。
② 史金波、白滨、黄振华:《文海研究》,中国社会科学出版社 1983 年,第 305 页。
③ 杜建录:《〈天盛律令〉与西夏法制研究》,宁夏人民出版社 2005 年,第 51~55 页。
④ 《番汉合时掌中珠》(甲种本)《俄藏黑水城文献》第一〇册,第 18 页。
⑤ 西夏文《妙法莲华经观世音菩萨普门品》,《中国藏西夏文献》第一六册,第 52 页。
⑥ 汉文《妙法莲花经》卷七《观世音菩萨普门品》,《俄藏黑水城文献》第一册,第 260 页。
⑦ 王静如:《〈现在贤劫千佛名经〉下卷残卷考释》,王静如《西夏研究》第三辑,国立北平中央研究院历史语言研究所 1933 年,第 96 页。
⑧ 西夏文《天盛二十二年耶和寡妇卖地契约》,《俄藏黑水城文献》第一四册,第 2 页。
⑨ 史金波:《西夏文字教程》,社会科学文献出版社 2013 年,第 292~295 页。

[16] □□□：意"两相情愿"。

□，"二"。根据文意，这里的"二"指典当物所有者和当铺主双方。

□，意"乐意"、"愿意"。如，夏译《志公大师十二时歌》"□□□□□□□"[①]对应汉译本"乐愿日出复日落"。[②]

□，意"言"、"语"。《掌中珠》"□□□□"作"听我之言"[③]；"□□□□"作"不说实话"。[④]

□□□，从上述字意解释看，"□□□"意思指"典当双方乐意言语"，即意译"两相情愿"。西夏法律规定，无论是买卖、借贷还是典当等经济交易活动都必须是双方自愿，一方不能利用权利等强力迫使对方交易，禁止强买强卖等不公平交易活动。故在签订契约时要写明是自愿交易。如"天盛二十二年耶和寡妇卖地契"、"乾定戌年卖驴契约"都有"□□（愿意）"。[⑤]

[17] □□：意"众多"、"多夥"。

□，意"多"、"余"。如，夏译《金光明最胜王经》"□□□□"，对应汉文本"多闻智慧"。[⑥]《妙法莲花经弘传序》有"□□□□□□□"，译为"自汉至唐六百余载"。[⑦]《同音》48B3"□□"译"众多"。[⑧]

□，译"多"、"夥"、"众"之意。如，夏译《金光明最胜王经》有"□□□□"，对应汉文本"有众多鱼"。[⑨]《凉州重修护国寺感通塔碑》西夏文碑铭有"□□□□"译"多有现者"。[⑩]

□□，□与□连用表示"众多"、"很多"，来强调数量之多。如《大方广佛华严经》有"□□□□"，对应汉译本"众多经契"。[⑪]

[18] □□：意"甚少"、"甚薄"。如，西夏文《六韬》卷上《文韬第一》之盈虚篇"□□□□□"[⑫]，对应汉译本"其自奉也甚薄"。[⑬] 西夏文《金光明最胜王经》卷九"□□□□"，汉

① 西夏文《志公大师十二时歌注解》，《中国藏西夏文献》第一六册，第519页。
② 杜建录、于光建：《武威藏西夏文〈志公大师十二时歌〉译释》，《西夏研究》2013年第2期，第19～26页。
③ 《番汉合时掌中珠》（甲种本）《俄藏黑水城文献》第一○册，第16页。
④ 《番汉合时掌中珠》（甲种本）《俄藏黑水城文献》第一○册，第16页。
⑤ 西夏文《乾定戌年卖驴契约》，《中国藏西夏文献》第一六册，第387～389页。
⑥ 王静如：《金光明最胜王经卷五夏汉合璧考释》，《西夏研究》第三辑，国立中央研究院历史语言研究所1933年，第228页。
⑦ 罗福苌：《妙法莲花经弘传序释文》，《国立北平图书馆馆刊》四卷三号，1932年，第4页。
⑧ 李范文：《同音研究》，宁夏人民出版社1986年，第444页。
⑨ 西夏文《金光明最胜王经》卷九，《中国藏西夏文献》第三册，第367页。
⑩ 陈炳应：《西夏文物研究》，宁夏人民出版社1985年，第169页。
⑪ 〔日〕西田龙雄：《西夏文华严经》，京都大学文学部，1975～1977年。
⑫ 西夏文《六韬》卷上，《俄藏黑水城文献》第一一册，第192页。
⑬ 贾常业：《西夏文译本〈六韬〉解读》，《西夏研究》2011年第2期，第58～81页。

译"池水稀少"。① 𗼓𗉪，表示非常少，强调少的程度。

〔19〕𗀔𗴩𗀔：意"（本利）相等"。

𗀔，意"平"、"齐"、"同"等。如，夏译《孟子》"𗹦𗀔𗀔𗿷𗹦𗦳𗆧𗏇"，对应汉文本《孟子》卷五《滕文公章句上》："夫物之不齐，物之情也。"②

𗀔𗴩𗀔，字面意思"同亦同"，结合前后文意，表示"本钱和利息相等、平等、相同"之意。故，此处意译"本利相等"。俄文本译为"本利对半"③，文意错误。

〔20〕𗆟𗌭：意"知验"。

𗆟，意"知"，《掌中珠》"𗩾𗆟𗫨𗏇"作"指示寂知"。④ 夏译《妙法莲花心经》"𗾧𗦇𗧁𗗚𗫨𗆟𗽃𗮼𗏇"⑤对应汉文本"佛谓有缘众生，善知识曰"。⑥

𗌭，意"验"、"证"。《掌中珠》"𗆫𗬦𗫅𗌭"作"医人看验"。⑦

𗆟𗌭，组合连用，意"知验"、"知证"。《掌中珠》"𗆟𗌭𗧬𗫨"作"知证分明"；⑧"𗆟𗌭𗬫𗪚"作"今追知证"。⑨ 俄译本作"旁证人"。⑩

汉译本：

假若无识信人而令典当，是盗物时，限三个月期限当还，当寻盗者。若得盗者，未知则不治罪。若超限期仍未得盗者，则物当归实属者，⑪所典钱当全罚。其后盗人出，典钱能出，则因先未使寻识信只关者，有官罚马一，庶人十三杖。

一典当时，物属者及开当铺者二相厢情愿，因物多夥钱甚少，说本利相等亦勿卖出，有知
　证，及因物少而钱多，典当……

俄译本：

若〔受当者〕和〔送当者〕素不相识，则需另找德高望重者为〔送当者作证〕，抵押可以接

---

① 王静如：《金光明最胜王经卷九夏藏汉合璧考释》，《西夏研究》第三辑，国立中央研究院历史语言研究所 1933 年，第290 页。

② 彭向前：《西夏文〈孟子〉整理研究》，上海古籍出版社 2012 年，第 162 页。

③〔俄〕克恰诺夫著、李仲三译：《西夏法典》，宁夏人民出版社 1988 年，第 86 页。

④ 《番汉合时掌中珠》（甲种本），《俄藏黑水城文献》第一〇册，第 19 页。

⑤ 西夏文《妙法莲华心经》，《中国藏西夏文献》第一六册，第 358 页。

⑥ 孙伯君：《西夏文〈妙法莲花心经〉考释》，见杜建录主编《西夏学》第八辑，上海古籍出版社 2011 年，第 62～65 页。

⑦ 《番汉合时掌中珠》（甲种本），《俄藏黑水城文献》第一〇册，第 16 页。

⑧ 《番汉合时掌中珠》（乙种本），《俄藏黑水城文献》第一〇册，第 34 页。

⑨ 《番汉合时掌中珠》（甲种本），《俄藏黑水城文献》第一〇册，第 16 页。

⑩〔俄〕克恰诺夫著、李仲三译：《西夏法典》，宁夏人民出版社 1988 年，第 86 页。

⑪ 汉译本原作"现属者"，现改译为"实属者"。

纳。若无德高望重之士为〔送当者〕作保，受纳抵押并发现作质物系窃得之物，则在三个月之内应将赃物交还，并应寻拿窃贼。若〔当铺〕受纳赃物，但不知是赃，则〔当铺主〕不获罪。若上指三个月〔限期〕已过，而赃物无人赎回，则应物归原主，为典押(物)付出之本金，只能算为损失。以后，待抓获窃贼，当铺可向窃贼索赔付出之本金，而〔受纳赃物为质者〕因事先未找德高望重者作保〔只凭个人质当〕，应获罪；有官品者罚一马，庶民杖十三。

46－39 左面：

靴磤	笔㛵[1]	□	穧	靴祇	㤟	蘿[2]	㤟	蔡	蘱蘚[3]	㟃	劣
日限	入植	□	为	日过	不	赎	来	时	强卖	使	谓

靰	楄劣[4]	蘱瓠彨[5]	蘠藏祇[6]	㤟	㲉	殑	㤟	糚	骏
等	二乐	何所言	依〈〉行	不	有	拿	又	物	种

蘠	蘱	穧	靴磤	彨	㲅	胈	㵀	祧	纏	眍甄[7]	㵀	璇
依	典	为	日限	语	情	未	明	令	者	本利	上	〈〉

玆	糚姗疹	㤟	蘿	㤟	蔡	蘱龓蘱疹[8]	劣	死	羊
平	物有者	不	赎	来	时	典铺持者	乐	各	当

拔	蔡	姗疹	铵祇[9]	惠穀[10]	蔡	骸纑	磁	靇	玭	蘫
卖	时	属者	法越	口缚	时	官有	罚	马	一	庶

俶	祇	散	蓼
人	十	三	杖

祂	蘱糚	玆	蘩	散㵀[11]	妦蘫[12]	蘲瓠[13]	翍	纏	眍	糚	羊
一	典物	〈〉	中	广宽	衣卧具	破瘦	是	者	本	物	当

骸	甄	羊	磁[14]	糚	缲姗疹	孤	拔	衆	穧
取	利	当	罚	物	实属者	之	当	还	为

𗪩	𗋑𗙬	𗤒𗿒[15]	𗇋𗼩[16]	𗣊	𗏵	𗦻	𗤟	𗄊𗈜[17]	𗖵	𗥷𗎫[18]
一	诸人	田城	地畴	钱	因	典	为	差异	所	使传

注释:

[1] 𗤒𗙬：意"文据"、"文契"。

𗤒，意"入"、"进"。《金光明最胜王经》卷八王法正论品第二十"𗋑𗆑𗆸𗙬𗤱𗱛𗄊𗆸𗦁𗤒"①，对应汉文本"诸天共加护，然后入母胎"。②

𗙬，意"植"、"柄"。《掌中珠》"𗷸𗙬"作"木植"。夏译《六韬》中卷军义用篇"𗇋𗤲𗣊𗙈𗰖𗄊𗙬𗮉𗗿𗉅"，对应汉文本"大橹刀，重八斤，柄长七尺"。③

𗤒𗙬，二字连用，意"立文契"，字面意思"入植"或"入柄"，该词组多次在《天盛律令》中出现。根据前后文，"𗤒𗙬"与"𗤼𗥷"连用，字面意思"入柄文字"，在文中的意思是"日限过后，不来赎，典押物就可以卖，要写有文字凭据"。所以，"𗤒𗙬"意译为"立文据"或"立契约"。这也是出土西夏文契约中常用固定词组，一般出现在契约正文结束时。如黑水城出土的 Инв.No.6377－16 光定卯年贷粮契约中结尾就有"𗤒𗙬𗖵𗆷𗘂𗳉𗤟𗎫"④，汉译"依契约(文状)处有所还"。再如，前引天盛二十二年耶和寡妇卖地契约中有"𗄻𗰖𗤒𗙬𗷸𗃴𗉅"，译"情状依立文据实行"。结合上下文意"𗤒𗙬"翻译为"立文据"或"立文据"为其引申意。俄译本翻译为"商定宣称"。⑤

[2] 𗺟：意"拔"、"拉"、"伏"等。《掌中珠》"𗲅𗺟𗝝𗷸"作"伏罪入状"。⑥《类林志忠品十一》苏武有"𗔪𗱠𗴟𗺟𗄻𗗟"，对应汉文本"遂即拔剑自刺"。⑦汉译本译为"赎"。

[3] 𗥷𗤲：意"强卖"。

𗥷，意"强"。《文海》68.242 释𗥷的字形结构为"𗥷𗥷𗷸𗤲𗟻"⑧，由"𗥷"的上部和"𗤲"的全部，上下结构，下部为"𗤲(强)"为字根，表示其意，意"强"。

𗤲，汉语借词，音"售"，意"售"、"卖"。

𗥷𗤲，二字组合，"𗥷(强)"作为副词，修饰强调"𗤲(卖)"，则译"强卖"。

---

① 西夏文《金光明最胜王经》卷八，《中国藏西夏文献》第三册，第 360 页。
② 〔日〕《大正新修大藏经》第一六册，No.665，《金光明最胜王经》卷八，大正一切经刊行会 1934 年。
③ 贾常业：《西夏文译本〈六韬〉解读》，《西夏研究》2012 年第 2 期，第 58～81 页。
④ 西夏文《光定卯年贷粮契约》，《俄藏黑水城文献》第一四册，第 145 页。
⑤ 〔俄〕克恰诺夫著、李仲三译：《西夏法典》，宁夏人民出版社 1988 年，第 86 页。
⑥ 《番汉合时掌中珠》(甲种本)，《俄藏黑水城文献》第一〇册，第 17 页。
⑦ 史金波、黄振华、聂鸿音：《〈类林〉研究》，宁夏人民出版社 1993 年，第 44 页。
⑧ 史金波、白滨、黄振华：《文海研究》，中国社会科学出版社 1983 年，第 263 页。

[4] 𗄊𗿳：字面意思"二乐"，根据上下文意，这里的"𗄊（二）"指物主和当铺主双方，"二乐"即双方乐意或双方情愿。

[5] 𗾞𗣼𗘂：意"所商议"。

𗾞，疑问词，意"何"。如夏译《孟子》卷六"𗘂𗏹𘏲𗾺𗤿𘜶𗫂𗾞𗙏"、"𗥚𗫨𗤿𗾞𘗪𗏇□𘜶𗾞𗫜"两句，分别对应汉译本《孟子》卷六《滕文公章句下》陈代曰不见诸侯章："如不待其招而往，何哉？""如枉道而从彼，何也？"[1]

𗣼，前缀副词，加在动词之前，表示不定方，以"所……"如，《掌中珠》"𗤁𗾞𗣼𗫡"作"演说法门"。[2] "法门"为"所说"对象。

𗘂，意"言"、"语"。如，《掌中珠》"𗘂𗠁𗫨𗶊"作"听我之言"[3]，"𗷸𘜶𗘂𗤿"作"我闻此言"。[4]

𗾞𗣼𗘂，字面意思"何所言"，根据文意，这里的"言"，是双方自愿言，故意译为"协商"、"商议"。

[6] 𘜶𗫨𗑠：意"依实行"。

𘜶，可作为助词、原因连词、介词使用，有依、因、以等意思。[5] 如，"𗤁𘜶𗑠𗫡"作"依法行遣"。[6]

𗫨，词缀，意"顺"等。可以加在名词、动词、副词之后，起到助词作用。

𗑠，意"行"、"遣"。《掌中珠》"𗔪𗵨𗢳𗑠"作"立身行道"[7]；"𗠁𗫨𗷗𗑠"作"司吏行遣"。[8]

𘜶𗫨𗑠，即"依……实行"。此固定词组，通常在西夏文契约正文结束时的常用短语。如前引天盛二十二年耶和寡妇卖地契约中有"𗷸𗐯𗠁𗣀𘜶𗫨𗑠"（情状依所立文据实行）。黑水城出土 Инв. No.2546 - 2、3 天庆亥年卖畜契约正文结尾有"𗷸𗐯𗠁𗣀𗦀𗣤𘜶𗫨𗑠"（情状依立文据上有实行）。[9] Инв. No.5124 - 3(8 - 6) 寅年卖牛契约[10]、Инв. No.5949 - 32 光定卯年典工契约[11]中也有上述相同句子。

---

① 彭向前：《西夏文〈孟子〉整理研究》，上海古籍出版社 2012 年，第 167 页。
② 《番汉合时掌中珠》（甲种本），《俄藏黑水城文献》第一〇册，第 19 页。
③ 《番汉合时掌中珠》（甲种本），《俄藏黑水城文献》第一〇册，第 16 页。
④ 《番汉合时掌中珠》（甲种本），《俄藏黑水城文献》第一〇册，第 16 页。
⑤ 李范文主编、贾常业增订：《夏汉字典》，中国社会科学出版社 2008 年，第 72 页。
⑥ 《番汉合时掌中珠》（甲种本），《俄藏黑水城文献》第一〇册，第 15 页。
⑦ 《番汉合时掌中珠》（甲种本），《俄藏黑水城文献》第一〇册，第 14 页。
⑧ 《番汉合时掌中珠》（甲种本），《俄藏黑水城文献》第一〇册，第 16 页。
⑨ 西夏文《天庆寅年卖畜契》，《俄藏黑水城文献》第一三册，第 84 页。
⑩ 《番汉合时掌中珠》（甲种本），《俄藏黑水城文献》第一四册，第 16 页。
⑪ 西夏文《光定卯年典工契》，《俄藏黑水城文献》第一四册，第 94 页。

[7] ▯：意"利"。

▯，意"利"。如，《掌中珠》"▯▯▯▯"作"朝夕趋利"①；"▯▯▯▯"作"争名趋利"。②此处文意为"利息"、"利益"。

[8] ▯▯▯▯：意"当铺商"、"当铺主"。

▯▯，如前注释，此二字组合，意"当铺"。

▯，意"持"、"执"、"受"等。《掌中珠》"▯▯▯▯"作"自受用佛"③；"▯▯▯▯"作"坐司主法"。④夏译本《志公大师十二时歌》"▯▯▯▯▯▯"，对应汉文本"若持物，入迷津"。⑤

▯▯▯▯，根据文意，此处的"▯"(持)，具有"持有"、"拥有"之意，所以，该词组字面意思"当铺持有者"，可意译"当铺主"、"当铺商"。俄译本译文为"执当者"。⑥

[9] ▯▯：意"违律"。

▯，意"戒"、"法"。《掌中珠》"▯▯▯▯"作"莫违条法"。⑦

▯，如前注释，意"渡"、"越"、"超"。

▯▯，字面意思"律过、法过"，意"违法"、"违律"。

[10] ▯▯：意"诉讼"。

▯，意"口"、"关"。《掌中珠》"▯▯"作"口唇"。⑧

▯，意"缚"。《文海》43.241 释▯的字形结构"▯▯▯▯▯"⑨，由"▯(绳)的右部"和"▯(拘)的右部"构成，右部表意，用绳索拘，故意为"缚"。

▯▯二字连用，字面意思"口缚"，意译"诉讼"，为引申意。"▯▯"是西夏文契约中常出现词组。在契约中的文意，其大意为"若所卖、典之物的共有人，以后发生所有权争议、而诉讼时，由典、卖者负责"。所以，该词意译为"争讼"、"诉讼"。Инв.No.5124－3(4)《天庆寅年卖畜契约》中也有"▯▯▯▯▯▯▯▯▯▯▯"(有同抄子弟意谋争诉讼时)⑩、Инв.No.4193《天庆戊年典地房契约》有"▯▯▯▯▯▯▯▯▯(有官私诸人争诉讼者时)"。⑪

① 《番汉合时掌中珠》(甲种本)，《俄藏黑水城文献》第一〇册，第 15 页。
② 《番汉合时掌中珠》(甲种本)，《俄藏黑水城文献》第一〇册，第 18 页。
③ 《番汉合时掌中珠》(甲种本)，《俄藏黑水城文献》第一〇册，第 19 页。
④ 《番汉合时掌中珠》(乙种本)，《俄藏黑水城文献》第一〇册，第 32 页。
⑤ 西夏文《志公大师十二时歌注解》，《中国藏西夏文献》第一六册，第 516 页。
⑥ 〔俄〕克恰诺夫著、李仲三译：《西夏法典》，宁夏人民出版社 1988 年，第 86 页。
⑦ 《番汉合时掌中珠》(乙种本)，《俄藏黑水城文献》第一〇册，第 33 页。
⑧ 《番汉合时掌中珠》(甲种本)，《俄藏黑水城文献》第一〇册，第 10 页。
⑨ 史金波、白滨、黄振华：《文海研究》，中国社会科学出版社 1983 年，第 215 页。
⑩ 西夏文《天庆寅年卖畜契》，《俄藏黑水城文献》第一四册，第 17 页。
⑪ 西夏文《天庆寅年典地契约》，《俄藏黑水城文献》第一四册，第 20 页。

[11] □□：意"随意"、"任意"。

□，意"广"、"博"、"阔"。如，西夏仁宗皇帝的尊号中有"惇睦懿恭"，在出土的西夏文《维摩诘所说经》、《大方广佛华严经》等佛经题款中对应的西夏文为"□□□□"。[①]《文海杂类》11.262 释□的字形结构为"□□□□□"[②]，由"□（宽）"的右部和"□（粗）"的左部构成，左部□为词根表意，故有"广"、"阔"之意。

□，意"广"、"蚀"。如，《类林》"□□□□□□□□□□"，对应汉文本"日蚀之余如月之初"。[③]

□□，字面对译"宽广"，此处根据文意引申"任意"。俄译本作"保管不善"。[④]

[12] □□：意"衣服和敷具"。

□，意"衣服"。如，《掌中珠》"□□"作"衣服"[⑤]；"□□"作"布衫"。[⑥]《凉州重修护国寺感通塔碑铭》西夏文中"□□"对应汉文碑铭的"绯衣"。[⑦] 西夏《三才杂字》"□□"译"衣服"。[⑧]

□，意"卧具"、"敷具"。夏译《金光明最胜王经》卷十中"□□□□□□□□□□□□□□"[⑨]，在汉文本对应"供给敷具并衣食，象马车乘及珍财"。[⑩] "□"与"敷具"对应，"□"与"衣"对应。故，"□"意"敷具"。《十诵律·比丘戒本》："我今当以少白羺羊毛杂黑羺羊毛作敷具。"又《十诵律·比丘尼戒本》："若二比丘尼共一敷具卧。"[⑪]可知，"敷具"为坐卧之具。

□□，是要表达两件并列的物品"衣服和敷具"，汉译本作"衣物"[⑫]，遗漏了"□（卧具）"。俄文本为"衣被"。[⑬]

[13] □□：意"破旧"。

□，意"破烂"。《文海》7.241 释□的字形结构为"□□□□□"[⑭]，即"□"是由"□（旧）"的全部和"□（弱）"的右部构成，"□（旧）"部为字根表意，□部修饰强调"旧"的程度，

---

① 西夏文《维摩诘所说经》，《中国藏西夏文献》第一六册，第 303、457 页。
② 史金波、白滨、黄振华：《文海研究》，中国社会科学出版社 1983 年，第 333 页。
③ 史金波、黄振华、聂鸿音：《〈类林〉研究》，宁夏人民出版社 1993 年，第 64 页。
④〔俄〕克恰诺夫著，李仲三译：《西夏法典》，宁夏人民出版社 1988 年，第 86 页。
⑤《番汉合时掌中珠》（甲种本），《俄藏黑水城文献》第一〇册，第 13 页。
⑥《番汉合时掌中珠》（甲种本），《俄藏黑水城文献》第一〇册，第 13 页。
⑦ 陈炳应：《西夏文物研究》，宁夏人民出版社 1985 年，第 113 页。
⑧ 西夏《三才杂字》（乙种本），《俄藏黑水城文献》第一〇册，第 46 页。
⑨ 西夏文《金光明最胜王经》卷十，《中国藏西夏文献》第四册，第 14 页。
⑩〔日〕《大正新修大藏经》第一六册，No.0665，《金光明最胜王经》卷十，大正一切经刊行会 1934 年。
⑪〔日〕《大正新修大藏经》第二十三册，No.1435，《十诵律》，大正一切经刊行会印行 1934 年。
⑫ 史金波、聂鸿音、白滨：《天盛改旧新定律令》，法律出版社 2000 年，第 187 页。
⑬〔俄〕克恰诺夫著，李仲三译：《西夏法典》，宁夏人民出版社 1988 年，第 86 页。
⑭ 史金波、白滨、黄振华：《文海研究》，中国社会科学出版社 1983 年，第 143 页。

"更旧"即意为"破"、"烂"。

𗏁，意"赢弱"、"瘦"。如夏译《孟子》"𗏁𗾴𗱰𗥾𗏁𗋽𗱰𗥾𗾴𗏁𗥾𗾴"，对应汉文本《孟子》卷四《公孙丑章句下》孟子之平陆章："凶年饥岁，子之民老赢(转于)沟壑。"①

𗏁𗏁，字面直译"破瘦"，意译"破旧"。俄译本作"变成废物"。②

[14] 𗏁：意"罚"。结合文意，这里的"罚"不是西夏主刑之外的罚马、罚钱等附属刑法，是指典当所得利息没收交官。

[15] 𗏁𗏁：意"屋舍"。

𗏁，汉语借词，音译"田"、"殿"、"廷"、"天"、"钿"、"电"。如《掌中珠》"碧钿珠［𗏁𗏁𗏁］"③、"闪电［𗏁𗏁］"④、"天蝎［𗏁𗏁］"、"天秤［𗏁𗏁］"、"天河［𗏁𗏁］"。⑤《掌中珠》"𗏁𗏁"作"泥舍"。⑥

𗏁，意"城"、"州"等。如，《掌中珠》"𗏁𗏁"作"州主"。

𗏁𗏁，二字组合，意"舍屋"，如，《掌中珠》"𗏁𗏁𗏁𗏁"作"修造舍屋"。⑦《同音》19A2"𗏁𗏁"译"屋舍"、"殿城"。⑧

[16] 𗏁𗏁：意"田畴"。

𗏁，意"地"。如，《掌中珠》"𗏁𗏁"作"地坤"；"𗏁𗏁"作"大地"。⑨

𗏁，意"田"。如，《掌中珠》"𗏁𗏁𗏁𗏁"作"更卖田地"。⑩

𗏁𗏁，二字连用意"田畴"。如，《掌中珠》"𗏁𗏁"作"地畴"。⑪《类林》卷二孝友品九"𗏁𗏁𗏁𗏁𗏁𗏁"，对应汉文本"兄弟在田畴中"。⑫

[17] 𗏁𗏁：意"差异"、"分别"。

𗏁，意"异"、"差"。如，夏译《孟子》"𗏁𗏁𗏁𗏁𗏁𗏁𗏁𗏁𗏁"，对应汉文本《孟子》卷五《滕文公章句上》："之则谓爱无差等。"⑬

① 彭向前：《西夏文〈孟子〉整理研究》，上海古籍出版社 2012 年，第 127 页。
② 〔俄〕克恰诺夫著、李仲三译：《西夏法典》，宁夏人民出版社 1988 年，第 86 页。
③ 《番汉合时掌中珠》（甲种本），《俄藏黑水城文献》第一〇册，第 7 页。
④ 《番汉合时掌中珠》（甲种本），《俄藏黑水城文献》第一〇册，第 5 页。
⑤ 《番汉合时掌中珠》（甲种本），《俄藏黑水城文献》第一〇册，第 4 页。
⑥ 《番汉合时掌中珠》（甲种本），《俄藏黑水城文献》第一〇册，第 12 页。
⑦ 《番汉合时掌中珠》（甲种本），《俄藏黑水城文献》第一〇册，第 11 页。
⑧ 李范文：《同音研究》，宁夏人民出版社 1986 年，第 289 页。
⑨ 《番汉合时掌中珠》（甲种本），《俄藏黑水城文献》第一〇册，第 6 页。
⑩ 《番汉合时掌中珠》（甲种本），《俄藏黑水城文献》第一〇册，第 14 页。
⑪ 《番汉合时掌中珠》（甲种本），《俄藏黑水城文献》第一〇册，第 7 页。
⑫ 史金波、白滨、黄振华：《文海研究》，中国社会科学出版社 1983 年，第 33 页。
⑬ 彭向前：《西夏文〈孟子〉整理研究》，上海古籍出版社 2012 年，第 164 页。

□□，二字叠用意"差异"，"分别"。如，《新集锦合辞》有"□□□□□□□"①译"做毡扬糜天差异"。②

[18] □□：意"中间人"、"交易"。

□，意"传话"。《文海》36.222释□的字形结构为"□□□□□"，由"□"的右部和"□（传）"的左部，有"传话"之意。③

□，意"传"。如，《掌中珠》"□□□□"作"三界流传"。④ 如，"《□□□□□□□□□□□》"译《金光明最胜王经流传序》。⑤

□□，二字组成固定词组，意"传达"，这里引申为"中间人"。根据《文海》对"□"和"□"的解释"二者间言传"之意。⑥ 又据后文"□□（传达）"是在"□□（二二）"可知，就是在当物主人和当铺主之间传达话语，即交易中"中间人"。

《孟子》卷五《滕文公章句上》有为神农之言者许行章："何为纷纷然与百工交易？"夏译《孟子》中译作"□□□□□□□□□"。⑦ 据此，"□□"又有"交易"的意思。

汉译本：

规定日期，说过日不来赎时使⑧卖之等，可据二者所议实行。此外典当各种物品，所议日期未令明者，本利头已相等，物属者不来赎时，开当铺者可随意卖。若属者违律诉时，有官罚马一，庶人十三杖。

一典当物时，任意将衣物敷具⑨变破旧者，当取本钱，利当罚，物当归实属者⑩。

一诸人居舍、土地因钱典当时，分别以中间人⑪……

俄译本：

经商定，〔执当人〕宣称：限期一过，便不能赎〔物〕，要将物出卖（双方履行自愿达成协

---

① 西夏文《新集锦合辞》（乙种本），《俄藏黑水城文献》第一〇册，第331页。
② 陈炳应：《西夏谚语》，山西人民出版社1993年，第10页。
③ 史金波、白滨、黄振华：《文海研究》，中国社会科学出版社1983年，第201页。
④ 《番汉合时掌中珠》（乙种本），《俄藏黑水城文献》第一〇册，第36页。
⑤ 西夏文《金光明最胜王经·流传序》，《中国藏西夏文献》第三册，第14页。
⑥ 史金波、白滨、黄振华：《文海研究》，中国社会科学出版社1983年，第201页。
⑦ 彭向前：《西夏文〈孟子〉整理研究》，上海古籍出版社2012年，第157页。
⑧ 汉译本原译"汝"，现改译为"使"。
⑨ 汉译本漏译"□"，现补译"敷具"。
⑩ 汉译本原译"现物归现属者"，现改译为"物当归实属者"。
⑪ 此句俄译本漏译。

议）。若作质物、纳当条件和〔赎物限期〕没有协议，或若本息已经对半，而未见物主，亦未赎〔物〕，执当者据自己分析可出卖质物。若〔物〕主毁约又〔向执当者〕提出要求，则〔物主应获罪〕：有官品得罚一马，庶民杖十三。

若作质物为衣被等日用之物，〔由于保管不善〕均已变成废物时，执当者则只能从物主索回本金，而利息只好作为损失。作质之物，应当交还原主。

任何人以田宅和其他专用物为质借贷，（漏译"分别以中间人双方"）……

46－40右面：

[1]二二	于	[2]自各	[3]地苗	田城	[4]谷赏	利	等	算	[5]名

不	[6]有	入柄	[7]文字	有	[8]何时	钱	送	时	当	给	为

[9]不有	此	中	钱上利	有	屋舍	地畴	亦	重	属

者	[10]还	[11]谷赏	为	使	利	[12]交	名有者	钱上利	屋舍	地

畴	上	[13]苗果	谷赏	等	自各	当	算	名	本利	钱

同	上	等	后	又	利	算	为	无	若	法过	本利	还

地畴	屋舍	属者	之	不	给	为	时	官有	罚	马

一	庶人	十	三	杖

𗆟	𗿒[14]	𗉋	𗟟	𗹦	𗠝	𗤶	𗴮	𗏁	𗅢	𗥛	𗴮	𗥛	𗟭	𗅋	①
一	官	私	属	畜	物	屋	舍	等	他	处	典	处	言	于	不

注释：

〔1〕𗴮𗴮：字面意思"二二"，此处"𗴮𗴮"连用，意"双方"。根据文意，指物主人和当铺商双方。

〔2〕𗤶𗥛：意"各自"。

𗤶，意"自己"。如，《掌中珠》"𗤶𗴮𗠝𗹦"作"不累于己"②，"𗟭𗟭𗤶𗴮"作"争如自悔"。③

𗥛，词缀，意"各"、"处"。常附在动词之后，表示发生、存在的地点，意"……之处"，如"𗤶𗹦𗴮𗆟𗤶𗅢𗥛"(此经典王传行之处)。④

𗤶𗥛，连用意"各自"。如，西夏文《新集慈孝传·兄弟章》"𗆟𗟟𗟟𗴮𗤶𗥛𗏁𗅢𗟭𗅋"译"一日昼间各自心欲分居"。⑤

〔3〕𗉋𗴮：意"地苗"、"禾苗"。

𗉋，如前注释，𗉋意"土地"。

𗴮，意"苗芽"、"乙"。西夏文《金光明最胜王经》卷八有"𗤶𗅢𗴮𗏁 𗠝𗥛𗠝 𗥛𗴮𗥛𗥛𗠝𗥛𗥛"⑥，对应汉文本"丛林果树并滋荣，所有苗稼咸成就"。⑦

𗉋𗴮，意"地苗"、"禾苗"。

〔4〕𗁦𗊦：音译"谷宜"，意"收益"。

𗁦，音译，音"谷"、"郭"、"孤"、"古"等。如，《掌中珠》"五谷"[𗆟𗁦]⑧，《文海》57.132 释𗁦"𗁦𗴮𗊦𗴮𗁦𗴮𗏁𗅢𗴮"(郭者族姓郭那之谓)。⑨ 如，《类林》郭伋[𗁦𗴮]、班固[𗴮𗁦]等。⑩

---

① 该三字在俄藏甲种本图版中模糊不清，此处据克恰诺夫俄译本卷三当铺门刊布图版补录该字。
② 《番汉合时掌中珠》(甲种本)，《俄藏黑水城文献》第一○册，第18页。
③ 《番汉合时掌中珠》(甲种本)，《俄藏黑水城文献》第一○册，第19页。
④ 王静如：《金光明最胜王经卷九夏藏汉合璧考释》，《西夏研究》第三辑，国立中央研究院历史语言研究所1933年，第242页。
⑤ 聂鸿音：《西夏文〈新集慈孝传〉研究》，宁夏人民出版社2009年，第134页。
⑥ 西夏文《金光明最胜王经》卷八，《中国藏西夏文献》第三册，第339页。
⑦ 〔日〕《大正新修大藏经》第一六册，No.0665，《金光明最胜王经》卷八，大正一切经刊行会1934年。
⑧ 《番汉合时掌中珠》(甲种本)，《俄藏黑水城文献》第一○册，第8页。
⑨ 史金波、白滨、黄振华：《文海研究》，中国社会科学出版社1983年，第479页。
⑩ 史金波、黄振华、聂鸿音：《〈类林〉研究》，宁夏人民出版社1993年，第36页。

𗤶，音译"宜"，在《同音》牙音三品中，"𗤶"与"𗤼"在同属一组。《掌中珠》"𗼃𗤼[我宜]"作"君子"，"𗤼"音"宜"①，故"𗤶"音"宜"。意"赏"。《贞观玉镜将》"𗤉𗤶𗤾𗦳"（举告当得赏）。②

𗧯𗤶，汉译本《天盛改旧新定律令》译名对照表中，"𗧯𗤶"二字，音译"谷宜"。③ 1994年版，注释为"未详其义"。④ 由《当铺门》中该条和《催索债利门》之第14条"债物取时工赎地苗债量算"的规定可知，"谷宜"、"地苗"、"畜上工价"与"屋舍"和"地畴"不属并列的同类抵押物，是由"屋舍"和"地畴"等抵当物在典押期间所产生的收入。"畜上工价"是指牲畜抵押期间，当铺商出租畜力得到的收入。所以"𗧯𗤶（谷宜）"表达的意思是各自土地、屋舍等典押期间产生的收益。此处"𗧯𗤶"音译"谷宜"，意思为"收益"。

[5] 𗤘：汉语借词，音"名"，意"名"。如，《掌中珠》"𗷰𗍳𗤘𗿒[六渴名长尼]"作"世间扬名"⑤，"𗤘𗵲𗤾𗢭[酪裁尼迎能重]"作"争名趋利"。⑥《凉州重修护国寺感通塔碑》西夏文"𗢭𗤘𗢭𗤘"作"善名善名"。⑦

[6] 𗫦𗤄：意"有无"。

𗫦，否定词，意"不"、"无"。如，《掌中珠》"𗷰𗤀𗫦𗤚"作"不晓世事"⑧，"𗼃𗵸𗫦𗤙"作"此后不为"。⑨

𗤄，存在动词，意"有"、"在"等。如，《掌中珠》"𗤛𗥦𗋒𗤄"作"踪迹见有"⑩，"𗼍𗱵𗾈𗤄"作"罪在我身"。⑪

𗫦𗤄，据文意，此处否定词"𗫦"与存在动词"𗤄"连用，不是否定结构词组"不有"，而是并列结构"有无"。汉译本句读为"𗤘𗫦𗤄𗎼𗤚，𗤄𗾈𗆧"，译为"不有名规定，有文字"，同时，卷三注释七为"此处文意不详"。⑫ 根据文意，该处句读应该是"𗧈𗤘𗫦𗤄，𗎼𗤚𗤄𗆧𗤾搓"，应译为"算名有无，应有文字规定"。结合上文，整句意译为："地上苗禾、屋舍、谷物等收入算不算，应有文字规定。"这样文句就较为通畅，容易理解。

---

① 《番汉合时掌中珠》（甲种本），《俄藏黑水城文献》第一〇册，第 15 页。
② 陈炳应：《〈贞观玉镜将〉研究》，宁夏人民出版社 1995 年，第 70 页。
③ 史金波、聂鸿音、白滨：《天盛改旧新定律令》，法律出版社 2000 年，第 627 页。
④ 史金波、聂鸿音、白滨：《西夏天盛律令》，科学出版社 1994 年，第 90 页。
⑤ 《番汉合时掌中珠》（甲种本），《俄藏黑水城文献》第一〇册，第 14 页。
⑥ 《番汉合时掌中珠》（甲种本），《俄藏黑水城文献》第一〇册，第 18 页。
⑦ 史金波：《西夏佛教史略》，宁夏人民出版社 1988 年，第 245 页。
⑧ 《番汉合时掌中珠》（甲种本），《俄藏黑水城文献》第一〇册，第 16 页。
⑨ 《番汉合时掌中珠》（甲种本），《俄藏黑水城文献》第一〇册，第 17 页。
⑩ 《番汉合时掌中珠》（甲种本），《俄藏黑水城文献》第一〇册，第 16 页。
⑪ 《番汉合时掌中珠》（甲种本），《俄藏黑水城文献》第一〇册，第 16 页。
⑫ 史金波、聂鸿音、白滨：《天盛改旧新定律令》，法律出版社 2000 年，第 192 页。

[7] 𗥃𗈁：意"文字"。

𗥃，意"文"、"铭"。如，《掌中珠》"𗥃𗨳𗅳𗹲"作"学习文业"。[1]《凉州重修护国寺感通塔碑》西夏文名称为"𗉘𘜶𘆡𗣼𗥃𘆄𘃜𗦟𗖰𗣼𗥃"（大白高国境凉州感通塔之碑铭）。[2]

𗈁，意"字"。如，西夏文蒙书《𗈁𘏞》译"杂字"。[3]

𗥃𗈁，二字连用意"文字"，如，《掌中珠》"𗥃𗈁𘙚𗣼"作"文字搜寻"。[4] 夏译《志公大师十二时歌》"𗤶𘎑𗥃𗈁𗦟"对应汉文本"唯玄妙，无文字"。[5]

[8] 𗤽𗰔：意"何时"。

𗤽，意"何时"。《文海》77.211 释"𗤽"的字形结构为"𗤽𘉕𘈪𗈇𘔶"[6]，由"𘉕（时）"的左部和"𘈪（何）"的右部构成左右结构，"问时间"，即意"何时"。

𗰔，意"久"、"固"。夏译《孟子》"𗨁𘝔𗠷𘊝𗰔"对应汉文本《孟子》卷五《滕文公章句上》"滕久行之矣"。[7]

𗤽𗰔，二字连用，表示询问时间，意"何时"。如，《新集锦合辞》"𗦫𘝵𗷅𘊝𘏞𗲲𗅋 𘜶𘄴𗫂𗘄𗤽𗰔𘄷"[8]译"龙欲水轻何时尽，虎跃山黑何时休"。[9]

[9] 𘈩𘑲：否定词𘈩（不）和表示并列关系的存在动词𘑲（有）组合，字面意思"不有"，表示递进关系的连词，意"此外"、"除……以外"。[10]

[10] 𗤁：意"还"、"报"等。夏译《金光明最胜王经》卷九"𘐒𗤁𗠋𘟣"对应汉文本"报恩供养"。[11] 俄藏甲种本图录中，该字模糊不清，今据克恰诺夫俄译本刊布图版补录该字。[12]

[11] 𗥓 𘃸：原图此处仅有"𗥓"（谷），根据文意此处应该是"𗥓𘃸"，疑西夏文原文排版时漏"𘃸"，此处补。

[12] 𘄴：意"交纳"。如，《掌中珠》"省𘄴𘔿"作"受纳司"。[13]

① 《番汉合时掌中珠》（甲种本），《俄藏黑水城文献》第一〇册，第 10 页。
② 陈炳应：《西夏文物研究》，宁夏人民出版社 1985 年，第 110 页。
③ 聂鸿音、史金波：《西夏文〈三才杂字〉考》，《中央民族大学学报》1995 年第 6 期，第 81～88 页。王静如、李范文：《西夏〈杂字〉研究》，《西北民族研究》1997 年第 2 期，第 66～86 页。
④ 《番汉合时掌中珠》（甲种本），《俄藏黑水城文献》第一〇册，第 14 页。
⑤ 杜建录、于光建：《武威藏西夏文〈志公大师十二时歌〉译释》《西夏研究》2013 年第 2 期，第 19～26 页。
⑥ 史金波、白滨、黄振华：《文海研究》，中国社会科学出版社 1983 年，第 281 页。
⑦ 彭向前：《西夏文〈孟子〉整理研究》，上海古籍出版社 2012 年，第 150 页。
⑧ 〔西夏〕梁养德：《新集锦合辞》（乙种本），《俄藏黑水城文献》第一〇册，第 330 页。
⑨ 陈炳应：《西夏谚语》，山西人民出版社 1993 年，第 9 页。
⑩ 史金波：《西夏文教程》，社会科学文献出版社 2013 年，第 193 页。
⑪ 王静如：《金光明最胜王经卷九夏汉合璧考释》，见王静如《西夏研究》第三辑，国立中央研究院历史语言研究所 1933 年，第 309 页。
⑫ 〔俄〕克恰诺夫：《西夏法典——天盛年改旧新定律令》第二册，莫斯科东方文献出版社 1987 年，第 440 页。
⑬ 《番汉合时掌中珠》（甲种本），《俄藏黑水城文献》第一〇册，第 15 页。

　　〔13〕縫：意"果"。如，《掌中珠》"彳縫 羇豄"作"证圣果已"，"綢虁綢縫"作"四向四果"①，"緤縫"作"橘子"、"蔎縫"作"李子"、"藩縫"作"梨"。②

　　〔14〕骰毿："一官"，该二字在俄藏甲种本中，模糊不清，此处据克恰诺夫俄译本刊布该页图版补录。③

汉译本：

　　双方各自地苗、房舍之谷宜利算或不算，应有文字规定④，何时送钱时当还给。此外，其中钱上有利，房舍、地苗亦重归为属有者谷宜，交利有名者。钱上利、房舍、地土上苗、果、谷宜等当各自重算，不允与本利钱相等以后再算利。若违律本利送还，地畴、房舍不归属者时，有官罚马一，庶人十三杖。

　　一官私所属畜物、房舍等到他处典当，失语……

俄译本：

　　应计算或不计算〔在典押期〕内田禾和房宅所得利息。在典契中应注明〔在田宅典出期所得收入〕应否交还给〔田宅典出者〕，之后，他再还钱。同时，这类〔契约〕规定，〔只能〕用所得收入付息，而田宅仍能为其所有者带来收入，利息收入〔归田宅受典债权者〕，并如数登记借钱人所付利息以及〔典房出租〕所得收入和〔典〕田收成都应分别计算。当本金〔典押人所借到钱数〕和〔借钱人所付〕利息相等时，则以后再不许算利息。若违犯此律，即利息和本金已付清，典押田宅尚不归还物主者，则〔当事人应获罪〕：有官品者罚一马，庶民杖十三。

　　若典出之官私畜物、房产，因保管不善……

46－40左面：

□	□[1]□	□	□[2]	□	□	□	□	□	□	□	□	□	□
□	起火	盗	诈	入	等	时	何	所	盗	数	实	卖	法

---

① 《番汉合时掌中珠》(甲种本)，《俄藏黑水城文献》第一〇册，第19页。
② 《番汉合时掌中珠》(甲种本)，《俄藏黑水城文献》第一〇册，第8页。
③ 〔俄〕克恰诺夫：《西夏法典——天盛年改旧新定律令》第二册，莫斯科东方文献出版社1987年，第440页。
④ 汉译本原作"计算，不有名规定，有文字"，现改译为"算或不算，应有文字规定"。

依　次　等　｜　量　价　经　量　物　色　｜　同　及　价　钱　等 [3][4][5]

当　还　为　｜　本　利　钱　不　依　当　算　当　取　若　物　实

实　多　有　实　有　中　益　所　求　以　所　无　言　隐　价 [6]

量　□　如　还　为　者　殊　益　何　所　寻　偷　盗 [7][8]

罪　如　二　等　及　若　物　有　者　物　好　我　说　高　时 [9]

偷　盗　罪　比　三　品　等　当　减　为

一　诸　人　畜　物　活　尸　卖　者　知　情　当　寻　使　卖　入 [10][11]

柄　盛　为　若　所　买　物　实　捕　盗　畜　物　是　谓　时

注释：

[1] 皷：意"烧"。《文海杂类》释皷的字形结构为"皷蒇祂祇胑"①，由"蒇（火）"的下部和"祂（过）"的右部构成左右结构，左部的"蒇（火）"的下部为字根，表意，"祂（过）"的右部修饰"火"的程度，故意"烧"。

---

① 史金波、白滨、黄振华：《文海研究》，中国社会科学出版社 1983 年，第 325 页。

［2］𗾼𗦀：意"盗诈"。

𗾼，如前注释，意"盗"。

𗦀，意"虚"、"诈"、"谄"等。如西夏文《金光明最胜王经》卷八"𗦀𗦀𗦀𗦀𗦀"对应汉文本"奸诈日日增"。[①]

𗾼𗦀，二字连用，此处意为"盗诈"。

［3］𗦀：该字俄藏甲种本残缺，今据克恰诺夫俄译本卷三《当铺门》刊布该页图版补录。[②]

［4］𗦀𗦀：意"次等"。

𗦀，意"次"。如，夏译《过去庄严劫千佛名经》"𗦀𗦀𗦀"对应汉译本"次依佛"。[③]《天盛律令》卷十《司序行文门》有"𗦀𗦀𗦀"译"次等司"。[④]

𗦀，"品"、"章"、"篇"。如，西夏文《新集慈孝传》"𗦀𗦀𗦀𗦀"（婆媳章）、𗦀𗦀𗦀（叔侄章）、𗦀𗦀𗦀（姑妹章）。[⑤]

𗦀𗦀，此处意为"次等"。该字俄藏甲种本残，该字据克恰诺夫俄译本卷三刊布该页图版补录。[⑥]

［5］𗦀𗦀：意"物色"、"品相"。

𗦀，汉语借词，音"物"，意"财"、"物"，《掌中珠》"𗦀𗦀𗦀𗦀"作"不失于物"[⑦]；"𗦀𗦀𗦀𗦀"作"逐物心动"。[⑧]

𗦀，汉语借词，音"色"，意"色"。如，《西夏谚语》"𗦀𗦀𗦀𗦀𗦀𗦀"（拴万畜毛色不相像）。[⑨]

𗦀𗦀，意"物色"，指物品的特征、状况、品相。

［6］𗦀𗦀："不说"。

𗦀，同"𗦀"字，意"无"、"亡"。"𗦀𗦀"字面意思"无言"，这里意译"不说"。

［7］𗦀：意"特"、"多"、"超"。如，夏译《贞观政要》有"𗦀□𗦀𗦀𗦀"[⑩]，对应汉文本《贞

① 王静如：《金光明最胜王经卷八夏藏汉合璧考释》，见王静如《西夏研究》第三辑，国立中央研究院历史语言研究所 1933 年，第 214 页。
② 〔俄〕克恰诺夫：《西夏法典——天盛年改旧新定律令》第二册，东方文献出版社 1987 年，第 440 页。
③ 王静如：《过去庄严劫千佛名经考释》，《国立北平图书馆馆刊》四卷三号，1932 年，第 164 页。
④ 史金波、聂鸿音、白滨译注：《天盛改旧新定律令》，法律出版社 2000 年，第 358 页。
⑤ 聂鸿音：《西夏文〈新集慈孝传〉研究》，宁夏人民出版社 2009 年，第 104 页。
⑥ 〔俄〕克恰诺夫：《西夏法典——天盛年改旧新定律令》第二册，东方文献出版社 1987 年，第 440 页。
⑦ 《番汉合时掌中珠》（甲种本），《俄藏黑水城文献》第一〇册，第 18 页。
⑧ 《番汉合时掌中珠》（甲种本），《俄藏黑水城文献》第一〇册，第 18 页。
⑨ 陈炳应：《西夏谚语》，山西人民出版社 1993 年，第 9 页。
⑩ 西夏文《贞观政要》，《英藏黑水城文献》第五册，第 318 页。

观政要·纳谏第五》之"特爱之,恒于宫中养饲"。①

　　[8]𗧊𗧊𗫻:意"偷盗"。

　　𗧊𗧊,意"窃窃"、"谆谆"、"暗暗"。西夏文《孙子兵法三家注》中卷行军品第九"𗧊𗧊𗾗𗾗𗏹𗤒𗤻𗇋𗏨𗹙𗏨𗗙𗫸𗤒𗯃",对应汉文本《孙子兵法》行军第九中的"谆谆翕翕,徐与人言者,失众也"。②《类林》忠谏品十二伍员"𗧊𗧊𗫡𗗙𗗙𗫻"译"暗欲思报吴仇"。③

　　𗫻,如前注释,意"盗"。

　　𗧊𗧊𗫻,𗧊𗧊与𗫻组合,意译为"偷盗"。如,"𗧊𗧊𗫻𗷓𗒹𗗙𗷾𗟬𗤼𗪟"(当比偷盗罪状减三等)。④

　　[9]𗼨:俄藏甲种本残,此处据克恰诺夫俄译本刊布该页图版补录。⑤𗼨,意"高"、"升"。如,《掌中珠》"𗼨𗼨𗯿𗼨"作"因此加官"。

　　根据文意,前面是"物属者说我物好",故这里"𗼨(高)"的意思应该是典当时物主因物好而故意抬高典物价值,或因物好而贵重。俄译本译文译为"宣称我物乃上乘"。⑥

　　[10]𗣼𗈁:意"活死"。

　　𗣼,意"生"、"活"。如,《掌中珠》"𗒘𗣼"作"生死"。⑦

　　𗈁,意"尸"。《文海》49.272释𗈁"𗈁𗱈𗒘𗤛𗗙𗆟𗫸𗧃"(尸者命绝留尸之谓)。⑧

　　𗣼𗈁,根据文意,这里的"𗣼(活)"是指活畜物,"𗈁(尸)"指买卖畜物死尸。文中的"𗷓𗟬𗣼𗈁"是指"活、死畜物",俄译本译文作"畜物,动产、不动产"⑨,误也。

　　[11]𗤛𗦺:意"知识人"。

　　𗤛,意"知"。《掌中珠》"𗼨𗤛𗗙𗯃"作"指示寂知"。⑩

　　𗦺,意"知"、"识"。如,夏译《志公大师十二时歌》"𗫡𗤛𗦺𗗙𗈪𗄈𗵽"⑪,对应汉文本"外求知识亦非真"。⑫

---

① [唐]吴兢撰,谢保成集校:《〈贞观政要〉集校》,中华书局2009年,第99页。
② 西夏文《孙子兵法三家注》卷中(甲种本),《俄藏黑水城文献》第一一册,第168页。
③ 史金波、黄振华、聂鸿音:《〈类林〉研究》,宁夏人民出版社1993年,第54~55页。
④ 史金波、聂鸿音、白滨:《天盛改旧新定律令》第二册,东方文献出版社1987年,第440页。
⑤ 〔俄〕克恰诺夫:《西夏法典——天盛年改旧新定律令》第二册,东方文献出版社1987年。
⑥ 〔俄〕克恰诺夫著,李仲三译:《西夏法典》,宁夏人民出版社1988年,第88页。
⑦ 《番汉合时掌中珠》(甲种本),《俄藏黑水城文献》第一〇册,第10页。
⑧ 史金波、白滨、黄振华:《文海研究》,中国社会科学出版社1983年,第225~226页。
⑨ 〔俄〕克恰诺夫著,李仲三译:《西夏法典》,宁夏人民出版社1988年,第88页。
⑩ 《番汉合时掌中珠》(甲种本),《俄藏黑水城文献》第一〇册,第19页。
⑪ 西夏文《志公大师十二时歌注解》,《中国藏西夏文献》第一六册,第516页。
⑫ 杜建录、于光建:《武威藏西夏文〈志公大师十二时歌〉译释》,《西夏研究》2013年第2期,第19~26页。

𗾊𘂴，意"知情"、"知识"。如，夏译《妙法莲花心经》"𗑒𘊗𗒽𘄒𗙴𗙴𗾊𘂴𗦤𗾫𗗙"[1]，对应汉文本"佛谓有缘众生，善知识曰"。[2] 此处的"知识"指买卖典当交易过程中对典押物情况了解的"中间人"。

汉译本：

而着火、被盗诈时，所无数依现卖法次等估价，当以物色相同所计钱还给，本利钱依法算取。若物现有□殊益，现有中已得益而说无有，所隐价量当还者，已寻何殊益，当比偷盗减二等。及若物属者说我物好价高[3]时，当比偷盗罪减三等。

一诸人买活、死畜物者，当找知识人而买，当做规定。若所置物为现寻捕盗畜物时，……

俄译本：

而被火或被盗，则被毁物必须按相应市价赔偿〔给蒙受损失者〕，赔同物或赔钱。本息应按有关律令清算付钱。若属贵重物品，〔执典者〕实有这种物品，却想多得利益将物藏匿而伪称物已毁，企图支付少许赔偿，则在确认他得利后，对〔其〕处以偷窃罪减二等。若物主高抬〔其物〕价，宣称："彼乃吾物之上乘！"则他应获偷窃罪减三等。

某人购买畜物、动产和不动产时，他需找成交证人立买物契约。若买物时有人宣称："〔这些〕畜物来自被拿获窃贼之手"……

46－41右面：

𗼜	𘂤	𗪉	𘃧[1]	𗘄	𘄒𗾊[2]	𗵒	𗼻𗈪	𘊗	𘃼	𘊗	𗷢𗾫	𘊗
先	买	处	明	当	贩知	有	入柄	实	有	则	畜物	实

𘘝𗊰	𘓐	𗦤	𗈪	𗢸	𘕿	𘄒	𘈩	𘂤	𗵆	𗈪	𗑠𘊤	𗾔	𗎫
属者	之	当	还	为	价	乃	买	处	当	取	盗人	罪	法

𘝣	𗣼𗆐[3]	𗤀	𗷢	𗾫	𘂤	𗪉	𗪉	𘃧	𘈩𘄒𗾊[4]	𘄉	𗼻𗈪
依	决断	若	畜	物	买	处	不	明	卖贩知	不	入柄

① 西夏文《妙法莲花心经》，《中国藏西夏文献》第一六册，第358页。
② 孙伯君：《西夏文〈妙法莲花心经〉考释》，见杜建录主编《西夏学》第八辑，上海古籍出版社2011年，第62～65页。
③ 俄藏甲种本残，汉文本原缺译，今补"𗵑"，意"价高"。

不	有	盗	不	得	则	价	罚	罪	承	⟨ ⟩	前 有 [5]	盗 物

典	为	之	罪 情	明	同	使	同					

一	诸 人	典	当	中	物	种 种 [6]	典 为	中	本 利	不	等	此

后	言 量 无 [7]	属	者	之	不	问	随 意	卖	为	无	若	律

过	典	物	卖	为	时	物	量	十	缗	园 内	官 有	罚	马

一	庶 人	十	三	杖	十	缗	以 上	一 律 [8]	一 年 [9]	物

注释：

[1] 𗹭：意"明显"，"显现"。如《掌中珠》"𗹭𗗙𗷨𗹭"作"知证分白"。①

[2] 𗵘𗹭：意"中间知人"。

𗵘，意"贩"、"牙人"。《文海》10.122 释𗵘的字形结构"𗵘𗣏𗘺𗤺𗤻"②，该字由"𗣏（卖）"的左部和"𗤺（传达）"的全部构成，右部的"𗤺（传达）"为字根表意，左部修饰"传达言语"是在买卖中，其本意为"买卖中言传者"。即为买卖中间的经纪人——"牙人"。

𗹭，如前注释，意"知"。根据这文意，这里的"知"是指买卖和签订契约时的证明人——知人。

𗵘𗹭，字面意思"贩知"。根据文意，指买卖交易中的"牙人"和"证明人"的合称——

---

① 《番汉合时掌中珠》（乙种本），《俄藏黑水城文献》第一〇册，第34页。
② 史金波、白滨、黄振华：《文海研究》，中国社会科学出版社 1983 年，第 148 页。

“中间知人”。

　　[3]　□□：意“决断”。

　　□，意“决断”。如，西夏文《过去庄严劫千佛名经》中“□□□□”，对应汉文本“决断意佛”。①

　　□，意“判”、“断”。如，《掌中珠》“□□□□”作“案检判凭”②；“□□□□”作“都案判凭”③；“□□□□”作“立便断至”。④

　　□□，二字连用，意“决断”。如，西夏文《金光明最胜王经》卷八“□□□□□”，对应汉文本“如法当决断”。⑤

　　[4]　□□□：“买卖中间知人”、“牙人”。

　　□，如前注释，意“卖”。

　　□□，如前注释，意“中间知人”。

　　□□□，根据文意，这里的“□□□”与前文“□□”相同，是“买卖中间知人”，即“牙人”。

　　[5]　□□：意“前述”。

　　□，意“先”、“前”、“昔”。如，《掌中珠》西夏文序言“□□□□”对应汉文序言“先圣后圣”⑥，“□□”作“前年”。⑦《凉州重修护国寺感通塔碑》有“□□□□”译“前前后后”。⑧

　　□，存在动词，意“有”、“在”等。《掌中珠》“□□□□”作“踪迹见有”。⑨“□□□□”作“罪在我身”。⑩

　　□□，字面意思“前有”、“前在”，根据文意，引申为“前述”。

　　[6]　□□：意“种种”。

　　□，量词，意“种”、“诸”。如，夏译《孟子》“□□□□□”对应汉文本“以粟易诸器”。⑪

---

①　王静如：《过去庄严劫千佛名经考释》，见李范文主编《西夏研究》第五辑，中国社会科学出版社 2007 年，第 144 页。
②　《番汉合时掌中珠》（甲种本），《俄藏黑水城文献》第一〇册，第 15 页。
③　《番汉合时掌中珠》（甲种本），《俄藏黑水城文献》第一〇册，第 16 页。
④　《番汉合时掌中珠》（甲种本），《俄藏黑水城文献》第一〇册，第 35 页。
⑤　王静如：《金光明最胜王经卷八夏藏汉合璧考释》，见王静如《西夏研究》第三辑，国立中央研究院历史语言研究所 1933 年，第 214 页。
⑥　《番汉合时掌中珠》（甲种本），《俄藏黑水城文献》第一〇册，第 1 页。
⑦　《番汉合时掌中珠》（甲种本），《俄藏黑水城文献》第一〇册，第 6 页。
⑧　陈炳应：《西夏文物研究》，宁夏人民出版社 1985 年，第 112 页。
⑨　《番汉合时掌中珠》（甲种本），《俄藏黑水城文献》第一〇册，第 16 页。
⑩　《番汉合时掌中珠》（甲种本），《俄藏黑水城文献》第一〇册，第 16 页。
⑪　彭向前：《夏译〈孟子〉研究》，上海古籍出版社 2012 年，第 157 页。

🗴，"种"、"诸"。《同音》丁种本背注 18B77 释🗴"🗴🗴🗴🗴"（诸种：杂类混）。[1]

🗴🗴，二字连用，意"种种"、"诸种"。如，《凉州重修护国寺感通塔碑铭》西夏文有"🗴🗴🗴🗴🗴🗴🗴🗴"作"大小头监、匠人种种等"。[2]

[7] 🗴🗴🗴：意"未商量"。

🗴，意"言"、"语"。如，《掌中珠》"🗴🗴🗴🗴"作"听我之言"[3]；"🗴🗴🗴🗴"作"不说实话"[4]；"🗴🗴🗴🗴"作"我闻此言"。[5]

🗴，意"限量"。《同音》12A5"🗴🗴"译"限量"。

🗴，意"不"、"无"、"莫"。如，夏译《志公大师十二时歌》"🗴🗴🗴🗴🗴🗴🗴"[6]，对应汉文本中的"四大身中无价宝"。[7] 夏译《孟子》"🗴🗴🗴🗴🗴🗴🗴🗴"，对应汉文本《孟子》卷四《公孙丑章句下》："晋楚富者，不可及也。"[8]

🗴🗴🗴，字面对译"语量无"，意译"未商量"。汉译本作"无语量"，并在卷三注释八"此处文意不明"。[9] 根据文意，此处的"🗴（言语）"有"商量"的意思。整句文意指"与物属者未商量（钱数），不能随意卖出"。

[8] 🗴🗴：意"一年"。如《掌中珠》"🗴🗴🗴🗴"作"一年二年"。[10] 这里的一年指"徒刑一年"。

[9] 🗴🗴：意"一律"。

🗴，数词，意"一"。如，《掌中珠》"🗴🗴"作"一日"。[11]

🗴，意"礼"、"法"、"律"。《掌中珠》"🗴🗴🗴🗴"作"君子有礼"[12]；"🗴🗴🗴"作"大恒历院"。[13]

🗴🗴，意"一律"。

---

[1] 韩小忙：《〈同音背隐音义〉整理与研究》，中国社会科学出版社 2011 年，第 269～270 页。
[2] 陈炳应：《西夏文物研究》，宁夏人民出版社 1985 年，第 171 页。
[3] 《番汉合时掌中珠》（甲种本），《俄藏黑水城文献》第一〇册，第 16 页。
[4] 《番汉合时掌中珠》（甲种本），《俄藏黑水城文献》第一〇册，第 16 页。
[5] 《番汉合时掌中珠》（甲种本），《俄藏黑水城文献》第一〇册，第 16 页。
[6] 西夏文《志公大师十二时歌注解》，《中国藏西夏文献》第一六册，第 518 页。
[7] 杜建录、于光建：《武威藏西夏文〈志公大师十二时歌〉译释》，《西夏研究》2013 年第 2 期，第 19～26 页。
[8] 彭向前：《夏译〈孟子〉研究》，上海古籍出版社 2012 年，第 124 页。
[9] 史金波、聂鸿音、白滨译注：《天盛改旧新定律令》，法律出版社 2000 年，第 192 页。
[10] 《番汉合时掌中珠》（甲种本），《俄藏黑水城文献》第一〇册，第 6 页。
[11] 《番汉合时掌中珠》（甲种本），《俄藏黑水城文献》第一〇册，第 6 页。
[12] 《番汉合时掌中珠》（甲种本），《俄藏黑水城文献》第一〇册，第 16 页。
[13] 《番汉合时掌中珠》（甲种本），《俄藏黑水城文献》第一〇册，第 15 页。

汉译本：

物先买处明，有中间知人，实有规定，则畜物当归还现属者，价钱当由买处取，盗人罪依法判断。若畜物买处不明，无卖中间知人，无有规定，未得盗，则罚价承罪法当与前盗物典当之罪状同。

一诸人当铺中典当各物品时，本利不等，此后未商量①，不问属者，不准随意出卖。若违律卖典物时，物价在十缗以内，有官罚马一，庶人十三杖，十缗以上一律徒一年。物……

俄译本：

并未到买物现场，〔那份〕买卖契约有证人和中间人，立有正式买卖契约，则畜物应归还其原主，畜物钱款应向卖主索取，对窃贼应按律议罪。若在原来他买物处没有中间人和证人，也没人知道订立买卖契约，赃物又不归还〔原主〕，则〔买物〕所付货款应作损失，则〔买赃当事人〕应依上指受典押赃物罪议处。

若某人持物送当，没有讲明用款〔息〕数，按本金未付足应付利息，但也不允许〔持当者〕未经与物主协商，背着物主出卖作质物。若违此律，将典物卖掉，则受当者应获罪；财物〔总〕值不超过十缗时，有官品者罚一马，庶民杖十三。

46－41 左面：

緒龗	緒	緂穸	緤	牧	窸	羠	蕶	黿	緒	絹	緒	緒
现	有	则	属 者	之	当	还	为	所	无	实	无	则 实

扷	愢蕤	扷粀	敍	糀翔	秚	憻	瓶	翔翔	靭	羊	厥
卖	法 依	价 钱	及	物 色	同	价	情	平 等	等	当	给

羠	瓶黢	牧	膷	羊	救						
为	本 利	当	算	当	取						

汉译本：

现有，则当还属者，若无，则依现卖法则，卖钱及物色相同价钱当还给，应算取本利。

---

① 汉译本原作"无语量"，现改译为"未商量"。

俄译本：

　　若〔卖出〕物尚在，则将物归还原主。若物已毁损或已不在，则应〔给物主〕归还等价同样物或依〔此物〕现价赔钱。〔受当者〕应得之本息必须算清。

第二章　催索债利门

第一节　《名略·催索债利门》校勘考释

　　《天盛改旧新定》之《名略》甲种本中卷三《催索债利门》名略缺失,乙种本(抄本)《名略》中卷三《催索债利门》的内容保存完整。本文中《名略·催索债利门》条目依据乙种本录文。根据《俄藏黑水城文献》刊布的《名略》乙种本图版,《名略·催索债利门》条目在俄藏785号(图13－3,4)两个图版中,共有15条内容。内容如下:

		𗗙	𗧠	𗥃	𗤣	𗥩						
		债	利	索	逼	门						

𗗙	𗫆	𗰀	𗥃	𗗙	𗧘	𗤙						
债	不	给	及	债	阻	为						

𗗙	𗵈	𗖵	𗏇	𗲟	𗫆	𗇁						
债	期	限	三	次	不	过						

𗵦	𗤋	𗧠	𗙉	𗤙	𗜓	𗥃	𗾟	𗂧	𗤙	𗁣	𗤥	𗈪 𗉋
钱	谷	利	在	为	法	及	未	做	取	者	等	分 离

𗏇	𗗙	𗟻	𗐔	𗵦	𗤋	𗏇	𗾟	𗫆	𗤙		
本	持	告	奉	钱	谷	本	等	不	取		

畜物	利	有	为	法

言	他	有

债	因	工 出

债	取	债	诬

私	人	之	债	不	给

债	肉 酒	价	中	索	斗 争

债	取	中	名	已	有	为

室 头	不	知	债	借	取

债	给	不	取	强	以	他	畜 物	取	为

债	物	持	中	工	算	地 毛	债	量	算

威	实	地 舍	畜 物	人	卖	为	归	日 限

汉译本：

1. 不还债及赖债

2. 债日期不过三次

3. 钱粮利有者法及未能办相取等【负担】①

4. 持本告交钱谷本等不取

5. 畜物得利法

6. 有其他语

7. 因债出力

8. 借债诬债

9. 私人之债不还

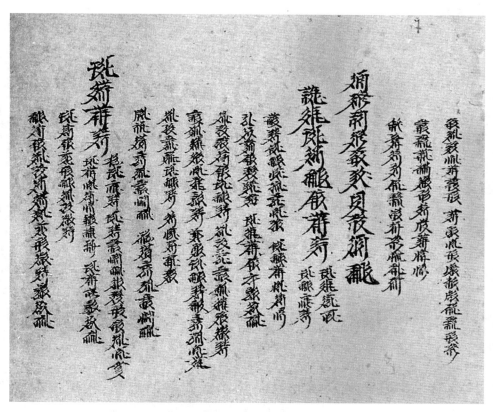

Инв.No 785(13‑4)《名略》乙种本

---

① 根据该条正文内容,是借贷钱粮的债务人不能还债时由同借债负担偿还。所以此处的"籦毻"对译"分离",意译为"负担"。汉译本《名略》中将此词语翻译为"分别",似为不妥,应翻译为"负担"、"分担"。详见正文注释。

10. 债肉酒价索时争斗

11. 借债时名已有

12. 家长不知借债

13. 还债不还以强力取他人畜物

14. 债物取时工赎【地租】①债量算

15. 威力买地房畜物人归期限

第二节　《催索债利门》校勘考释

46－41 左面

		薛	黻	歡[1]	獝	縠			
		债	利	索	逼	门			

羰	庞钱	蓝[2]	氄	薛薜[3]	絹	歡	慨瀪	縩	褮縠[4]	死	絹	詉[5]	縠
一	诸人	〈　〉	于	债负	使	催	不给	实	局管	处	经告	强

纖[6]	牧	蘵[7]	羊	兟	薛薜	慨	瀪	豩	繺	孜	辨	啸斌	骸
力	当	拉	当	问	债负	不	给	为	因	十	缗	以下	官

纖	庞	辨	縊	瓻	瓻钱	孜蓫	孜辨	眫尾	骸纖	縊
有	五	缗	罚	钱	庶人	十杖	十缗	以上	官有	罚

牝	忉	瓻钱	孜散蓫	薛	慨瓕	絹	歡	羊	瀪	豩	兆
马	一	庶人	十三杖	债	法依	使	索	当	给	为	此

絣	薛縠[8]	豩	絗	羸	縼豩	潂	薛	慨瀪	豩	兹	緂
中	债殆	为	不	若	法越	时	债	不给	为	同	等

---

① 縩散：字面意思"地毛"，汉译本译文"地苗"。根据文意此处的地毛意思为"地租"。正文注释将详细考述。

注释：

[1] ▢▢：意"催索"。

▢，意"索取"、"索求"。如，西夏文《新集碎金置掌文》"▢▢ ▢▢▢ ▢▢▢▢▢▢"[①]译"索借贷归还，给予实接受"。[②]

[2] ▢：置在名词之后，表示与之相关的人，即"……者"，有"相互"、"相邻"之意。如《类林》"▢▢▢▢"对应汉文本"邻国相闻"。[③]

[3] ▢▢：意"借债"、"负债"。

▢，意"债"、"贷"。如，夏译《孟子》"▢▢▢▢▢▢▢▢▢▢▢"，对应汉文本《孟子》卷五《滕文公章句上》滕文公问为国章："养父母不得，又称贷而足之。"[④]

▢，意"借债"、"负债"。如，夏译本《类林》"▢▢▢▢▢▢"对应汉文本"亿万缗钱房贷"。[⑤] ▢▢，二字连用，意"负债"、"借债"。《同音》11A1"▢▢"译"借债"。[⑥]

[4] ▢▢：意"局分"、"有司"。

▢，意"事"、"管"。如，《掌中珠》"▢▢▢▢"作"勾管家计"。[⑦] 夏译《孟子》"▢▢▢▢▢▢▢▢▢▢"，对应汉文本《孟子》卷五《滕文公章句上》滕文公问为国章："公事毕，然后敢治私事。"[⑧]

▢，意"侍奉"、"局务"之意。如《掌中珠》"▢▢▢▢"作"指挥局分"。[⑨] 西夏文《大方广佛华严经》卷四十《十定品》"▢▢▢▢▢"对应汉文本"若得承事"。[⑩]

▢▢，二字连用意"局分"、"有司"。《掌中珠》"▢▢▢▢"作"局分大小"。[⑪]

[5] ▢：意"告"、"举告"。如，《掌中珠》"▢▢▢"作"陈告司"[⑫]，"▢▢▢▢"作"与告者同"。[⑬]

[6] ▢▢：意"强力"。

① 《新集碎金执掌文》（甲种本），《俄藏黑水城文献》第一〇册，第112页。
② 聂鸿音、史金波：《西夏文〈碎金〉本研究》，《宁夏大学学报》（社会科学版）1995年第2期，第8～15页。
③ 史金波、黄振华、聂鸿音：《〈类林〉研究》，宁夏人民出版社1993年，第53页。
④ 彭向前：《西夏文〈孟子〉整理研究》，上海古籍出版社2012年，第150页。
⑤ 〔俄〕聂力山：《类林译文》，载《国立北平图书馆刊》四卷三号，1932年，第457页。
⑥ 李范文：《同音研究》，宁夏人民出版社1986年，第248页。
⑦ 番汉合时掌中珠》（甲种本），《俄藏黑水城文献》第一〇册，第18页。
⑧ 彭向前：《西夏文〈孟子〉整理研究》，上海古籍出版社2012年，第153页。
⑨ 番汉合时掌中珠》（乙种本），《俄藏黑水城文献》第一〇册，第34页。
⑩ 国家图书馆藏西夏文《大方广佛华严经》卷四十，《中国藏西夏文献》第八册，第284页。
⑪ 《番汉合时掌中珠》（甲种本），《俄藏黑水城文献》第一〇册，第15页。
⑫ 《番汉合时掌中珠》（乙种本），《俄藏黑水城文献》第一〇册，第33页。
⑬ 《番汉合时掌中珠》（乙种本），《俄藏黑水城文献》第一〇册，第34页。

𦳂，汉语借词，音"康"，意"强"。《掌中珠》"𦳂𦳂𦳂𦳂〔康血柔你〕"作"恃强凌弱"。[1]

𦳂，意"力"。如，《掌中珠》"𦳂𦳂𦳂𦳂"作"由此业力"。[2]

𦳂𦳂，二字连用，意"强力"。

[7] 𦳂：意"拔"、"拉"、"伏"等。《掌中珠》"𦳂𦳂𦳂𦳂"作"伏罪入状"。[3]《同音》35B7"𦳂𦳂"译"拔拉"。[4]《类林》志忠品十一苏武有"𦳂𦳂𦳂𦳂𦳂𦳂"对应汉文本"遂即拔剑自刺"。[5] 根据文意，此处引申为"搜取"，俄译本译文作"扭送"。[6]

[8] 𦳂𦳂：意"赖债"。此二字《俄藏黑水城文献》第八册图版不清楚，此处据克恰诺夫俄文本刊布图版录文。

𦳂，如前注释，意"债"。

𦳂，意"险阻"、"殆"。如，《掌中珠》"𦳂𦳂"作"危宿"。[7] 西夏文《论语集解》中"𦳂𦳂𦳂"对应汉文本《论语·卫灵公》"佞人殆"。[8]

𦳂𦳂，字面意思"债殆"，根据文意引申为"赖债"。

汉译本：

催索债利门

一诸人对负债人当催索，不还则告局分处，当以强力搜取问讯。因负债不还给，十缗以下有官罚五缗钱，庶人十杖，十缗以上有官罚马一，庶人十三杖，债依法当索还，其中不准赖债。若违律时，使与不还债相同。

俄译本译文：

任何人向别人借债，都必须还〔债〕。若借债不还，则〔就此〕应报官。〔借债者〕将被扭送〔公堂〕受审。在借债不还十缗以内者，有官品者罚五缗，庶民杖十。〔借债不还总额〕过十缗者，有官品者罚一马，庶民杖十三。〔借债人〕债务应追缴还给〔债权人〕。禁止强行向借债人索缴财物。若违律，则〔专横跋扈之债主〕获与〔借债人〕不还债者同罪。

---

① 《番汉合时掌中珠》（乙种本），《俄藏黑水城文献》第一〇册，第 33 页。
② 《番汉合时掌中珠》（乙种本），《俄藏黑水城文献》第一〇册，第 36 页。
③ 《番汉合时掌中珠》（甲种本），《俄藏黑水城文献》第一〇册，第 17 页。
④ 李范文：《同音研究》，宁夏人民出版社 1986 年，第 376 页。
⑤ 史金波、黄振华、聂鸿音：《〈类林〉研究》，宁夏人民出版社 1993 年，第 44 页。
⑥ 〔俄〕克恰诺夫著、李仲三汉译：《西夏法典》，宁夏人民出版社 1988 年，第 89 页。
⑦ 《番汉合时掌中珠》（乙种本），《俄藏黑水城文献》第一〇册，第 22 页。
⑧ 〔俄〕聂立山：《西夏语文学》Ⅰ，东方文献出版社 1960 年，第 526 页。

46－42 右面

使	决 断	合	物	当	还	为	债	法 依	当	给	为

一	诸人	债负	不	给	为	因	罪	过	法	又方[1]	债	给	应

不	则	地领[2]	亲远[3]	依	乃	量	二三次[4]	日限	当	给

债	当	谋	工[5]	能	分离[6]	为	一	品	品	期限	过	债 不 给

时季[7]	当	量	下高	依	够	当	承	使	三	次	日坦[8] 所

给	债	不	来	则	再	日坦	给	为	不	法令[9]	依	于 用

一	国院[10]	中	诸	官	私	钱	稻谷	本	酿	者	一缗 上

利	五钱[11]	上生	以下[12]	及	一斛[13]	上	利	一斛	生	以	

下	等	乐	依	利	使	在	为	彼	比	还	为	允 不	此 本

注释:

[1] 慨燉:意"以后"、"而后"。

□，意"又"、"复"、"后"。《掌中珠》"□□□□"作"并诸亲戚"。[1]"□□□□"作"更卖田地"。[2]

□，意"方向"。《掌中珠》"□□□□"，作"四方四隅"。[3]

□□，意"以后"、"而后"等。如，夏译《孟子》有"□□□□□□"对应汉文《孟子》中的"三宿而后出昼"。[4] 夏译《孙子兵法三注》九变品第八"□□□□□□□□□□□□□□□□□□□□□"，对应汉文本《孙子兵法》："孙子曰凡用兵之法，将受命于君令，以后集合军马。"[5]

[2] □□：意"地程"。

□，意"地"。[6] 如，《掌中珠》"□□□"作"地用下"，"□□"作"地动"。

□，意"领"、"里程"。如，《新集慈孝传·婆媳章》有"□□□□□□"，汉译"有六七里远程"。[7]

□□，二字连用，意"地程"，如《掌中珠》"□□"作"地程"。[8]

[3] □□：意"远近"。

□，意"亲"、"近"、"迩"。如《掌中珠》"□□□□"作"亲戚大小"[9]，"□□□□"作"六亲合和"。[10]

□，意"远"、"久"、"迂"。如，《掌中珠》"□□□□"作"远离三途"[11]西夏文《孙子兵法三家注》"□□□□□□□□□□□□"，[12]对译汉文本《孙子兵法·军争篇》："军争之难者，以迂为直，以患为利。"[13]

□□，字面意思"近远"，意"远近"。如，"□□□□□□□□□□□□□□□□□□□□

---

① 《番汉合时掌中珠》（甲种本），《俄藏黑水城文献》第一〇册，第 18 页。
② 《番汉合时掌中珠》（乙种本），《俄藏黑水城文献》第一〇册，第 32 页。
③ 《番汉合时掌中珠》（乙种本），《俄藏黑水城文献》第一〇册，第 25 页。
④ 彭向前：《西夏文〈孟子〉整理研究》，上海古籍出版社 2012 年，第 141 页。
⑤ 西夏文《孙子兵法三注》中卷九变品（甲种本），《俄藏黑水城文献》第一一册，第 162 页。
⑥ 《番汉合时掌中珠》（甲种本），《俄藏黑水城文献》第一〇册，第 7 页。
⑦ 聂鸿音：《西夏文〈新集慈孝传〉研究》，宁夏人民出版社 2009 年，第 104 页。
⑧ 《番汉合时掌中珠》（甲种本），《俄藏黑水城文献》第一〇册，第 7 页。
⑨ 《番汉合时掌中珠》（甲种本），《俄藏黑水城文献》第一〇册，第 11 页。
⑩ 《番汉合时掌中珠》（甲种本），《俄藏黑水城文献》第一〇册，第 11 页。
⑪ 《番汉合时掌中珠》（甲种本），《俄藏黑水城文献》第一〇册，第 19 页。
⑫ 西夏文《孙子兵法三家注》卷中（甲种本），《俄藏黑水城文献》第一一册，第 156 页。
⑬ ［清］孙星衍：《魏武帝注孙子》，见（民国）王云五主编《丛书集成初编·孙子十家注》，商务印书馆发行 1935 年，第 11 页。

□”，①对应汉文本《孙子兵法·军争篇》：“此知迂直之计者也。军争为利，军争为危。”②

［4］□□□：“二三次”。

□□，意“二”和“三”。

□，量词，意“编”、“次”。如，夏译《孟子》“□□□□□□□□”对应汉文本《孟子》卷六《滕文公章句下》万章问曰宋小国也章：“再十一征而天下无敌。”③

□□□：根据文意，意为“二、三次”。

［5］□：意“工”、“力”。据文意，此处意“工”。如，《掌中珠》“□□”作“体工”。④《掌中珠》“□□□□”作“由此业力”。⑤

［6］□□：意“分担”。

□，意“分离”。如《过去庄严劫千佛名经》“□□”对应汉译本“分离”。⑥

□，意“分离”。如《掌中珠》“□□□□”作“远离三塗”。⑦

□□，字面对译“分离”。如，《同音》40A4“□”与“□”组合构成固定词组，意“分离”。⑧但根据文意，此处的“□□（分离）”有“分担”债务的意思，为引申意。

［7］□□：意“日期”、“期限”。

□，意“时”。夏译《孟子》“□□□□□□□□”，对应汉文本《孟子》卷四《公孙丑章句下》燕人畔章：“其复满时，民皆仰之。”⑨

□，意“季节”。《掌中珠》“□□”作“四季”。⑩《同音》“□□”译“季节”。

□□，字面意思“时季”，这里引申为“期限”、“日期”。

［8］□□：意“宽限”。

□，意“日期”。《掌中珠》“□□”作“一日”⑪，“□□”作“日限”。⑫

□，意“坦”，重叠使用有“堂堂”、“荡荡”等意。如，夏译《孟子》“□□□□□□□□”，

① 西夏文《孙子兵法三家注》卷中（甲种本），《俄藏黑水城文献》第一一册，第 157 页。
② ［清］孙星衍：《魏武帝注孙子》，见［民国］王云五主编《丛书集成初编·孙子十家注》，商务印书馆发行 1935 年，第 11 页。
③ 彭向前：《西夏文〈孟子〉整理研究》，上海古籍出版社 2012 年，第 174 页。
④ 《番汉合时掌中珠》（乙种本），《俄藏黑水城文献》第一〇册，第 30 页。
⑤ 《番汉合时掌中珠》（乙种本），《俄藏黑水城文献》第一〇册，第 36 页。
⑥ 王静如：《过去庄严劫千佛名经考释》，《国立北平图书馆馆刊》四卷三号，1932 年，第 168 页。
⑦ 《番汉合时掌中珠》（甲种本），《俄藏黑水城文献》第一〇册，第 19 页。
⑧ 李范文：《同音研究》，宁夏人民出版社 1986 年，第 398 页。
⑨ 彭向前：《西夏文〈孟子〉整理研究》，上海古籍出版社 2012 年，第 136 页。
⑩ 《番汉合时掌中珠》（甲种本），《俄藏黑水城文献》第一〇册，第 5 页。
⑪ 《番汉合时掌中珠》（甲种本），《俄藏黑水城文献》第一〇册，第 6 页。
⑫ 《番汉合时掌中珠》（甲种本），《俄藏黑水城文献》第一〇册，第 6 页。

对应汉译本《孟子》卷五《滕文公章句上》有为神农之言者许行章："荡荡乎民无能名焉！"①

𘌾𘊝，字面意思"日期坦"。根据文意，"𘌾𘊝"引申为"宽限"。

[9] 𘃡𘏞：意"律令"。

𘃡，意"戒"、"律"、"法"。如，《掌中珠》"𘃡𘄑𘅤𘎢"作"莫违条法"。② 西夏文《孙子传》"𘟙𘄑𘕰𘃡𘓓𘏝𘐏𘏎𘒏𘒏"译"则以法刑断其两髌而黥之"。③

𘏞，意"习"、"令"。如，《掌中珠》"𘊝𘅤𘃡𘏞"作"学习文业"。④

𘃡𘏞，二字组合意"律令"。如，"𘌽𘏞𘅥𘍐𘌾𘀔𘃡𘏞"译"天盛改旧新定律令"。

[10] 𘓺𘖑：意"国土"、"全国"。

𘓺，意"国"、"土"、"邦"、"刹"等。如，《掌中珠》"𘓺𘗽𘈧𘐿"作"国人敬爱"。"𘓺"即"国"。⑤

𘖑，意"圆"、"院"、"国"等。《掌中珠》"𘖑𘏨𘗛𘏨"作"能圆能方"，⑥"𘘦𘖑"作"工院"。⑦

𘓺𘖑二字连用，意为"国土"、"全国"，如，西夏文《金刚般若波罗蜜多经》一体同分第十八品"𘟙𘟏𘓺𘖑𘕰𘐵𘗟𘗟𘗟"⑧，对应汉文本"尔所国土中，所有众生"。⑨ 夏译《六韬》卷中一战："𘄒𘗄𘏜𘖙𘘦𘖉𘃥𘓺𘖑𘗯𘗫𘗫"⑩，对应汉文本："武王问太公曰：发倾国之兵。"⑪

[11] 𘌳𘏦：意"五钱"、"五文"。

𘏦，汉语借词，音"钱"，意"钱"。如，《掌中珠》"𘖷𘏦𘏞[皆精尼嚼]"作"金钱花"。这里钱是古代货币计量单位"钱"或"文"，非名词"钱币"。如前所述一缗（贯、吊）等于一千钱（文）。

𘌳𘏦，意"五文钱"。根据文意，这里"一缗生利五文钱以下"中的"五文钱"是对西夏货币借贷利息的日利率最高限额，一缗钱每日收利不超过五钱，即日利率 0.5％，月利率15％。⑫ 下编专题研究详论。

[12] 𘑭𘗏，意"以下"、"地下"、"低于"。

① 彭向前：《西夏文〈孟子〉整理研究》，上海古籍出版社 2012 年，第 160 页。
② 《番汉合时掌中珠》（甲种本），《俄藏黑水城文献》第一〇册，第 15 页。
③ 聂鸿音：《西夏译〈孙子传〉考释》，载聂鸿音《西夏文献论稿》，上海古籍出版社 2012 年，第 158 页。
④ 《番汉合时掌中珠》（甲种本），《俄藏黑水城文献》第一〇册，第 10 页。
⑤ 《番汉合时掌中珠》（甲种本），《俄藏黑水城文献》第一〇册，第 14 页。
⑥ 《番汉合时掌中珠》（甲种本），《俄藏黑水城文献》第一〇册，第 18 页。
⑦ 《番汉合时掌中珠》（甲种本），《俄藏黑水城文献》第一〇册，第 15 页。
⑧ 西夏文《金刚般若波罗蜜多经》，《中国藏西夏文献》第一六册，第 128 页。
⑨ 俄藏 TK17 汉文《金刚般若波罗蜜多经》，《俄藏黑水城文献》第一册，第 344 页。
⑩ 西夏文《六韬》卷中，《俄藏黑水城文献》第一一册，第 199 页。
⑪ 聂鸿音：《六韬的西夏文译本》，载《聂鸿音西夏文献论稿》，上海古籍出版社 2012 年，第 161～164 页。
⑫ 史金波：《西夏社会》，上海人民出版社 2007 年，第 192 页。

𗂪，"低"、"下"等意。如，西夏文《金光明最胜王经》卷九除病品"𗦀𗦀𗸌𘀈𗉫𗫡𗾑𗂪𗼝"[1]，对应汉文本"耳轮于旧殊，下唇垂向下"。[2]

𗼝，意"低"、"下"。如，《掌中珠》"𗼝𘓁"作"高下"。[3]

𗂪𗼝，意"以下"、"地下"。如，西夏文《金光明最胜王经》卷十舍身品第二十六有"𗊬𗆐𗴂𗒘𗦛𘓁𗪊𗤋𘑽𗂪𗼝𗫸𘍞"[4]，对应汉文本"菩萨见已即上高山，投身于地"。[5] 根据上下文意，此处"𗂪𗼝"为"以下"之意。

［13］𘏲𗏁："一斛"、"一石"。

𘏲，意"一"。

𗏁，量词，粮食计量单位"斛"或"石"。如，《凉州重修护国寺感通塔碑》西夏文碑铭有"𗏁𘗊𗉫𗊦"，对应汉文碑铭"谷千斛"。[6]

𘏲𗏁，意"一斛"。此处"𘏲𗏁𗹭𗫂𘏲𗏁𗤁𗂪𗼝"应译为"一斛收利一斛以下"，[7]俄译本作"一石收利一斗一下"，[8]误也。这里是规定粮食借贷的最高利息限额。借贷"一斛"谷物，无论时间长短，其总额利息不超"一斛"。即"利不过本"。无论是贷钱还是贷粮，在利率后都有"以下"，说明这是对借贷利息总量的最高控制，非指计日、计月、计年具体利息数额。下编专题研究详论。

汉译本：

判断，当归还原物，债依法当还给。

一诸人因负债不还，承罪以后，无所还债，则当依地程远近限量，给二三次限期，当使设法还债，以工力当分担。一次次超期不还债时，当计量依高低当使受杖。已给三次宽限，不送还债，则不准再宽限，依律令实行。

一全国中诸人放官私钱、粮食本者，一缗收利五钱以下，及一斛收利一斛以下等，依情愿使有利，不准比其增加。其本……

① 国家图书馆藏夏译《金光明最胜王经》卷九，《中国藏西夏文献》第三册，第 394 页。
② 〔日〕《大正新修大藏经》第一六册，No.0665，《金光明最胜王经》卷九，大正一切经刊行会 1934 年。
③ 《番汉合时掌中珠》（甲种本），《俄藏黑水城文献》第一〇册，第 7 页。
④ 国家图书馆藏夏译《金光明最胜王经》卷十，《中国藏西夏文献》第四册，第 16 页。
⑤ 〔日〕《大正新修大藏经》第一六册，No.0665，《金光明最胜王经》卷十，大正一切经刊行会 1934 年。
⑥ 史金波：《西夏佛教史略》，宁夏人民出版社 1988 年，第 244、243、252 页。
⑦ 史金波、聂鸿音、白滨译注：《天盛改旧新定律令》，法律出版社 2000 年，第 188 页。
⑧ 〔俄〕克恰诺夫著、李仲三汉译：《西夏法典》，宁夏人民出版社 1988 年，第 90 页。

俄译本译文:

强行索取欠债者之财物,应归还给〔物主〕。〔欠债人〕应依律还债。

若某人因欠债不还而获狱之后仍未还债,则根据〔其住所〕之远近,为〔还债〕仍许宽限二至三日。在此限期内,〔他〕应设法还债,或需派〔人〕以劳抵债。限期已过,债仍未还,长官可决断。〔欠债人〕获杖刑多少,应依欠债额而定。若已给欠债人三日宽限,而他仍未还债,则不许重断再给其宽限〔为他能还债〕,应按律〔对其〕处断。

在〔吾〕朝境内由官、私人以钱谷(为本金)发放给某人之债券,则由双方自愿协商认可〔此本金〕利息,计算方法:一缗付五文以下,一石谷付一斗以下,收取利息不允许大于此数。当息数和债数对半……

46－42 左面

利	等	不	所	索	不	给	为	则	司	中	使	告	债取者

处	使	逼迫[1]	当	给	为	债取者	给	不	做	时	取相[2]

处	使	逼迫	取相	亦	给	不	做	实	此	二等	人 之

妻妾[3]	媳[4]	女未嫁[5]	等	债	量	给	为	不	工	使	出 典

愿	住	令	若	妻妾	媳	典	住	钱	量	比	稀少[6]	及 典

住	使	可	不	彼	有	真	等	是	则	持主者	人	当 还

𘝣	𗵒𗈁𗄊	𘐊	𗨔	𗪚	𗥤	𗵒𗈁𗄊	𗿦	𗼻	𘔼	𗼘	𘀗
为	持 主者	不	做	时	此	持 主者	人	先	债	借	分

𗧓[7]	𗧓	𗍫	𘕿	𗦲𘉋[8]	𗗴	𘄢	𗋽	𘔼	𘀗	𗧓	𗧓	𘐊	𗟻	𗍫
食	中	有	则	门户	工	使	出	债	借	分	食	中	不	彼 有

𘕿	𗦲𘉋	𘝣	𗋽	𗄊	𗧓	𗍫	𗼻	𗅲	𗤋	𗍫	𗪚	𗥤	𘕿	𘔼𘀗𗄊
则	门户	典	住	使	中	不	入	若	皆	不	做	真	则	债 借 者

注释：

[1] 𗓼𗵤：意“逼迫”。

𗓼，意“逼”。如，西夏文《添品妙法莲华经》卷二信解品第四“𗤋𘜶𗹙𗓼𗵤𘆄𗗴𗓼”①，对应汉文本“我若久住，或见逼迫”。

𗵤，意“逼迫”、“驱”。如，西夏文《孙子兵法三注》卷下《九地十一》“𘐏𗥤𗵤𘆄𗵤𘅭𗵤𘝣𗵤𗁅𗫡𗄀”②，对应汉文本“若驱群羊，驱而往，驱而来，莫知所之”。

𗓼𗵤，二字连用意“逼迫”。

[2] 𘔼𘀗：意“相借者”、“同借者”。

𘔼：意“取”、“夺”、“受”。如，西夏文《德行集·从谏章》“𗍫𘔼𘞪𘔼𗫡𗤋𘟙𗗧𗫂”③译“局分受贿，虽罪实当杀”。④

𘀗，词缀，意“者”、“相”、“邻”，这里的“𘀗”附在“𘔼（取）”之后，表示与“𘔼（取）”所表示的相关人。此外，还有“相助”、“相邻”之意。

𘔼𘀗：二字连用，字面对译“相取”，根据文意，此处引申为债务“相借者”，即“同借者”，是债务人借贷时的债务担保人。当债务人无法按期履行偿还债务时，“同借者”负有连带偿还责任。

[3] 𗰖𗈷：意“妻眷”、“妻妾”。

𗰖，意“妻”、“妾”。如，西夏文《现在贤劫千佛名经》下卷“𗤋𘛒𗰖𗈷𘈩𘕤𘝺”⑤，对应汉

---

① 国家图书馆藏夏译《添品妙法莲华经》卷二，《中国藏西夏文献》第六册，第 184 页。
② 西夏文《孙子兵法三家注》卷下（甲种本），《俄藏黑水城文献》第一一册，第 175 页。
③ 聂鸿音：《西夏文〈德行集〉研究》，甘肃文化出版社 2002 年，第 91 页。
④ 聂鸿音：《西夏文〈德行集〉研究》，甘肃文化出版社 2002 年，第 143 页。
⑤ 国家图书馆藏西夏文《现在贤劫千佛名经》下卷，《中国藏西夏文献》第五册，第 210 页。

文本"或通人妻妾"。①

□,意"妻"、"眷"。如,《掌中珠》"□□□□"作"索与妻眷"。② 《圣立义海》"□□□□□"译"恶妻名义"。③

□□,意"妻妾"、"妻眷"。如,《掌中珠》"□□□□"作"妻眷男女"。④ 西夏文《妙法莲花经心》"□□□□□□□□□□□□□□□",汉译"假若人有象、马、七宝、国城、妻眷等皆当布施"。⑤ 故"□□"翻译为"妻眷"。

[4] □:意"媳"。如,西夏文《新集慈孝传》"□□□□"译"婆媳章"。⑥ 西夏文《三才杂字》"□□□□"译"儿媳女婿"。⑦ 俄译本将"□"译为"妾",误也,这里的媳是指儿子之妻。

[5] □□□:意"未嫁女"。

□:汉语借词,音"名",意"女"。如,《掌中珠》"□□□□"作"兄弟女妹[浪多名皆]"⑧,"□□□□"作"儿女了毕"⑨,"□□□□"作"男女长大"。⑩

□,意"未"。如,夏译《孟子》"□□□□□□□□□",对应汉译本《孟子》卷五《滕文公章句上》墨者夷之章:"盖上世未尝为其亲造墓。"⑪

□,意"市"、"卖"、"嫁"。根据文意此处"□"取"嫁"之意。如,《掌中珠》"□□□□"作"嫁与他人"。⑫ 史金波先生曾专门撰文就西夏文中的"买"、"卖"、"嫁"、"娶"予以考证分析。⑬

□□□,三字连用,意"未嫁女"。

[6] □□:意"甚少"、"薄"。如,西夏文《六韬》卷上《文韬》盈虚篇"□□□□□□"⑭对应汉译本"其自奉也甚薄"。⑮ 西夏文《金光明最胜王经》卷九"□□□□"对应汉文本

---

① 〔日〕《大正新修大藏经》第一四册,No.0477,《现在贤劫千佛名经》,大正一切经刊行会印行 1934 年。
② 《番汉合时掌中珠》(甲种本),《俄藏黑水城文献》第一○册,第 18 页。
③ 〔俄〕克恰诺夫、李范文、罗矛昆著:《〈圣立义海〉研究》,宁夏人民出版社 1991 年,第 87 页。
④ 《番汉合时掌中珠》(甲种本),《俄藏黑水城文献》第一○册,第 11 页。
⑤ 孙伯君:《西夏文〈妙法莲花心经〉考释》,杜建录主编《西夏学》第 8 辑,上海古籍出版社 2011 年,第 61～65 页。
⑥ 聂鸿音:《西夏文新集慈孝传研究》,宁夏人民出版社 2009 年,第 104 页。
⑦ 王静如、李范文:《西夏文〈杂字〉研究》,《西北民族研究》1997 年第 2 期,第 67～86 页。
⑧ 《番汉合时掌中珠》(乙种本),《俄藏黑水城文献》第一○册,第 29 页。
⑨ 《番汉合时掌中珠》(甲种本),《俄藏黑水城文献》第一○册,第 18 页。
⑩ 《番汉合时掌中珠》(甲种本),《俄藏黑水城文献》第一○册,第 18 页。
⑪ 彭向前:《西夏文〈孟子〉整理与研究》,上海古籍出版社 2012 年,第 163 页。
⑫ 《番汉合时掌中珠》(甲种本),《俄藏黑水城文献》第一○册,第 18 页。
⑬ 史金波:《西夏语的"买"、"卖"和"嫁"、"娶"》,《民族语文》1995 年第 4 期,第 1～9 页。
⑭ 西夏文《六韬》卷上,《俄藏黑水城文献》第一一册,第 192 页。
⑮ 贾常业:《西夏文译本〈六韬〉解读》,《西夏研究》2011 年第 2 期,第 58～81 页。

“池水稀少”。[①] 表示非常少，强调少的程度。

［7］[illegible]：意“分用”、“分享”。

[illegible]，意“分”、“区分”。如，夏译《孟子》“[illegible]”，对应汉译本《孟子》卷五《滕文公章句上》滕文公问为国章：“分田制禄可坐而定也。”[②]

[illegible]，意“吃”、“食”。如，夏译《孟子》“[illegible]”，对应汉文本《孟子》卷六《滕文公章句下》万章问曰宋小国也章：“葛伯自食之。”[③]

[illegible]，字面对译“分食”，根据文意，这里的“分食”是指当指债务人所借钱物被同借者和执主者“分用”、“分享。”俄译本作“宴请”[④]，误也。

［8］[illegible]：意“家门”。

[illegible]，意“门”、“家”、“宅”。如，《掌中珠》“[illegible]”作“门簾”[⑤]，“[illegible]”作“畜养家宅”[⑥]，“[illegible]”作“勾管家计”。[⑦]

[illegible]，意“门”、“户”。如，西夏文《添品妙法莲花经》“[illegible]”[⑧]，对应汉文本《譬喻品第三》：“是舍唯有一门，而复狭小。”[⑨]

[illegible]，二字连用，意“家门”、“门户”。如，西夏文《添品妙法莲花经》卷二“[illegible]”[⑩]，对应汉文本《譬喻品第三》：“其家广大，唯有一门。”[⑪]汉译本作“家门”。

汉译本：

利相等仍不还，则应告于有司，当催促借债者使还。借债者不能还时，当催促同去借者。同去借者亦不能还，则不允其二种人之妻子、媳、未嫁女等还债价，可令出力典债。若妻子、媳比所典钱少，及确无有可出典者，现持主者当还债。持主者不能时，其持主人【先前有分享借债时】[⑫]，则其家中人当出力，【未有分享所借债时】，[⑬]则勿令家门入。若皆未

① 王静如：《金光明最胜王经卷九夏藏汉合璧考释》，《西夏研究》第3辑，国立中央研究院历史语言研究所1933年，第290页。
② 彭向前：《西夏文〈孟子〉整理与研究》，上海古籍出版社2012年，第152页。
③ 彭向前：《西夏文〈孟子〉整理与研究》，上海古籍出版社2012年，第174页。
④ 〔俄〕克恰诺夫著、李仲三汉译：《西夏法典》，第90页，宁夏人民出版社1988年。
⑤ 《番汉合时掌中珠》（乙种本），《俄藏黑水城文献》第一〇册，第30页。
⑥ 《番汉合时掌中珠》（甲种本），《俄藏黑水城文献》第一〇册，第12页。
⑦ 《番汉合时掌中珠》（甲种本），《俄藏黑水城文献》第一〇册，第18页。
⑧ 国家图书馆藏夏译《添品妙法莲花经》卷二，《中国藏西夏文献》第六册，第148页。
⑨ 〔日〕《大正新修大藏经》第九册，No.264，《添品妙法莲花经》卷二，大正一切经刊行会印行1934年。
⑩ 国家图书馆藏夏译《添品妙法莲花经》卷二，《中国藏西夏文献》第六册，第147页。
⑪ 〔日〕《大正新修大藏经》第九册，No.264，《添品妙法莲花经》卷二，大正一切经刊行会印行1934年。
⑫ 汉译本原作“有借分食借债时”，现改译为“先前有分享借债时”。
⑬ 汉译本原作“未分食取债人时”，现改译为“未有分享所借债时”。

能，则借债者……

俄译本译文：

〔债权人〕索债无效，不还〔债〕时，则〔债权人〕应向上禀报，迫使借债人还〔此债〕。若借债人无力还债，则应向中间人索〔债〕。若中间人也无力还清〔此债〕，则不允许拿这两类人（欠债人和中间人）之妻、妾及未嫁女顶债，但她们可以为欠债人给债权人劳作抵债。若被扣作人质之〔欠债人〕妻、妾价值小于债额，或若〔欠债人〕真无人可作人质时，则〔债务〕应由〔债务〕委托者偿还。若委托人无力偿还，或委托人得到债务人宴请，则可派〔其〕家口劳作顶债。若他从来未得到债务人宴请，则其家口就不算被扣于债主处之人质。若所有〔上指之人〕都无力〔还债〕，并且属实，则欠债者〔本人〕应该以劳作顶债。

46－43 右面

[illegible][1]	[illegible]	[illegible]	[illegible]	[illegible]	[illegible]	[illegible]	[illegible]	[illegible][2]	[illegible]	[illegible][3]
工使去	本利	相等	后	愿	利	算	钱	谷物	中	索

[illegible]	[illegible]	[illegible]	[illegible][4]	[illegible]	[illegible]	[illegible]	[illegible]	[illegible]	[illegible]	[illegible]	[illegible]
赏	搜	为	允不	若	法过	时	官有	罚	马	一	庶人

[illegible]	[illegible]	[illegible]	[illegible]	[illegible]	[illegible]	[illegible]	[illegible]	[illegible]	[illegible]	[illegible]
十三	杖	借债	当	还	为	取相	持主者	等	他	债

[illegible]	[illegible]	[illegible]	[illegible]	[illegible]	[illegible]	[illegible]	[illegible]	[illegible]	[illegible]	[illegible]
〈〉	分担	数	债取者	人	自	得	时	当	给	为

[illegible]	[illegible]	[illegible]	[illegible]	[illegible]	[illegible]	[illegible]	[illegible]	[illegible]	[illegible]	[illegible]	[illegible]	[illegible][5]
一	前述	钱	谷物	本	放	利	有	为	〈〉	明	不有	日献钱

[illegible][6]	[illegible][7]	[illegible]	[illegible]	[illegible]	[illegible]	[illegible]	[illegible]	[illegible]	[illegible]
月献钱	年献钱	谷物	本	持	年年	利	献	等	本利

[illegible]	[illegible]	[illegible]	[illegible][8]	[illegible]	[illegible]	[illegible]	[illegible]	[illegible]	[illegible]	[illegible]
上	相 等	以 后	协 超	有	为	取	等	允 不	若	法 过

[illegible]	[illegible]	[illegible]	[illegible]	[illegible]	[illegible]	[illegible]	[illegible]	[illegible]	[illegible]	[illegible]	[illegible]	[illegible]
利	多	有	为	等	时	官 有	罚	马	一	庶 人	十 三	杖

[illegible]	[illegible]	[illegible][9]	[illegible]	[illegible]	[illegible]	[illegible]	[illegible]	[illegible]	[illegible]	
利	何	与	取	数	属 者	之	当	还	为	

注释：

［1］[illegible]：意“出工”。

[illegible]，意“力”、“工”。《番汉合时掌中珠》“[illegible]”对应汉语“由此业力”①，根据文意此处翻译为“工”。《番汉合时掌中珠》“[illegible]”对应汉语“体工”。②

[illegible]，音译，音“敬”，意“经”、“使”。如《番汉合时掌中珠》“[illegible]”作“经略司”③，《类林》“[illegible]”译“荆轲”。

[illegible]：音译，音“趣”，意“施”、“趣”、“去”。《番汉合时掌中珠》“[illegible]”作“六趣轮回”；“[illegible]”作“四向四过”。根据文意“[illegible]”在这里有“去”之意。

[illegible]，字面对译“工使去”，意译“出工”，俄译本作“劳作”。④

［2］[illegible]：意“谷物”。

[illegible]，意“黍”、“稻”、“谷物”。如，《掌中珠》“[illegible]”作“斛豆（粮食）”，《文海》62.263 时[illegible]“[illegible]”（黍者谷物也，稻也）。

[illegible]，意“谷”。如，《掌中珠》“[illegible]”“谷雨”。⑤《凉州重修护国寺感通塔碑》西夏文碑铭有“[illegible]”译“风雨时降，宝谷永成”。⑥

[illegible]，二字意“谷物”。如，《凉州重修护国寺感通塔碑》西夏文碑铭“[illegible]”对应汉文碑铭中的“千斛谷”。⑦

① 《番汉合时掌中珠》（乙种本），《俄藏黑水城文献》第一〇册，第 36 页。
② 《番汉合时掌中珠》（乙种本），《俄藏黑水城文献》第一〇册，第 30 页。
③ 《番汉合时掌中珠》（甲种本），《俄藏黑水城文献》第一〇册，第 17 页。
④ 〔俄〕克恰诺夫著、李仲三汉译：《西夏法典》，宁夏人民出版社 1988 年，第 90 页。
⑤ 《番汉合时掌中珠》（甲种本），《俄藏黑水城文献》第一〇册，第 5 页。
⑥ 陈炳应：《西夏文物研究》，宁夏人民出版社 1985 年，第 113 页。
⑦ 陈炳应：《西夏文物研究》，宁夏人民出版社 1985 年，第 109 页。

[3] □：意"索取"。《同音》丁种本背注 19B65 释□"□□□□"（求取：债求取）。[1]

[4] □□：意"不许"。如，《掌中珠》"□□□□"作"不许留连"。[2]

[5] □□□：意"日交钱"。

□，意"日"，《掌中珠》"□□"作"白日"，[3]"□□"作"今日"[4]。

□，意"献"、"纳"。如，《掌中珠》"□□□"作"受纳司"。

□□□：三字连用意"日交钱"，即"每日交纳利息"，"日息"。

[6] □□□：意"月交钱"，即"每月交纳利息"，"月息"。

[7] □□□：意"年交钱"，"每年交纳利息"，"年息"。

这里的日交钱、月交钱、年交钱，是指西夏借贷的利息计算方式，即由按日计息、按月计息和按年计息三种方式。下编专题研究将详细专论。"□□□□□□□□□"俄译本作"按日、月、年计算"。[5]

[8] □□：意"超额"。

□，意"议"。《文海》6.142 释□"□□□□□□□□□□□□□□□□"（议者议也，商也，议和，合和也，又人姓之谓）。[6]《同音》丁种本背注 24B46 释□"□□□□"（协议：议和合和）。[7]

□，意"超"、"多"等。如，夏译《孟子》"□□□□□□"，对应汉文本《孟子》卷五《滕文公章句上》滕文公问为国章："夫余二十五亩。"[8]

□□，意译"超额"。根据文意，这里的"□（协议）"是动词名词化，意"协商的利息数"，故此处"□□"即"超过商议利息数"。意译"超额"。

[9] □：语助词，意"与"，表示趋向。

汉译本：

当出工力，本利相等后，不允在应算利钱、谷物中收取债偿。若违律时，有官罚马一，庶人十三杖，所收债当归还。同去借者所管主人者，他人债分担数，借债者自己能办时，当还给。

---

① 韩小忙：《〈同音背隐音义〉整理与研究》，中国社会科学出版社 2011 年，第 283 页。
② 《番汉合时掌中珠》（甲种本），《俄藏黑水城文献》第一〇册，第 15 页。
③ 《番汉合时掌中珠》（甲种本），《俄藏黑水城文献》第一〇册，第 5 页。
④ 《番汉合时掌中珠》（甲种本），《俄藏黑水城文献》第一〇册，第 6 页。
⑤ 〔俄〕克恰诺夫著、李仲三汉译：《西夏法典》，宁夏人民出版社 1988 年，第 90 页。
⑥ 史金波、白滨、黄振华：《文海研究》，中国社会科学出版社 1983 年，第 399 页。
⑦ 韩小忙：《〈同音背隐义〉整理与研究》，中国社会科学出版社 2011 年，第 358 页。
⑧ 彭向前：《西夏文〈孟子〉整理与研究》，上海古籍出版社 2012 年，第 153 页。

一前述放钱、谷物本而得利之法明以外，日交钱、月交钱、年交钱，持谷物本，年年交利等，本利相等以后，不允取超额。若违律得多利时，有官罚马一，庶人十三杖。所超取利多少，当归还属者。

俄译本译文：

若所有〔上指之人〕都无力〔还债〕，并且属实，则欠债者〔本人〕应该以劳作顶债。只要借债额〔本金〕和利息数对等时，则不许利息数再大于借债时所得钱谷数。若违此律，则〔当事人获罪〕：有官品者罚一马，庶民杖十三，而〔债主所得〕余额，应归还给〔借债人〕。中间人和还债委托人应得部分，由借债人本人在其有能力时支付。

若无精确计息时可用钱谷还债，〔还本多少〕以日、月、年计算。根据〔借债〕时所取用谷物（本金）定数，按年付息。在本息对半（相等）时，不许利息再超此数。若违此律，利息超过〔借债总额〕时，则〔当事人〕应获罪：有官品者罚一马，庶民杖十三。取得利息总额中〔超出法定余额〕，应归还给原主。

46－43左面

形	㪰	纇	稬	蘶[1]	鞁	蕲	彭	甋	羟	形	巤	厬蘶	杨	羽	耗
一	畜	物	财	产	等	债	取	利	有	为	者	法依	一	一	上

杨	羽	骰	羊	赇	形	㪰	燚[2]	蕲	峕	级	靴	叕	徽	巤	雞[3]
一	一	乃	当	给	为	畜	雌	债	亦	年	期	所	过	者	孩

厬	羽	牧	㣿	羝	蘈	甋	㣿	形绢	衾	绶祇	叕祇	纀
一	一	当	算	此	如	利	算	允	不	若	法过	时	前

羟	厬蘶	蒲㪰
述	法依	决断

形	庬钺	轩扱	豰	蘶形	彭羝	燚	㵵	箟	庬	彰	骏蘶
一	诸人	买卖	及	债取	彼此	与	〈 〉	像	诸	言	种种

所	量	等	中	自	各[4]	乐	愿[5]	文	字[6]	为	上	言	官	有	时

卖	价	钱	数[7]	及	语	情[8]	等	于	当	量	数	等	上	起	圆

中[9]	至	所	理	许[10]	〈〉[11]	定	为	官	私	交	拿	者	当	明

令	使	有	文	字	所	为	以	后	言	变	者[12]	有	时	罚

注释：

[1] ▯▯：意"财产"。如，《掌中珠》"▯▯▯▯"作"财产无数"。① 夏译《类林》烈女篇三十二张茂妻"▯▯▯▯▯▯▯▯▯▯▯▯▯▯"，对应汉文"被沈元初所害，陆氏抛弃家室财产"。②

[2] ▯▯：意"母畜"。

▯，意"畜"。如，西夏文《金光明最胜王经》卷十舍身品二十六"▯ ▯ ▯ ▯ ▯ ▯ ▯ ▯ ▯ ▯ ▯ ▯ ▯"③，对应汉文本"能于地狱、饿鬼、畜生、五趣之中，随缘救济"。④

▯，汉译本漏译，意"雌"、"母"、"妇"。如，《西夏谚语》"▯▯▯▯▯▯▯"译"守寡妇人更往说"。⑤ "▯"与"▯"组合构成固定词组，意"雌雄"。⑥

▯▯，意"母畜"。汉译本直接译为"畜"，漏译了"雌"。俄译本译文作"家畜"。⑦

[3] ▯：意"幼畜"。

▯，意"孩"。《文海》66.252 释▯"▯▯▯▯▯▯▯▯▯▯▯▯"（孩者幼儿也，婴儿也，

① 《番汉合时掌中珠》（甲种本），《俄藏黑水城文献》第一〇册，第14页。
② 史金波、黄振华、聂鸿音：《类林研究》，宁夏人民出版社1993年，第15页。
③ 国家图书馆藏西夏文《金光明最胜王经》卷十，《中国藏西夏文献》第四册，第23页。
④ 〔日〕《大正新修大藏经》第十六册，No.0665，《金光明最胜王经》卷十，大正一切经刊行会印行1934年。
⑤ 陈炳应：《西夏谚语》，山西人民出版社1993年，第8页。
⑥ 李范文：《同音研究》，宁夏人民出版社1986年，第207页。
⑦ 〔俄〕克恰诺夫著、李仲三汉译：《西夏法典》，宁夏人民出版社1988年，第91页。

儿童之谓）。① 根据文意，"□"是指前文"母畜"所生，意译"幼畜"，这里指债务人所借"□□（雌畜）"在借期内所生小畜。

　　［4］□□：意"各自"。

　　□，意"自己"。如，《掌中珠》"□□□□"作"不累于己"②，"□□□□"作"争如自悔"。③

　　□，词缀，意"各"、"处"。常附在动词之后，表示发生、存在的地点，意"……之处"，如"□□□□□□"（此经典王传行之处）。④

　　□□，连用意"各自"。西夏文《新集慈孝传·兄弟章》"□□□□□□□□□□□"译"一日昼间各自心欲分居"。⑤

　　［5］□□：意"乐意"、"情愿"、"自愿"。

　　□，意"乐"。如，夏译《志公大师十二时歌》"□□□□□□□"⑥，对应汉译本"乐愿日出复日落"。⑦

　　□，意"乐"。《同音》丁种本背注22A58解释"□□□"（乐：安乐）。⑧

　　□□二字意"欢乐"、"情愿"等。该词组是西夏文契约中常用词汇，表示买卖双方是自愿签订买卖契约。

　　［6］□□：汉译"文字"、"文据"等。如《掌中珠》"□□□□"作"文字搜寻"。⑨《同音》17A7"□□"译"文字"。⑩ 这里的"文字"是指"签订契约"、"立文据"。

　　［7］□□：对译"钱模样"，根据文意这里是指签订契约时商定的"钱的数量情况"，意译"钱量"。

　　［8］□□：意"语情"。

　　□：意"言"、"语"。如，《掌中珠》"□□□□"作"听我之言"⑪；"□□□□"作"不说实

① 史金波、白滨、黄振华：《文海研究》，中国社会科学出版社1983年，第496页。
② 《番汉合时掌中珠》（甲种本），《俄藏黑水城文献》第十册，第18页。
③ 《番汉合时掌中珠》（甲种本），《俄藏黑水城文献》第一〇册，第19页。
④ 王静如：《金光明最胜王经卷九夏藏汉合璧考释》，《西夏研究》第3辑，国立中央研究院历史语言研究所1933年，第242页。
⑤ 聂鸿音：《西夏文〈新集慈孝传〉研究》，宁夏人民出版社2009年，第134页。
⑥ 武威博物馆藏《志公大师十二时歌注解》，《中国藏西夏文献》第一六册，第519页。
⑦ 杜建录、于光建：《武威藏西夏文〈志公大师十二时歌〉译释》，《西夏研究》2013年第2期，第19～26页。
⑧ 韩小忙：《〈同音背隐音义〉整理与研究》，中国社会科学出版社2011年，第319页。
⑨ 《番汉合时掌中珠》（甲种本），《俄藏黑水城文献》第十册，第14页。
⑩ 李范文：《同音研究》，宁夏人民出版社1986年，第281页。
⑪ 《番汉合时掌中珠》（甲种本），《俄藏黑水城文献》第一〇册，第16页。

话"[1];"𗋽𗰖𗧾𗣼"作"我闻此言"。[2]

𗧾 意"模样"。如,《新集锦合辞》"𗴼𗸦𗱬 𗧮 𗧾𗱠𗉞"译"衣服虽换,人样仍显"。[3]

𗋽𗧾,二字连用意"语情",即"商量的情况"。根据文意,这里的"𗋽𗧾"是指借贷时,债权人和债务人在契约中所商量的有关事项,故意译"语情"。[4] 在出土的西夏文契约中,通常以"𗋽𗥦"(语体)来表达商定得事项,如契约中通常出现"𗋽𗥦𗰗𗭴𗰷𗰖𗫂"(依文据语情实行)。

[9] 𗍫𗽽:字面对译"园中"、"国中",根据文意,此处引申为"全部"。

[10] 𗣼:意"若干"、"几何"、"许"。附加在比较的对象后面,一般译作"许"。[5] 根据文意,𗣼表示"所定多少",强调所定得数量程度。如,夏译《孟子》"𗤶𗣼𗰷𗧾𗣼𗵆𗤆𗰷𗣼𗤆𗣼𗵆𗲠"(天时不如地利,地利不如人和),这里的"𗣼"表示地利的程度不如人和。[6]

[11] 𗭴:语助词,表示祈求式前缀,加在动词之前,表示说话者期待宾语实现或不要实现的愿望。[7]

[12] 𗋽𗆧:意"反悔"。

𗋽,如前注释,意"言"、"语"。

𗆧,意"易"、"变"。如,西夏文《类林》"𗌰𗰴𗗱𗆧"对应汉文"即刻变色"。[8]

𗋽𗆧,二字对译"言变",根据文意此处意"反悔"。该词也是西夏文契约中的常用词汇,如前《乾定戌年卖驴契约草稿》、《天盛二十二年耶和寡妇卖地契》都规定有"𗋽𗆧𗰷"(反悔时),要承担违约的责任。

汉译文:

一畜、物、财产等借债而取其利者,依法有一则当给一,唯【母畜】[9]债亦年日已过【者】,[10]生幼畜当【有一算一】,[11]不允如其算利。若违律时,依前述法判断。

---

① 《番汉合时掌中珠》(甲种本),《俄藏黑水城文献》第一〇册,第16页。
② 《番汉合时掌中珠》(甲种本),《俄藏黑水城文献》第一〇册,第16页。
③ 陈炳应:《西夏谚语》,山西人民出版社1993年,第15页。
④ 史金波、聂鸿音、白滨:《天盛改旧新定律令》,法律出版社2000年,第189页。
⑤ 聂鸿音:《〈新集慈孝传〉研究》,宁夏人民出版社2009年,第116页。
⑥ 彭向前:《夏译〈孟子〉研究》,上海古籍出版社2012年,第120页。
⑦ 李范文编著、贾常业增订:《夏汉字典》,中国社会科学出版社2008年,第620页。
⑧ 史金波、黄振华、聂鸿音:《类林研究》,宁夏人民出版社1993年,第143页。
⑨ 汉译本原作"畜",漏译"母",现改译为"母畜"。
⑩ 俄藏甲种本残,汉译本缺,现据克恰诺夫俄文本刊布图版补录译释"𗫂",意"者"。
⑪ 俄藏甲种本残,汉译本缺,现据克恰诺夫俄文本刊布图版补录译释"𗍫",意"一"、"独"。汉译本误译,原译作"□生幼畜当算□有",现改译为"生幼畜当有一算一"。

一诸人买卖及借债,以及其他类似与别人有各种事牵连时,各自自愿,可立文据,上有相关语,于买价、钱量及语情等当计量,自相等数至全部所定为多少,官私交取者当令明白,记于文书上。以后有【反悔者】①时,罚……

俄译本译文:

在确定借债利息时,畜和物应依有关律令指定一种〔所借畜种或物品一种〕。在每一具体条件〔付息时〕,〔也〕应按统一方式,〔同畜或同物〕。若当时借一头家畜,经一年后付息时带仔,应抓给一头畜崽。不许将利息加得比这再大。若违此律,则应依上律处罚。

若某从事贸易借债,则在其同别人签契约时,在双方自愿正式文书中应注明用于做生意所得钱数和〔可借之〕条件。〔利息〕额可定在〔本金额〕限内任意比例。在〔这类契约〕中还应注明,是谁从官府或私人贷款。若某在立约后,更改契约所定条件,则应向他索赔。

46－44右面

[1]		[2]				[3]			
官依	交	名有	官依	使	交	私依	持	名有	私

			[4]								
依	当	拿	易者	官有	罚	马	一	庶人	十三	杖	若

〈〉	过	远	使	超	所	有	有者	罚	中	所	不	入	属	者

当	拿

								[5]	
一	官私	债	不有	人	工出	者	日数	男妇	工

---

① 汉译本原作"悔语者",现改译为"反悔者"。

▨[6]	▨	▨	▨	▨[7]	▨	▨	▨	▨	▨	▨	▨	▨
价	量 为	〈 〉	盗	还	工 价	为	〈 〉	明	与	使	同	典

▨	▨	▨	▨	▨	▨	▨	▨	▨	▨	▨
住	人	者	先	法 依	人	上	工 价	钱 上 利	等	不

▨											
算											

▨	▨	▨	▨	▨	▨	▨	▨	▨	▨	▨[8]	▨	▨
一	诸 人	畜	谷	钱	物	人	等	相	处	债 借	寄 放	等	变

注释：

[1] 緵瓾：意"依官"。

緵，汉语借词，音"公"，意"官"、"公"。如，夏译《孟子》"緵婧㿆㵖㵖㿇㤊㵖㤊㵖㵖㵖㵖㵖"，对应汉文《孟子》卷五《滕文公章句上》之滕文公问为国章："雨我公田，遂及我私。惟助为有公田。"①

瓾，意"依"、"因"等。如，《掌中珠》"㯷瓾㿆㿆"作"依法行遣"。②

緵瓾，意"依官"，根据文意此处的"官依"是指"与官府签订契约"。

[2] 㴱羿：意"有名"，即"签字画押"。

㴱，意"名"，汉语借词，音"名"。《番汉合时掌中珠》"㴱㿆㿢㼏[酪栽尼迎能重]"作"争名趋利"。③

羿，意"有"、"在"，存在动词。如，《掌中珠》"㔾㿆㿇羿"作"罪在我身"④；"憶㵖绛羿"作"足迹见有"。⑤

㴱羿，二字连用意"有名"。根据文意这里的"有名"是指借贷契约上所签的借贷者（债务人）姓名，即契约结尾的签字画押。

---

① 彭向前：《西夏文〈孟子〉整理研究》，上海古籍出版社 2012 年，第 150 页。
② 《番汉合时掌中珠》（甲种本），《俄藏黑水城文献》第一〇册，第 15 页。
③ 《番汉合时掌中珠》（甲种本），《俄藏黑水城文献》第一〇册，第 18 页。
④ 《番汉合时掌中珠》（甲种本），《俄藏黑水城文献》第一〇册，第 17 页。
⑤ 《番汉合时掌中珠》（甲种本），《俄藏黑水城文献》第一〇册，第 16 页。

［3］𗣫𗿟：意"依私"。

𗣫，意"私"。如，夏译《孟子》"𗣫𗂁𗣫𗿟𗖵𗍋𗿟𘄄𗕌𗆟"，对应汉文《孟子》沈同以其私问章："沈同以其私问曰：燕可伐呼？"[1]《文海杂类》16.142 释𗣫"𗣫𗼃𗴭𗰔𗉅𗣫𗿟𗴭𗼃𗭞𗴲𗟲𗿇𘜶𘍦𗣫𗤻𘕿"（私：有自有右，私者自有，不与他人共，故则自私是也。）[2]的字形结构是"𗣫𗼃𗴭𗰔𗉅"，即该字是取了"𗼃（属）"、"𗴭（自）"、"𗰔（有）"三个字的一部构成，含有"自己属有"的之意，即意"私"。

𗣫𗿟，意"依私"。如，夏译《孟子》"𘟴𗤱𗉅𘄄𗣫𗿟𗸳𗴺𘄄𗓱𗴺𘟀"，对应汉文本"不告于王而私与之吾子之爵禄"。[3] 根据文意，这里的"依私"与上文"依官"对应，应指"与私人签订契约"。

［4］𗲆𗅂：意"替换"。汉译本误释为"𗲆"（承、受）。

𗲆，如前注释，意"易"、"译"。根据文意是指"买卖借贷时，双方应自愿将钱数及相关规定在契约中写明。若反悔，契约写明向官府交罚钱粮的当交官，向私人交的当交私人"。"𗲆𗅂（换者）"有官罚马一，庶人十三杖。所以，这里的"𗲆𗅂"应是"该交官的没交官，该交私人的没交私人"。故此处译文更改为"替换者"。

［5］𗅲𗫂：意"男女"。

𗅲，意"男"、"子"。如，《掌中珠》"𗙏𗫂𗎩𘄄"作"儿女了毕"[4]；"𗙏𗫂𗩾𗫂"作"男女长大"。[5]

𗫂，意"妇"。如，夏译《孟子》卷六《滕文公章句下》万章问曰宋小国也章"𗫂𗅩𗅲𗅩𗵆𗢯𘜔𗆟"对应汉文本"为匹夫匹妇复雠也"。[6]

𗅲𗫂，二字连用对译"男妇"，这里泛指"男女"。

［6］𗵀𗽈：意"工价"。

𗵀，意"工"、"力"。如《掌中珠》"𗔀𗵀"作"体工"[7]；"𘉞𘊲𗵀𗿟"作"由此业力"。[8]

𗽈，意"价"。如，夏译《孟子》卷五《滕文公章句上》滕文公问为国章"𗈩𗠲𗰔𗆟𘄀𗸳𗽈

① 彭向前：《西夏文〈孟子〉研究》，上海古籍出版社 2012 年，第 133 页。
② 史金波、白滨、黄振华：《文海研究·文海杂类》，中国社会文献出版社 1983 年，第 550 页。
③ 彭向前：《西夏文〈孟子〉研究》，上海古籍出版社 2012 年，第 133 页。
④ 《番汉合时掌中珠》（甲种本），《俄藏黑水城文献》第一〇册，第 18 页。
⑤ 《番汉合时掌中珠》（甲种本），《俄藏黑水城文献》第一〇册，第 18 页。
⑥ 彭向前：《西夏文〈孟子〉研究》，上海古籍出版社 2012 年，第 174 页。
⑦ 《番汉合时掌中珠》（乙种本），《俄藏黑水城文献》第一〇册，第 30 页。
⑧ 《番汉合时掌中珠》（乙种本），《俄藏黑水城文献》第一〇册，第 36 页。

□□"对应汉文本"五谷多寡同,则价皆同"。① "□"与"□"组合构成固定词组,意"市价"。②

□□,二字组合意"工价"。后文"□□"亦指"工价"。

[7] □:意"偿还"、"回报"。如,《掌中珠》"□□□□"作"苦报无量"。③

[8] □□:意"寄放"。

□,意"寄"。《同音》丁种本背注 17B66 释□"□□□□□"(寄:捎带他处物)。④ 聂力山《西夏语文学》"□□□"译"所寄衣"。⑤

□,词缀,意"放"、"置"。多置于动词之后,表示动作可能性。如,《孟子》卷四《公孙丑章句下》"于齐则未有处也"译"□□□□□□"。⑥

□□,二字连用,根据文意,意"寄放"、"寄存"。俄译本作"委托保管"。⑦

汉译本:

交于官有名则当交官,交私人有名则当交私人取。【换者】⑧有官罚马一,庶人十三杖。若全超过,有特殊者,勿入罚之列,属者当取。

一借官私所属债不能还,以人出力抵者,其日数、男女工价计量之法当与盗偿还工价相同。在典人者,依前法计量出工人之工价,勿算钱上之利。

一诸人畜、钱、谷、物、人等相借债,寄放等不还……

俄译本译文:

若在契约上有某人从官府贷款之签字画押,则〔他〕应从官府得到〔贷款〕;有从私人处贷款签名,则〔他〕应从私人处得到贷款。冒名顶替者〔应获罪〕:有官品者罚一马,庶民杖十三。若〔贷款〕规定利息过高,超额利息不作罚金,应交还原主。

欠官、私债务不还而为债主做工〔顶债〕者,则在计算男女工值和确定〔用做工顶还全部应归还债款〕日数时,应依上述确定〔以作工抵还〕赔偿窃〔物〕值计算工值办法执行。关

① 彭向前:《西夏文〈孟子〉研究》,上海古籍出版社 2012 年,第 162 页。
② 李范文:《同音研究》,宁夏人民出版社,1986 年,第 213 页。
③ 《番汉合时掌中珠》(甲种本),《俄藏黑水城文献》第一○册,第 19 页。
④ 韩小忙:《〈同音背隐义〉整理与研究》,中国社会科学出版社 2011 年,第 252 页。
⑤ 聂力山.《西夏语文学》Ⅱ,莫斯科东方文献出版社 1960 年,第 518 页。
⑥ 彭向前:《西夏文〈孟子〉研究》,上海古籍出版社 2012 年,第 126 页。
⑦ 〔俄〕克恰诺夫著、李仲三汉译:《西夏法典》,宁夏人民出版社 1988 年,第 91 页。
⑧ 汉译本将"□(变换)"误识为"□",将"□□"误译为"受者",现改译为"换者"。

于作抵债之人质,则应依上律,即这些劳力工值换算成钱款,利息不应算入。

某人放债或被委托保管畜谷财物,而〔以后〕有意欺骗人称〔这〕不能算放债……

46－44 左面

为	及	债	不	尔	借	债	借	我	谓[1]	谋	为	等	量

法	不	屈	贿	罪[2]	法	依	决	断[3]	黥	一	种	所	不	着

一	诸	人	有	私	人[4]	他	处	债	取	者	债	夫	妻[5]	债	还

时	持	主	者[6]	好	当	寻	使	私	人	自	债	还	有

则	债	当	还	为	债	给	不	做	则	持	主	者	当

还	为	持	主	者	无	债	夫	妻	当	罚	私	人	头

监[7]	属	畜	物	中	量	还	为	无	私	人	随	意[8]	债

取	因	十	三	杖

一	诸	人	肉	酒[9]	价[10]	及	买	卖	物	种	依	价	典[11]	贷借

77

注释：

［1］𔘆𗴷：意"诬陷"。

𔘆，意"谋"、"诬陷"。如，《掌中珠》"𗧘𗤋𔘆𗏵"作"谋知清人"。[1]

𔘆𗴷，意"诬陷"、"诬告"。"𔘆"与动词"𗴷"组成固定词组"𔘆𗴷"，意"计谋"。[2]《天盛律令》卷二"𗒛𗸐𔘆𗴷𘃡"译"诬告他人"。

［2］𗊱𗥪𗋽𗗙𗙣：意"贪赃枉法罪"。

𗊱，意"律"、"法"。如，《掌中珠》"𗊱𗥃𗸐𗰗"作"莫违条法"。[3]

𗥪，意"不"。如，《掌中珠》"𗤋𗥪𗪯𗾈"作"心不思惟"。[4]

𗋽，意"屈"、"枉"。如，夏译《孟子》"𗔀𗵽𗋽𗬦𗏵𗸐𗤒𗴺𗊱𗹙𘃡𗢸𘜶𗥃𗋽𗦎𗐬𗡢𗟩𗋽𗉫"，对应汉译本《孟子》卷六《滕文公章句下》："如枉道而从彼，何也？子言过矣！枉己者，何能使人直？"[5]

𗗙，意"欲望"、"祈求"、"贿赂"。如，夏译《孟子》"𗚭𗵽𗤋𗞞𗸐𗙣𗴷𗥪𗗙"，对应汉译本《孟子》卷六《滕文公章句下》周霄问曰古之君子章："古之人未尝不欲仕也。"[6]

𗊱𗥪𗋽𗗙𗙣，此五字连用，组成固定词组，意"贪赃枉法罪"。在《天盛律令》中该词组专门指"贪赃枉法罪"。

［3］𗸷：意"刺字"、"黥"。如，西夏文《孙子传》"𗤒𗸐𗣼𗊱𗵽𗫂𗋽𗂧𗡢𗴷𗸷𗸐𗭼𗴷"译"则以法刑断其两髌而黥之"。[7]

黥，即在罪犯脸上刺字的一种肉刑，是我国古代使用时间最长的肉刑之一。早在西周就有明确的文献记载，当时称之为"墨刑"。黥刑也是西夏刑法之中非常常见的附属刑法之一。《天盛律令》卷二有"𗸷𗦵𗬩"（黥法门），专门规定了西夏受黥罪犯的种类、如何黥法。犯罪中属十恶、盗窃、卖敕禁、检校军等罪，及杂罪中的长期徒刑要受黥刑。杂罪获短期劳役，则不黥。犯不同刑法的罪犯，根据其罪行轻重，刺字部位及所刺字数都不同。如果执行黥刑的官吏因徇私舞弊而不严格按照规定刺字，将字刺刻在看不到的部位、减少所刺字数等要依贪赃枉法罪论处，罪犯要加重处罚服劳役。受黥刑罪犯不能随意私自将刺字清除，即便是刑满后也不能私自去除。只有在有政府谕文及皇恩批准后，再上

---

① 《番汉合时掌中珠》（乙种本），《俄藏黑水城文献》第一〇册，第 34 页。

② 李范文：《同音研究》，宁夏人民出版社 1986 年，第 255 页。

③ 《番汉合时掌中珠》（乙种本），《俄藏黑水城文献》第一〇册，第 33 页。

④ 《番汉合时掌中珠》（甲种本），《俄藏黑水城文献》第一〇册，第 16 页。

⑤ 彭向前：《西夏文〈孟子〉研究》，上海古籍出版社 2012 年，第 167 页。

⑥ 彭向前：《西夏文〈孟子〉研究》，上海古籍出版社 2012 年，第 171 页。

⑦ 聂鸿音：《西夏译〈孙子传〉考释》，见聂鸿音《西夏文献论稿》，上海古籍出版社 2012 年，第 158 页。

报局分处，方能清除所刺字，否则将是违反律法，不但重新刺字，还要受到处罚和杖刑。西夏的黥刑主要是对判处徒刑的囚犯刺字，这种与较重徒刑相结合的黥刑就是"刺配"。[1]　当然西夏的黥刑也只是对普通百姓实施，有官之人及其家属犯罪可以官当和处罚免除黥刑。

［4］□□：意"私人"。

□，意"私"。如，夏译《孟子》作"□□□□□□□□□"，对应汉文《孟子》沈同以其私问章："沈同以其私问曰：燕可伐呼？"[2]

□□，意"私人"。俄译本作"依附于某人之人"。[3]

私人是西夏社会地位较低的阶层，常常与官人对应。官人是依附于官府的官奴，私人为依附于贵族首领之人，他们的身份与使军或门下人相似，而非奴婢。[4]　私人有自己的财产，他们的人身依附于主人——"头监"，也有称"执主者"，属私奴，私人不能随意借债，借贷要找自己主人担保。官人私人不能随意转化，都要注册籍簿。官府官员不能将官人私纳入自己家门，变为私人。西夏的私人的主要来源是犯重罪者、死罪获释者以及俘虏。西夏还对官人和私人制定了严格的管理法规，以防备其逃跑。

［5］□□□：意"债主人"。

□，意"夫"、"主"。夏译《孟子》"□□□□□□□□"，对应汉译本《孟子》卷六《滕文公章句下》景春曰公孙衍、张仪章："必敬必戒，无违夫子。"[5]"□□"译"园主"。[6]

□，意"妻"，《掌中珠》"□□□□"作"妻眷男女"[7]；"□□□□"作"索与妻眷"。[8]

□□，意"丈夫"，如，西夏文《圣立义海》卷五"□□□□□□"译"智妇顺从丈夫"，"□□□□□□……□□□□□□□□□"译"其丈夫自念贫穷……故其妻顺应丈夫"。[9]

□□□，三字连用意"债主人"。如上，"□□"作为固定词组单独使用意为"丈夫"，当其前加名词限定时，有"主人"之意。如，《天盛律令》卷十五《催缴地租门》"□□□"译"地主人"。[10]"□□□"译"人主人"。故，根据文意，这里的"□□□"意

---

① 杜建录：《〈天盛律令〉与西夏法制研究》，宁夏人民出版社 2005 年，第 58 页。
② 彭向前：《西夏文〈孟子〉研究》，上海古籍出版社 2012 年，第 133 页。
③〔俄〕克恰诺夫、李仲三汉译：《西夏法典》，宁夏人民出版社 1988 年，第 92 页。
④ 杜建录：《西夏阶级结构研究》，《固原师专学报》（社会科学）1998 年第 4 期，第 51～56 页。
⑤ 彭向前：《西夏文〈孟子〉研究》，上海古籍出版社 2012 年，第 169 页。
⑥ 彭向前：《西夏文〈孟子〉研究》，上海古籍出版社 2012 年，第 168 页。
⑦《番汉合时掌中珠》（甲种本），《俄藏黑水城文献》第一〇册，第 11 页。
⑧《番汉合时掌中珠》（甲种本），《俄藏黑水城文献》第一〇册，第 18 页。
⑨〔俄〕克恰诺夫、李范文、罗矛昆：《圣立义海研究》，宁夏人民出版社 1995 年，第 86 页。
⑩ 潘洁：《〈天盛改旧新定律令〉农业卷研究》，宁夏大学博士学位论文，2010 年，第 35 页。

"债主"。

　　[6]　□□□：意"执主人"。

　　□，意"持"、"执"、"受"。如《掌中珠》"□□□"作"受纳司"①；"□□□□"作"自受用佛"②；"□□□□"作"坐司主法"。③

　　□，意"主"。这里的"□"加在动词"□"后，表示"□（执）"动作的主体。

　　□□□，意"执主者"。根据文意可知，这里的"执主者"是指"私人"人身依附的主人，与后文所指的私人所属主人"□□"（头监）相同。俄译本作"信用委托人"。④

　　[7]　□□：意"头监"。

　　□，意"头"、"首"。如"□□"作"头目"，"□□"作"头发"。⑤

　　□，意"主"、"监"。如，《掌中珠》"□□"作"州主"，"□□□"作"监军司"。⑥

　　□□，二字连用意"头监"。《同音》丁种本背注 29B71 释□"□□□□□□□□"，汉译："头监：监督属者主人也。"韩小忙先生译为："头主：镇压属者主人。"⑦克平《孙子兵法》"□□"译"首领"。⑧ 俄译本译文作"主人"。⑨

　　这里的"□□"（头监）是指奴仆、私人等私属奴仆阶层的人身依附所属主人。在西夏文献中还有一个词汇也对译为"头监"，即"□□"。"□□□□"许伟伟翻译为"都案头监"。⑩《凉州重修护国寺感通塔碑》西夏文碑铭"□□□□□□□□"，对应汉文碑中的"修塔寺小监"。⑪"□□□□□"潘洁译为"役事小监者"。⑫ 很显然此"□□"（头监）是西夏的一种基层职官，与所表示的"主人"的非职官的"□□"是不同的两个概念。"□□"应译为"小监"较为合适。

　　[8]　□□：见前文当铺门注释，意"任意"、"随意"。

　　[9]　□□：意"酒肉"。

---

① 《番汉合时掌中珠》（甲种本），《俄藏黑水城文献》第一〇册，第 15 页。
② 《番汉合时掌中珠》（甲种本），《俄藏黑水城文献》第一〇册，第 19 页。
③ 《番汉合时掌中珠》（乙种本），《俄藏黑水城文献》第一〇册，第 32 页。
④ 〔俄〕克恰诺夫著、李仲三汉译：《西夏法典》，宁夏人民出版社 1988 年，第 92 页。
⑤ 《番汉合时掌中珠》（甲种本），《俄藏黑水城文献》第一〇册，第 10 页。
⑥ 《番汉合时掌中珠》（甲种本），《俄藏黑水城文献》第一〇册，第 15 页。
⑦ 韩小忙：《〈同音背隐义〉整理与研究》，中国社会科学出版社 2011 年，第 439 页。
⑧ 〔俄〕克平：《孙子兵法》Ⅸ，莫斯科东方文献出版社 1979 年。
⑨ 〔俄〕克恰诺夫著、李仲三汉译：《西夏法典》，宁夏人民出版社 1988 年，第 92 页。
⑩ 许伟伟：《〈天盛改旧新定律令·内宫待命等头项门〉研究》，宁夏大学博士学位论文 2013 年，第 28 页。
⑪ 罗福成校录：《重修护国寺感应塔碑铭》，见李范文主编《西夏研究》第四辑，中国社会科学出版社 2007 年，第 8 页。
⑫ 潘洁：《〈天盛改旧新定律令〉农业卷研究》，宁夏大学博士学位论文 2010 年，第 31 页。

𘏮，意"肉"。如，《掌中珠》"𘏮𗷊"作"肉血"。[1]

𗆜，意"酒"。如，《掌中珠》"𗼨𗟲𗆜𘃡"作"取乐饮酒"。[2]

𘏮𗆜，二字意"酒肉"，聂力山《西夏语文学》"𘏮𗆜"译"酒肉"。[3]

[10] 𗰖：意"价"。如《同音》4A6"𗰖"与"𗰖"固定搭配，意"市价"。[4]

[11] 𗥃𗥼：意"借贷"。

𗥃，如，夏译《孟子》"𘃺𗸦𗥃𗗙"对应汉文本《孟子》卷五《滕文公章句》上滕文公问为国章："助者借也。"[5]

𗥃𗥼：二字连用意"借贷"。如，《新集锦合辞》有"𗒹𗢳𗩾𗄈𗥃𗥼𗤋𗰜"译"宝物已积，无不借贷"。[6]

汉译本：

以及未借债说我借出债，诬指时，计量后依不枉法贪赃罪判断，勿刺一种字。

一诸人所属私人于他人处借债者还偿主人债时，当令好好寻持主者等。私人自能还债则当还债，自不能还债则持主者当还，持主者无力，则当罚借债主，不允私人用头监畜物中还债。私人因随意借债，十三杖。

一诸人肉、酒价及买卖种种物价，有典贷借

俄译本译文：

而〔以后〕有意欺骗人称〔这〕不能算放债，〔相反〕自己〔还在〕借债，则〔对此〕应依"贪赃枉法"断律，根据其数额处罪。〔对获罪者〕不施烙印。

依附于某人之人，从别人处借债，或债主放债，则〔立债契时〕应找信用委托人。若属于别人之该人有能力还债，则应〔由其〕还债。若借债人无力还债，则此债应由委托人偿还。无委托人时，应处借债人以罚金，不许用〔其〕主人之畜财抵债。对属某私人主人借债而事前〔其主人〕不知者，杖十三。

当有人因沽酒买肉或买物而欠债或为此而借当，

① 《番汉合时掌中珠》（乙种本），《俄藏黑水城文献》第一〇册，第28页。
② 《番汉合时掌中珠》（乙种本），《俄藏黑水城文献》第一〇册，第35页。
③ 〔俄〕聂立山：《西夏语文学》Ⅰ，莫斯科东方文献出版社1960年，第328页。
④ 李范文：《同音研究》，宁夏人民出版社1986年，第213页。
⑤ 彭向前：《西夏文〈孟子〉研究》，上海古籍出版社2012年，第150页。
⑥ 陈炳应：《西夏谚语》，山西人民出版社1993年，第18页。

46－45 右面

债	等	有	者	数	依	使	索	当	还	为	若	不

还	为	及	给	为	汝	谓	正[1]	不 取	往	等	欧打[2]

争斗[3]	时	他人	殴打	争斗	相	伤[4]	不	伤	之	十

四	卷	于	罪情	明	等	同	使	决断

一	诸人	官	私	处	债	取	人	实	不	住	言	放	中

不	彼	有名	有	为	此	处	债索	等	为	不	若	法

过	时	债索	名有	为	者	等	官有	罚	马	一

庶人	十三	杖	债	分担	中	不	人

一	一时饮中[5]	室头[6]	父母[7]	兄	等	不	知	女男[8]	媳[9]

注释：

　[1] 祸歡：意"实际"。

􀀀，汉语借词，音"正"，意"正"。《掌中珠》"􀀀􀀀［正相尼］"作"正听"①；"􀀀􀀀􀀀［正暮啰］"作"正统司"。②

􀀀，意"得"、"安"。《同音》丁种本背注13B42释􀀀"􀀀􀀀􀀀􀀀"（得：获利互助）。③

􀀀􀀀，字面对译"正得"，根据文意，应意译"实际"。④ 俄译本作"试图"⑤，误。

［2］􀀀􀀀：意"拷打"、"殴打"。

􀀀，意"打"。如，《掌中珠》"􀀀􀀀􀀀􀀀"作"凌持打拷"；"􀀀􀀀􀀀􀀀"作"如此拷打"。⑥

􀀀􀀀，􀀀重叠使用意译"拷打"、"殴打"。如"􀀀􀀀􀀀􀀀􀀀􀀀􀀀􀀀􀀀"（诸人殴打相伤罪当加二等）。⑦

［3］􀀀􀀀：意"争斗"。如，《掌中珠》"􀀀􀀀􀀀􀀀"作"与人争斗"。⑧

［4］􀀀：意"损伤"、"伤害"。《掌中珠》"􀀀􀀀􀀀􀀀"作"伤害他人"⑨；"􀀀􀀀􀀀􀀀"作"不敢毁伤"。⑩

［5］􀀀􀀀􀀀􀀀：意"同居时"。

􀀀，意"饮"、"喝"、"服"。如，《掌中珠》"􀀀􀀀􀀀􀀀"作"取乐饮酒"。⑪《金光明最胜王经》卷九"􀀀􀀀􀀀􀀀"，对应汉文本"食肉饮血"。⑫

􀀀􀀀􀀀􀀀，意译为"同居"。据文意，"一时饮"指与家长父母兄弟等未分家别居。

［6］􀀀􀀀：意"家长"。

􀀀，意"门"、"室"、"家"。《掌中珠》"􀀀􀀀"作"门簾"⑬；"􀀀􀀀􀀀􀀀"作"畜养家宅"⑭；"􀀀􀀀􀀀􀀀"作"勾管家计"。⑮

􀀀，意"头"、"首"。如"􀀀􀀀"作"头目"，"􀀀􀀀"作"头发"。⑯

---

① 《番汉合时掌中珠》（甲种本），《俄藏黑水城文献》第一〇册，第15页。
② 《番汉合时掌中珠》（甲种本），《俄藏黑水城文献》第一〇册，第14页。
③ 韩小忙：《〈同音背隐义〉整理与研究》，中国社会科学出版社2011年，第184页。
④ 史金波、聂鸿音、白滨：《天盛改旧新定律令》，法律出版社2000年，第192页。
⑤ 〔俄〕克恰诺夫著、李仲三汉译：《西夏法典》，宁夏人民出版社1988年，第92页。
⑥ 史金波、黄振华等整理：《番汉合时掌中珠》，宁夏人民出版社1998年，第63页。
⑦ 许伟伟：《〈天盛改旧新定律令·内宫待命等头项门〉研究》，宁夏大学博士学位论文，2013年，第24页。
⑧ 《番汉合时掌中珠》（甲种本），《俄藏黑水城文献》第一〇册，第15页。
⑨ 《番汉合时掌中珠》（乙种本），《俄藏黑水城文献》第一〇册，第33页。
⑩ 《番汉合时掌中珠》（甲种本），《俄藏黑水城文献》第一〇册，第16页。
⑪ 《番汉合时掌中珠》（乙种本），《俄藏黑水城文献》第一〇册，第35页。
⑫ 王静如：《金光明最胜王经卷九夏汉合璧考释》，《西夏研究》第三辑，国立中央研究院历史语言研究所1933年，第288页。
⑬ 《番汉合时掌中珠》（乙种本），《俄藏黑水城文献》第一〇册，第30页。
⑭ 《番汉合时掌中珠》（甲种本），《俄藏黑水城文献》第一〇册，第12页。
⑮ 《番汉合时掌中珠》（甲种本），《俄藏黑水城文献》第一〇册，第18页。
⑯ 《番汉合时掌中珠》（甲种本），《俄藏黑水城文献》第一〇册，第10页。

□□，意"家长"。字面意思"室头"、"家头"，根据文意这里指"家长"。

[7] □□：意"父母"。《掌中珠》"□□□□"作"父母发身"[1]；"□□□□"作"孝顺父母"。[2]《圣立义海》第十四"□□□□□□"译"父母爱子名义"。[3]

[8] □□：意"子女"、"男女"。如，《掌中珠》"□□□□"作"儿女了毕"[4]；"□□□□"作"妻眷男女"[5]；"□□□□"作"男女长大"。[6] 俄译本将"□"理解为"兄之长子"[7]，误也。根据文意，"□□"应指儿子和女儿，即"子女"。

[9] □：意"媳"。如，《新集慈孝传》"□□□□"译"婆媳章"。[8] 西夏文《三才杂字》"□□□□"译"儿媳女婿"。[9] 这里的媳是指儿子之妻。

汉译本：

债等者，应依数索还。若不还及说还汝而实际不往取等，相打斗时，与别人相打斗争斗时伤、不伤第十四卷之罪状相同判断。

一诸人于官私处借债，本人不在，文书中未有，不允有名为于其处索债。若违律时，有名为者索债等，有官罚马一，庶人十三杖，债勿舍弃。

一同居饮食中家长父母、兄弟等不知，子、女、媳……

俄译本译文：

〔他〕应如数归还。若他不欲归还假称归还，试图不还债而一走了之，并因而引起争斗，则〔当事人〕应按〔本法〕第四章因殴斗伤害旁人并依殴斗中某人致伤与否断式处罪。

若某人向官、私借债，〔在借据上〕签写实未在场者之名字，该人又不是协商〔借债条件〕之成员，则不允许向该人索债。若违律向〔无涉人〕索债者，或〔在借据上〕签写别人名字者，均应获罪：有官品者罚一马，庶民杖十三。〔他们〕亦不能属于应被索债之人。

若父母或兄长之子、子媳……

① 《番汉合时掌中珠》（甲种本），《俄藏黑水城文献》第一○册，第 16 页。
② 《番汉合时掌中珠》（乙种本），《俄藏黑水城文献》第一○册，第 29 页。
③ 克恰诺夫、李范文、罗矛昆著：《〈圣立义海〉研究》，宁夏人民出版社 1995 年，第 69 页。
④ 《番汉合时掌中珠》（甲种本），《俄藏黑水城文献》第一○册，第 18 页。
⑤ 《番汉合时掌中珠》（甲种本），《俄藏黑水城文献》第一○册，第 11 页。
⑥ 《番汉合时掌中珠》（甲种本），《俄藏黑水城文献》第一○册，第 18 页。
⑦ 〔俄〕克恰诺夫著，李仲三汉译：《西夏法典》，宁夏人民出版社 1988 年，第 93 页。
⑧ 聂鸿音：《西夏文〈新集慈孝传〉研究》，宁夏人民出版社 2009 年，第 104 页。
⑨ 王静如、李范文：《西夏〈杂字〉文研究》，《西北民族研究》1997 年第 2 期，第 67～86 页。

46-45 左面

誦[1]	編[2]	嘉芜	瓏[3]	縗	緣	瓶	靘	瓶	毪	瓶	祇
孙	兄	各自	谋	官	私	钱	谷	钱	物	中	借

羇	羧	甄	鞣	形	慨繆[4]	死[5]	瓏	形	騰竉[6]	祇
贷	取	利	有	为	不理	处	使	为	坏亡	使

羧	毅瓏	翂翂	繗甄	緈	羊	瓶	慨翂翂	緈
时	家长	乐愿	负担	则	当	还	不乐愿	则

薜	羧	瓶	薜羧疹	嘉	牧	繗甄	發矗	緈	羧
债	不	还	债取者	自	当	分担	不办	则	取

莸[7]	薜羧疹	芜	牧	繗甄	瓶	尚	發矗	緈
相	执主者	处	当	分担	彼	亦	不办	则

羧疹	薜瓶疹[8]	毅	纎	翂	鞲	羧莸	薜羧疹
借者	债还者	处	工	使	出	借相	持主者

發鞣	藏	瓶	翻	緈	纎	鞲	瓶	翂	芘	發鞣
分食	拿	中	有	则	工	出	中	使	入	分食

瓶	發	孖翻	緈	纎鞲	瓶	發	芘	瓶	瓶	形	死
中	不	彼有	则	工出	中	不	入	此	中	应	各

藏	瓶	發	纖	毅瓏	發瓶	尚	慨	羧	薜	羊	瓶
已	用	分	者	家长	不知	亦	不	需	债	当	给

注释：

　　[1] 誦：意"孙"。如，西夏文《佛母大孔雀明王经》"瓶席 孖羧 誦編靘"，对应汉文本"龙

王之子孙兄弟"。① "𗢻𗄊𘃸"译"知孙者"。②

[2] 𗣼：意"兄"、"哥"。如，《掌中珠》"𗣼𘝞𗤒𗟲"作"兄弟女妹"。③

[3] 𗤿：意"谋"、"争"、"擅自"。如，《掌中珠》"𘝞𗤿𗈈𗭼"作"争名趋利"。④ 根据文意，这里的"𗤿"是指背着家长父母兄弟等谋取借债，意译"擅自"。

[4] 𗠣𗣼：意"非道"。

𗠣，意"不"、"无"、"非"。如《掌中珠》"𗊱𗗙𗠣𘏨"作"不说实话"。⑤

𗣼，意"义"。如，《掌中珠》"𗤒𗣼𗤻𗭴"作"仁义忠信"。⑥

𗠣𗣼，字面对译"不义"，意译"非道"。根据文意，父母兄长等不知情况下，私自举债为"𗠣𗣼"。

唐宋律法中将身为卑幼，不告家长而私举官私钱物称为"非道"。如，《宋刑统》卷二十六《杂律·受寄财物辄费用》引唐元和五年十一月六日敕文："应诸色人中，身是卑幼，不告家长，私举公私钱物等，……举诸司及形要家钱物，同为非道破用，家有尊长都不知委，及征收本利，举者便东西保人等。"⑦ "非道"即"不合理"。该词俄译本未译。

[5] 𗤻：词缀，意"各"、"处"。常附在动词之后，构成派生词，表示该动作或状态发生，或存在的地点；加在形容词之后，表示形容词根所描写的那种性质和特征的场所。⑧

[6] 𗤒𗹭：意"破用"。

𗤒，"毁坏"、"破"。如，《掌中珠》"𗵘𗤒𗄭𘏨"作"不敢毁伤"。⑨

𗹭，"亡"、"无"。如"𗤿𗹭"译"死亡"。⑩

𗤒𗹭，字面意思"毁亡"，根据文意，是指在家长不知情况下，所借的"𗠣𗣼"之债"𗤒𗹭"时，家长乐意还则还，不愿意则不还。如前注释[4]，唐宋律法中，专门表达相同意思的词语是"破用"。

[7] 𗸣𗤻：如前注释，意"同借者"，即"担保人"。这里的"𗸣𗤻"是指与债务人同去借债者，同借者一般是债务人（借者）的信用担保者。根据出土的西夏借贷契约，通常情况

---

① 王静如：《佛母大孔雀明王经夏汉梵藏合璧校释》，《西夏研究》第一辑，国立中央研究院历史语言研究所 1832 年，第 196 页。
② 陈炳应：《西夏文物研究》，宁夏人民出版社 1983 年，第 77 页。
③ 《番汉合时掌中珠》（乙种本），《俄藏黑水城文献》第一〇册，第 29 页。
④ 《番汉合时掌中珠》（甲种本），《俄藏黑水城文献》第一〇册，第 18 页。
⑤ 《番汉合时掌中珠》（甲种本），《俄藏黑水城文献》第一〇册，第 16 页。
⑥ 《番汉合时掌中珠》（甲种本），《俄藏黑水城文献》第一〇册，第 11 页。
⑦ 〔宋〕窦仪撰、薛梅卿点校：《宋刑统》卷二六，法律出版社 1999 年，第 469 页。
⑧ 李范文编著、贾常业增补：《夏汉字典》，中国社会出版社 2008 年，第 816 页。
⑨ 《番汉合时掌中珠》（甲种本），《俄藏黑水城文献》第一〇册，第 16 页。
⑩ 〔俄〕聂立山：《西夏语文学》Ⅱ，莫斯科东方文献出版社 1960 年，第 222 页。

下，债务人的同借者多为其妻子、子女、兄弟等亲属。当然，也有其他人担任同借者。"同借者"在西夏契约结尾处的签字称谓一般是"𗾈𗫦𗋰"（状接相），即"同借者"，是违约后承担连带赔偿责任者。俄译本译作"中间人"。[①]

〔8〕𗱕𗤻𗈪：字面对译"债还者"，这里指"债主人"。

汉译本：

孙、兄弟等擅自借贷官私畜、谷、钱、物，有利息，【且使之非道破用时】[②]，家长同意负担则当还，不同意则可不还。借债者自当负担。其人不能，则同去借者、持主者当负担。其人亦不能办，则取者到还债者处以工抵。同去借债者、持主者已【分享拿】，[③]则当入出工抵债中，未【分享】[④]则勿入以工抵债中。其中各已用、分者，家长未知，亦当不助还债。

俄译本译文：

孙、弟擅自背其同居家长（由其供养者）向官、私借〔本无权借〕有息之债〔畜谷钱物〕加以挥霍。则若家长甘愿还债，则还。若〔其〕不愿偿还则可不还，而应由借债者自己偿还。若借债者无力还债，则应由中间人和委托人偿还。若他们也无力偿还，则借债者应以工抵还债主之债。若中间人和委托人也收得此债款之份或被宴请过，则他们也可以工抵债。若他们未得所借款份或未被宴请，则他们不必以工抵债。若从所有此事参与者处索回能索回之一切，则尽管家长不知〔其家谁借之债〕，亦未从借债中得到任何益处，〔他〕也应还债。

46－46右面

𗩾	𗢭	𗫂𗥔	𗥴	𗈪	𗱕	𗫦𗈪𗩾	𗤓	𗫨	𗌭	𗊢𗟻
为	若	法过	时	还	债	不还为	等	同	使	决断

𗙏	𗣼𗴎	𗫦	𗤺	𗱕𗱕	𗫂	𗈪	𗩾	𗫦	𗄭	𗤎	𗮆	𗆟	𗫦
一	诸人	他	于	债借	实	还	为	不	取	势	力	恃	恃缚

---

① 〔俄〕克恰诺夫著、李仲三汉译：《西夏法典》，宁夏人民出版社 1988 年，第 93 页。
② 汉文本原作"不应做时而做，使毁散无有时"，现改译为"且使之非道破用时"。
③ 汉文本原作"食拿"，现改译为"分享拿"。
④ 汉文本原作"分食"，现改译为"分享"。

制①	强[1]	以	别	畜物	帐舍[2]	地畴	实 捕	量[3]	为	允

不	法	过	时	一年[4]	帐舍	地畴	畜物	何所[5]	取	为

取	属者	之	当	还	为	债	别	当 取[6]

一	前述	诸人[7]	无 理	债[8]	合	取	持	为	等 时[9]	房舍 地

畴	之	谷赏	地毛[10]	畜上	工价	等	本利	债 量

依②	当	算减[11]	为

一	诸人	若	债有	上	压	若[13]	威力	强	以 逼[14]	等 及

注释：

[1] 强：意"刚强"、"强力"。如夏译《孙子兵法》九地品十一"□□□□□□□"③，对应汉文本《孙子兵法·九地》篇："刚柔借得，地之理也。"俄译本作"倚仗权势"。④

[2] 帐舍：意"屋舍"。

帐，意"帐"、"舍"、"宅"、"宫"。如，《掌中珠》"□□帐舍"作"楼阁帐库"⑤；"帐祀"作

---

① 此处□□□□□□六字，俄藏甲种本字迹模糊，汉译本空缺未识，克恰诺夫俄译本图录相对清楚，今补录译释，意"依靠威势牵掣"。
② "依"该字汉译本未识，现据克恰诺夫俄译本图版补识，意"依"。
③ 西夏文《孙子兵法三家注》下卷九地品，《俄藏黑水城文献》第一一册，第175页。
④ 〔俄〕克恰诺夫著、李仲三汉译：《西夏法典》，宁夏人民出版社1988年，第93页。
⑤ 《番汉合时掌中珠》（乙种本），《俄藏黑水城文献》第一〇册，第29页。

"帐⬚"。[1]

⬚，意"城"、"州"、"墙"、"舍"之意。如《掌中珠》"⬚⬚⬚⬚"作"修造舍屋"。[2]《同音》19A2"⬚⬚"译"屋舍"。[3]

⬚⬚，意"屋舍"、"家舍"。

[3] ⬚：意"捕"、"捉"。《文海》59.111"⬚⬚⬚⬚⬚⬚⬚"，汉译"猫者捕鼠者是也"。汉译本作"取"。[4] 俄译本译文作"刁难并夺"。[5]

[4] ⬚⬚：意"一年"，这里指"徒刑一年"。

[5] ⬚⬚：意"多少"。

⬚，疑问词，意"何"。如，夏译《六韬》卷一《文韬·明传》"⬚⬚⬚⬚⬚"[6]对应汉文本"王何所问？"[7]《同音》丁种本背注 12B33"⬚⬚⬚⬚"（何：不明白，问语）。

⬚，语助词，意"所"、"已"、"将"。《同音》丁种本背注 26A32"⬚⬚⬚"（已：语助）。

⬚⬚，字面对译"何所"，据文意，此处"何所"是代指强力占取的屋舍、地畴以及畜物的数量，可意译"多少"。俄译本作"一切"。[8]

[6] ⬚⬚⬚⬚：字面意思"债另当取"。俄译本译文作"债由其分期归还"。[9]

[7] ⬚⬚，如前注释，意"非道"。根据文意这里有"前述诸人"来限定前文提到的"无理债"，所以，这里的"无理"还是指同居家长父母兄弟等不知情况下不应该借的债。俄译本译文译为"无力偿还"[10]，误也。

[8] ⬚：意"合力"、"群"，汉译本漏译。《文海》58.261 释⬚"⬚⬚⬚⬚⬚⬚⬚⬚⬚⬚⬚⬚⬚⬚⬚"（合力：集上止全，合力者合力也，为竭力致之谓）。[11]《同音》47B5"⬚⬚"译"合作"。[12]

[9] ⬚⬚：屋舍。

⬚，"屋"、"室"。如，《掌中珠》"⬚⬚"作"室宿"。[13]

① 《番汉合时掌中珠》（甲种本），《俄藏黑水城文献》第一〇册，第 12 页。
② 《番汉合时掌中珠》（甲种本），《俄藏黑水城文献》第一〇册，第 11 页。
③ 李范文：《同音研究》，宁夏人民出版社 1986 年，第 289 页。
④ 史金波、聂鸿音、白滨：《天盛改旧新定律令》，法律出版社 2000 年，第 191 页。
⑤ 〔俄〕克恰诺夫著、李仲三汉译：《西夏法典》，宁夏人民出版社 1988 年，第 93 页。
⑥ 西夏文《六韬》卷上，《俄藏黑水城文献》第一一册，第 193 页。
⑦ 贾常业：《西夏文译本〈六韬〉解读》，《西夏研究》2011 年第 2 期，第 58～81 页。
⑧ 〔俄〕克恰诺夫著、李仲三汉译：《西夏法典》，宁夏人民出版社 1988 年，第 93 页。
⑨ 〔俄〕克恰诺夫著、李仲三汉译：《西夏法典》，宁夏人民出版社 1988 年，第 93 页。
⑩ 〔俄〕克恰诺夫著、李仲三汉译：《西夏法典》，宁夏人民出版社 1988 年，第 93 页。
⑪ 史金波、白滨、黄振华：《文海研究》，中国社会科学出版社 1984 年，第 482 页。
⑫ 李范文：《同音研究》，宁夏人民出版社 1986 年，第 439 页。
⑬ 《番汉合时掌中珠》（甲种本），《俄藏黑水城文献》第一〇册，第 3 页。

▯，意"城"、"州"、"舍"之意。如《掌中珠》"▯▯▯▯"作"修造舍屋"。[1]

▯▯，意"屋舍"。如，《类林》西夷篇二十一康居国"▯▯▯▯▯▯▯▯▯▯▯▯▯▯"，对应汉文"家舍屋室皆以珊瑚为檩椽"。[2]

[10] ▯▯：意"地租"、"租金"。

▯，如前注释，意"地"。

▯，意"毛"、"毫"。如，西夏文《过去庄严劫千佛名经》"▯▯"对应汉文本"羽毛"。[3]《同音》丁种本背注 5A75 释▯"▯▯▯▯▯"（毛：毛发共名）。[4]

▯▯，二字对译"地毛"，根据文意意译"地租"、"租金"。

汉译本将"▯"与"▯"连用为一个固定词，译为"地苗"。俄译本将"▯"与"▯"句读为固定词组，译为"兽毛"。[5] 因后文提到的"工价"是来自此"▯▯▯"，若将"毛"与"畜"作为固定词组，翻译"兽毛"，似乎与工价不妥，因为"工价"是"畜上之工价"。此外，在《名略》该条目中，是"▯▯"，而无"▯"，说明"▯▯"应是搭配词组。在该句中贡物、▯▯、▯▯▯▯是并列关系。所以，"▯▯"是一个固定词组。

在俄藏黑水城文献第 14 册中有数件契约，原定名为《天庆寅年卖地契约》，实际上是西夏文天庆年间的租种耕地契约，在这些契约中都有"▯▯"这一词汇。如 5124－3(8－5)寅年正月苏老房子租地契约有"▯▯▯ ▯▯▯▯ ▯▯▯▯▯▯▯▯▯▯▯▯"汉译"一年包为地毛十斛五斗麦五斛杂等所言"[6]、5124－6 寅年正月梁老房势租地契约"▯▯▯▯ ▯▯▯▯▯▯▯▯▯▯▯▯▯▯▯▯▯▯"汉译"一年一包为地毛六斛杂及四斛二斗麦所言"[7]、5124－3(8－5)寅年二月二日梁老房茂租地契约"▯▯ ▯▯▯▯▯▯▯▯ ▯▯▯▯▯▯▯▯▯▯▯"汉译"一(年)包为地毛二斛八斗麦三斛六斗杂等所言"[8]、5124－3(8－8)梁老房茂租地契约等包租耕地契约"▯▯ ▯▯▯▯▯▯▯▯▯▯▯▯▯▯▯▯▯▯▯▯"汉译"一(年)包为地毛三斛六斗杂及一斛四斗麦所言"[9]，根据文意这些耕种租地契约中的"地毛"，是所言一年一包的"地租"，即包种耕地的年租金，而不是要缴纳的"地租税"。所以"▯▯"既不是汉

① 《番汉合时掌中珠》(甲种本)，《俄藏黑水城文献》第一〇册，第 11 页。
② 史金波、黄振华、聂鸿音：《类林研究》，宁夏人民出版社 1993 年，第 104 页。
③ 王静如：《过去庄严劫千佛名经考释》，《国立北平图书馆刊》四卷三号，1932 年，第 132 页。
④ 韩小忙：《〈同音背隐义〉整理与研究》，中国社会科学出版社 2011 年，第 56 页。
⑤ 〔俄〕克恰诺夫著、李仲三汉译：《西夏法典》，宁夏人民出版社 1988 年，第 94 页。
⑥ 《俄藏黑水城文献》第一四册，第 16 页。
⑦ 《俄藏黑水城文献》第一四册，第 17 页。
⑧ 《俄藏黑水城文献》第一四册，第 16 页。
⑨ 《俄藏黑水城文献》第一四册，第 18 页。

文本翻译的"地苗",也不是俄译本的"兽毛"。前文中"地苗"对应的西夏文是"󰀀󰀀",它是指耕地上的"庄稼"、"苗禾"。所以"󰀀󰀀"应译为"地租"或"租金"。

〔11〕󰀀:意"减"、"除"。如,夏译《孟子》卷六《滕文公章句下》"󰀀󰀀",对应汉文本《戴盈之曰什一去关市之征章》"请损之"。① 俄译本作"索取"②,误也。

〔12〕󰀀󰀀:意"恃势"、"强力"。

󰀀,意"威"、"势"。如,西夏文《千佛名经》"󰀀󰀀󰀀󰀀󰀀󰀀󰀀󰀀"对应汉文本"南无无量威德华光佛"。③

󰀀,意"恃","依靠"。如,西夏文《过去庄严劫千佛名经》"󰀀󰀀󰀀󰀀"对应汉文本"恃势不与"。④

󰀀󰀀,二字连用意"恃势"、"强力"。如,西夏文《类林》卷九"󰀀󰀀󰀀󰀀󰀀󰀀󰀀󰀀󰀀",对应汉文"梁冀恃势,以万亿钱放贷"。⑤

〔13〕󰀀:意"逼迫"。如,西夏文《新集锦合辞》"󰀀󰀀󰀀󰀀󰀀󰀀󰀀󰀀"⑥,译"不唤自己来,不逼自己去"。⑦

汉译本:

若违律时,与不还他人债相同判断。

一诸人欠他人债,索还不取,不允【依靠威势以强力牵掣】⑧他人畜物、帐舍、地畴取来抵债。违律时徒一年,房舍、地畴、畜物取多少当还属者,债当另取。

一前述诸人【非道】⑨所借债【合】⑩取持时,房舍、地畴之【收益】⑪、【地租】⑫、畜上工价等,本利【依】⑬债量当减算。

一诸人若有债压身、若以强力威逼等及……(威力买地房畜物人归期限。)

① 彭向前:《西夏文〈孟子〉整理研究》,上海古籍出版社 2012 年,第 179 页。
② 〔俄〕克恰诺夫著、李仲三汉译:《西夏法典》,宁夏人民出版社 1988 年,第 94 页。
③ 于光建、徐玉萍:《武威博物馆藏 6721 号西夏文佛经定名新考》,杜建录主编《西夏学》第八辑,上海古籍出版社 2011 年,第 152～153 页。
④ 王静如:《过去庄严劫千佛名经考释》,《国立北平图书馆刊》四卷三号,1932 年,第 138 页。
⑤ 〔俄〕克平:《类林》,莫斯科东方文献出版社 1983 年,第 475 页。
⑥ 西夏文《新集锦合辞》(甲种本),《俄藏黑水城文献》第一〇册,第 340 页。
⑦ 陈炳应:《西夏谚语》,山西人民出版社 1993 年,第 23 页。
⑧ 汉译本有未识误译 6 字,原作"□,工价量□□,不允强力",现改译为"不允依靠威势以强力牵掣"。
⑨ 汉译本原作"无理",现改译为"非道"。
⑩ 汉译本漏译,现补译"合"。
⑪ 汉译本原作"谷宜",现改译为"收益"。
⑫ 汉译本原作"地毛",现改译为"地租"。
⑬ 汉译本未识,现补识为"依"。

俄译本译文：

若违此律，〔当事人〕亦应获他人借债不还者之罪。

　　若某向别人借债，本欲还债，而〔那人〕不收，则不许〔债主〕依仗权势，对〔借债人〕刁难并夺〔其〕畜财、田宅抵债。若违此律，则〔对当事人〕处一年苦役。所夺一切田宅、畜财，应归还物主，债务由其分期归还。

　　某人借债，看来已无力偿还，则其债额和债息应合并计算并从田宅、兽毛收入中索取或以工抵还。

　　若某向借债人施加压力或以其权势达到其利益……

　　（本条末尾遗失。据目录推断，本条中应为限期内债主可以强令借债者用属其所有之田宅、畜物、人丁抵债。）

第三章　出　典　工　门

第一节　《名略·出典工门》校勘考释

　　《俄藏黑水城文献》第 8 册,刊布的《天盛律令·名略》甲种本卷十一中间部分略有残缺,《出典工门》第三条标题缺失 3 字,且最后 2 字模糊无法辨识;第六条标题缺失 2 字。①《俄藏黑水城文献》第 8 册《天盛律令·名略》乙种本中卷十一名略亦缺失。史金波先生等汉译本该条名略缺译。② 而《英藏黑水城文献》Or. 12380－0044(K. KII0283. aaa)、Or. 12380－0033(K. KII.0283. aaa)恰好是卷十一的名略,虽然仅有页面上半部,但保存有《俄藏黑水城文献·名略》中卷十一《出典工门》所缺的上述两条内容,正好可以补俄藏《天盛改旧新定律令》卷十一名略缺失部分。

　　《英藏黑水城文献》Or.12380－0044(K. KII0283. aaa),刻本,文献下部三分之一残缺。《英藏黑水城文献》定名为《天盛律令》残片。③ 翻译后,残存内容为《天盛改旧新定律令·名略》卷十一中《矫误门》、《出典工门》、《渡船门》、《判罪逃跑门》的部分条文标题。

　　《英藏黑水城文献》Or.12380－0033(K. KII.0283. aaa)2－1,刻本,残存页面四分之一。《英藏黑水城文献》定名为《天盛律令》残片。④ 译释后内容是《天盛律令·名略》中卷十一右面上半部《矫误门》、《出典工门》两门部分条文目录。

　　《英藏黑水城文献》Or.12380－0033(K. KII.0283. aaa)2－2,刻本,残存页面四分之一,左面上半部。《英藏黑水城文献》定名为《天盛律令》残片。⑤ 译释后内容为《名略》卷十一

---

① 《俄藏黑水城文献》第八册《天盛改旧新定律令》名略甲种本卷下(15－1 右),第 15 页。
② 史金波、聂鸿音、白滨译注:《天盛改旧新定律令》,法律出版社 2000 年,第 56 页。
③ 《英藏黑水城文献》第一册,第 19 页。
④ 《英藏黑水城文献》第一册,第 19 页。
⑤ 《英藏黑水城文献》第一册,第 20 页。

《出典工门》、《渡船门》、《判罪逃跑门》四门部分条文目录。该页残片与 Or.12380‑0033 (K.KII.0283.aaa)2‑1 应属同一页的左右两面,可缀合。缀合后内容和 Or.12380‑0044 (K.KII0283.aaa)一致,也缺整个页面下半部分。残存内容也是《天盛律令·名略》中《矫误门》、《出典工门》、《渡船门》、《判罪逃跑门》的部分条文标题。

《天盛律令·名略》中《出典工门》共十条,本文以《俄藏黑水城文献》第 8 册刊布《名略》甲种本为底本录文译释,并结合《英藏黑水城文献》中上述两件《名略》卷十一残件予以补录俄藏所缺内容。录文译释如下:

		𗾟	𗿒	𗩾						
		典	工	出						

𘝪 𗫡	𗆟 𗟵	𗾟 𘒬							
官 人	妇 男	典 为							

𗿒 𗾟 𗫡	𗓋	𗻮	𗤌	〈 〉					
工 出 人	病	死	告	〈 〉					

𗂧 𗊬	𘑨 𘜶	𘝵 𗀀							
使 役	不 许	打 杀							

𗿒 𗾟	𘜶	𗫾 𗭊	𗪸	𗴂	𗁾				
工 出	〈 〉	妻 眷	等	处	淫				

𗷮 𗫡	𗇃	𗿒							
主 人	之	斗							

𗾟 𗿒	𗿒	𗫡	𘝵 𗗙						
典 工	出	人	野 入						

𗆟 𗫡	𗪸	𗾹	𗾟 𘒬	𗓋					
男 人	等	卖	典 问	为					

父母	典	为							
父母	典	为							

父母	不愿	别饮						
父母	不愿	别饮						

过	人	打杀						
过	人	打杀						

汉译本：

出典工门

1. 使典官人妇男
2. 出工人病死告法
3. 仆役【不许打杀】①
4. 出工处妻眷等奸淫
5. 对抗主人
6. 出典工人逃跑
7. 男人等卖间典为
8. 出典父母
9. 父母不愿别居
10. 过人打杀

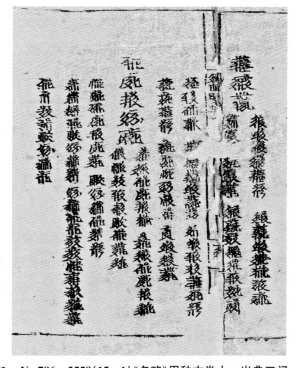

Инв.№ 786 2558(15‑1)《名略》甲种本卷十一出典工门

---

① 因俄藏《名略》甲种本该处残缺，汉译本此处未译，本文据英藏《名略》残件补录译释。

第二节 《出典工门》校勘考释

49－10 右面

		萆	蕧	蘿	叡						
		典	工	出	门						

形	蕭蘵[1]	悕鄺[2]	庬钺	嘉	綵	鷾緤[3]	敊	蠡羧[4]	孫	纞
一	使军	不有	诸人	自	有	妻妾	及	辅主	之	妻

緤	叡	潊钺[5]	燄嫐	敪烮	萆	綖	祇	緤	扬艣賝[6]
妾	等	官人	男女	他处	典	住	使	中	一帐饮

敊	钺	鎎	刟刟	叡	潊	綖	彰	緻	萆	綖	祇	彰	羆
及	人	实	乐愿	等	官	私	言	因	典	住	使	许	有

注释:

[1] 蕭蘵:意"使军"。

蕭,意"驱使"、"检"。如,西夏文《添品妙法莲华经》卷二信解品第四"蠡悕蘿鎎燄悕鬙 鬊蕭鬙緤刟"[1],对应汉文本"我若久住,或见逼迫,强驱使作"。[2]

蘵,意"军"。如,《掌中珠》"蘵镥鄺"作"统军司";"蘵緯鄺"作"监军司"。[3]

蕭蘵,二字连用,意"使军"。

使军是隶属于头监,完全没有人身自由的西夏社会的最底层群体。《天盛律令》规定不准买卖人口,但使军、奴仆却与房舍、田地、畜物的物品一样,可以被抵押典当,甚至是被买卖。[4]

---

① 国家图书馆藏西夏文《添品妙法莲华经》卷二,《中国藏西夏文献》第六册,第 184 页。

②〔日〕《大正新修大藏经》第九册,No.292,《妙法莲华经》,大正一切经刊行会印行 1934 年。

③《番汉合时掌中珠》(乙种本),《俄藏黑水城文献》第一〇册,第 33 页。

④ 据史金波先生解读研究,在俄藏黑水城出土的社会文书中,发现了多件买卖使军的契约。它们分别是 5949－29 乾祐甲辰二十七年卖使军奴仆契约、4597 天庆末年卖使军契约、7903 皇建午年卖使军契约。乾祐甲辰二十七年卖使军奴仆契约,西夏乾祐年号只有 24 年,这件契约中的乾祐二十七年应该是天庆三年,干支纪年是丙辰。这件契约记载讹一吉祥宝将他自属的 6 个使军奴仆 6 人卖给了讹移法宝,总计价钱是 450 缗铁钱。天庆乙丑年卖奴仆契约是苏姓卖主将自属的 4 个奴仆卖了 100 缗钱。见史金波:《西夏社会》上册,上海人民出版社 2007 年,第 149、150、221 页。

不但其人身自由掌握在头监手中，且其子女、媳、姑、姐妹等亲属也属于头监的私人财产。亲属结婚都要经头监同意，未经头监许可，私自结婚，所生子女依然归头监所有，足见其地位之低下。在头监许可之下，使军可入军队成为辅主，但不能担任正军。奴仆是完全没有成为军人的权利和资格。由《天盛律令》卷十二无理注销诈言门所规定的官人可将姑、姐妹、女等嫁给使军为婚，似乎说明使军男性，奴仆是女性。而且官人和使军是两个不同的群体，使军并非官人的另一称谓，奴仆也并非私人的另一称呼。

［2］𗣼𗄊：否定词𗣼和表示并列存在动词𗄊组合，字面意思"不有"，根据文意是表示递进关系的连词，意译"此外"、"除……以外"。①

［3］𗼲𗎁：意"妻眷"、"妻妾"。

𗼲，意"妻"、"妾"。如西夏文《现在贤劫千佛名经》下卷"𗔷𗟩𗼲𗎁𗤁𗲔𗒀"②对应汉文本"或通人妻妾"。③

𗎁，意"妻"、"眷"。如，《掌中珠》"𗼲𗎁𗓑𗻝"作"索与妻眷"。④

𗼲𗎁，意"妻妾"、"妻眷"。如，《掌中珠》"𗼲𗎁𗇃𗾈"作"妻眷男女"。⑤ 西夏文《妙法莲花经心》"𗫂𗔷𗸕𗣱𗼨𗴾𗰗𗧓𗊬𗼲𗎁𗴿𗦴𗵽𗋕"，汉译"假若人有象、马、七宝、国城、妻眷等皆当布施"。⑥ 故"𗼲𗎁"意"妻眷"。

［4］𘓨𗐱：意"辅主"。

𘓨，意"辅"。《文海》32.121 释𘓨"𘓨𗼲𘓨𘓨𗽻𘓨𗐱𗽻𘓨𗢵𗤻𗅲𗣑𗅆𗽻"（辅者辅军也，辅主也，正军之佑助者）。⑦《同音》丁中本背注 8A28 释𘓨"𘓨𘓨𗢵𗤻𗅲𗣑𗅆"（辅主：正军之佑助者）。⑧

𗐱，意"主"，这里的"𗐱（主）"，加在名词"𘓨"之后，不表示领属关系，而强调"𘓨（辅）"本意"正军之佑助者"。

辅主是西夏基层军事组织军抄的组成部分之一，一抄一般有一个正军，多个辅主组成，他们与正军是军抄的主要战斗力。在《天盛律令》中，"𘓨𗐱（辅主）"经常与"𗢵𗤻（正

① 史金波：《西夏文教程》，社会科学文献出版社 2013 年，第 193 页。
② 西夏文《现在贤劫千佛名经》下卷，《中国藏西夏文献》第五册，第 210 页。
③〔日〕《大正新修大藏经》第一四册，No.447a，《现在贤劫千佛名经》，大正一切经刊行会印行 1934 年。
④《番汉合时掌中珠》（甲种本），《俄藏黑水城文献》第一〇册，第 18 页。
⑤《番汉合时掌中珠》（甲种本），《俄藏黑水城文献》第一〇册，第 11 页。
⑥ 孙伯君：《西夏文〈妙法莲花经心〉考释》，见杜建录主编《西夏学》第八辑，上海古籍出版社 2011 年，第 61～65 页。
⑦ 史金波、白滨、黄振华：《文海研究》，中国社会文献出版社 1983 年，第 441 页。
⑧ 韩小忙：《〈同音背隐音义〉整理与研究》，中国社会科学出版社 2011 年，第 100 页。

军)"对应出现。①

[5] ⿰⿱ ⿱：意"官人"。

⿰，汉语借词，音"公"，意"官"、"公"。如，夏译《孟子》"⿰⿱⿱⿱⿱⿱⿱⿱⿱⿱⿱⿱⿱⿱"，对应汉文《孟子》卷五《滕文公章句上》之滕文公问为国章："雨我公田，遂及我私。惟助为有公田。"②

⿰⿱，组合意"官人"。但是，这里的"官人"不是"有官人"，而是与"私人"相对应的西夏社会底层的另一群体，即人身依附于官府的官奴。③ 私人为依附于贵族首领之人，有自己的财产，他们的身份与使军或门下人相似，而非奴婢，他们的人身依附主人——头监，当为私属。官人的人身地位也和私人是对等的，至少是相近的。④

西夏法律规定，官人和私人都要注册名籍，不能随意注销或是将官私人身份隶属相互转变。官员亦不能利用职权将官人纳入自己门下，变为私人。但是私人和官人也是可以转化，一是经皇帝、皇太后恩敕，其宫中自属私人可转作为官人。如，俄藏黑水城出土的西夏汉文佛经《大方广佛华严经入不思议解脱境界普贤行愿品》发愿文有"皇太后宫下应有私人尽皆舍放，并作官人"。第二种情况是私人中有一技之长者经征得官府同意许可，亦可转为官人。官人和私人并不是使军和奴仆的另一种称呼⑤，他们是不同的阶层群体。只是官人与使军的身份地位相近，但高于私人和奴仆。

[6] ⿰⿱⿱：意"同居"。

⿱，意"帐"、"舍"、"堂"、"宅"、"宫"。《掌中珠》"⿱⿱⿱⿱"作"楼阁帐库"⑥；"⿱⿱"作

---

① 白滨先生考证认为"辅军"可能指汉文文献中的"负赡"（见白滨《从西夏文字典〈文海〉看西夏社会》，载《西夏史论文集》，宁夏人民出版社 1994 年，第 165～191 页）。许伟伟博士亦赞同此说（许伟伟《〈天盛改旧新定律令·内宫待命头项〉研究》，宁夏大学博士学位论文 2013 年，第 27 页）。但是，根据《天盛律令》记载，西夏军抄组成中，除正军、辅主外，还有另一部分"⿰⿱⿱"，汉译本译为"负担"。如卷五季校门规定："一正军、辅主、负担之著籍官马、坚甲应依籍点名检验。"又如在卷五持兵器供给门中各种独诱类属之正军、辅主、负担都有配备供给武器装备，牧主以及农主等各军种所属之正军、辅主、负担也都有不同武器装备供给。但是，据史金波先生译释的完整西夏文军籍文书中，军抄中却只有正军和辅主的信息及装备情况，不见有"⿰⿱⿱"（负担）的信息。如俄藏 8371 天庆戊午年（1198）军籍文书（史金波《西夏文军籍文书考略》，载《中国史研究》2012 年第 4 期，第 143～174 页）。

② 彭向前：《西夏文〈孟子〉整理研究》，上海古籍出版社 2012 年，第 150 页。

③ 杜建录：《〈天盛律令〉与西夏法制研究》，宁夏人民出版社 2005 年，第 261～262 页。

④ 杜建录：《西夏阶级结构研究》，《固原师专学报》（社会科学）1998 年第 4 期，第 51～56 页。

⑤ 史金波先生认为"所谓的官人、私人可能就是使军和奴仆的另一种称呼"（见史金波《西夏社会》，第 225～226 页，2007 年）。但是，在《天盛律令》卷十二无理注销诈言门规定："一官人自身乐意，当允许将姑、姐妹、女等与使军为婚。一诸人使转院时，为中间语、写文书者等知其受贿，贿多少，一律是官人则当比有罪人之从犯依次减二等，是使军则比从犯依次减一等，未知罪勿治。"由此可知，官人可以将自己的姑、姐妹、女儿嫁与使军，说明官人和使军是两个不同的阶层，并非是不同的称谓。

⑥ 《番汉合时掌中珠》（乙种本），《俄藏黑水城文献》第一〇册，第 29 页。

"帐甋"。① "𗋽𗌭𗏦𗤒"译"帐门未宿"。②

𗋽，意"饮"、"喝"。如，《掌中珠》"𗒲𗤒𗋽𗋽"作"取乐饮酒"。③《金光明最胜王经》卷九"𗫂𗜐𗹬𗋽"，对应汉文本佛经"食肉饮血"。④

𗢳𗌭𗋽，是指"同居未分家"之意，意译"同居"。如，西夏文《新集慈孝传》叔侄章"𗫂𗤋𗫻𗬩𗟲𗰜𗹬𗤁𗨁𗨴𗢳𗌭𗋽𗦴"，译为"薛包者后汉时为侍中，与侄同居时"。⑤

汉译本：

一使军之外，诸人自有妻子及辅主之妻子等、官人【男女】⑥，使典押他人处同居及本人情愿外，因官私语，允许使典押。

49－10 左面

𗋽	𗌭𗋽[1]	𗢳	𗦛𗰜	𗐿	𗫂𗤋[2]	𗧧𗤁𗨁𗨴[3]	𗨁
又	别 饮	人	妇 男	等	军 正	无 主 贫 子	真

𗫻𗬼	𗬩𗟲	𗰜	𗤁	𗫻𗨁[4]	𗨴	𗬩	𗨁	𗐿	𗨴	𗰜	𗰜
官 马	甲 铠	还	有	官 事	斜	已	出	等	未	办	时

𗦛	𗜐	𗋽	𗤒	𗬼	𗹬	𗨁	𗫂	𗤋	𗤁	𗌭	𗤁
人	实	不	乐	亦	此	二	种	事	因	典	住
使	许	有									

𗫂𗤋	𗤁⑦	𗰜	𗬩	𗫻𗬼	𗬩𗟲	𗰜	𗫻𗨁	𗨁	𗐿
军 正	何	办	及	官 马	甲 铠	还	官 事	派	等

① 《番汉合时掌中珠》(甲种本)，《俄藏黑水城文献》第一〇册，第 12 页。
② 许伟伟：《〈天盛改旧新定律令·内宫待命头项门〉研究》，宁夏大学博士学位论文 2013 年，第 10 页。
③ 《番汉合时掌中珠》(乙种本)，《俄藏黑水城文献》第一〇册，第 35 页。
④ 王静如：《金光明最胜王经卷九夏汉藏合璧考释》，《西夏研究》第三辑，国立中央研究院历史语言研究所 1933 年，第 288 页。
⑤ 聂鸿音：《西夏文〈新集慈孝传〉研究》，宁夏人民出版社 2009 年，第 116 页。
⑥ 史金波等先生汉译本译为"妇男"，此处改译为"男女"。
⑦ 此字，俄藏甲种本模糊不清，汉译本未识，缺译，今据《俄藏黑水城文献》第 9 册 Инв. No.353《天盛律令》残片图录补录译释。见韩小忙，王长明：《俄藏 Инв. No.353 号〈天盛律令〉残片考》，载《吴天墀教授百年诞辰纪念文集》，四川人民出版社 2013 年，第 129～131 页。

𗷗	𗼻 𗑫[5]	𗖸	𗵐	𗟠	𗱕	𗤛𗧐	𗭴	𗵐	𗗙	𗼻	𗬩
非	私 事	因	典	住	使	许 无	此	典	住	人	有 者

𗤛𗗔𗙈𗗠	𗖸	𗉶	𗧻	𗦳	𗭴	𗗙	𗢳	𗧑	𗖸	𗵐
无 主 贫 子	抽	未	办	时	此	典	人	几	缗	因 往

𗫂 𗑱[6]	𗭴	𗵐	𗢝	𗤁	𗷅𗏹	𗫂	𗢳	𗊢	𗣓	𗏹	𗫂	𗢝
一 律	典	往	钱	中	日 数	一	缗	上	自	各	一	钱

𗣓	𗹥𗗔	𗢶	𗒀	𗦳	𗹥𗗔	𗕻𗒀	𗭴𗢝	𗳎	𗔴
各	工 价	当	减	为	工 价	算 减	典 钱	尽	毕

𗦳	𗵐	𗵆	𗱾	𗨁	𗣨	𗣗𗪱	𗈜𗬤	𗖸	𗭴	𗵐	𗱕	𗂈
时	旧	依	当	往	若	畜 物	谷 物	因	典	住	使	亦

注释：

[1] 𗆧𗖰："别居"、"分家"。俄藏甲种本此处文字不清楚，汉译本未译释，今据《俄藏黑水城文献》第 9 册 Инв.No.353《天盛律令》残片图录补录译释。[①]

𗖰，如前注释，"饮"、"喝"、"食"。

𗆧𗖰，二字连用，意"别居"，这里指"分家另立门户分居"。如《新集慈孝传叔侄篇》"𗇁𗆧𗖰𗲩"译"侄求异居"。[②]

[2] 𗦫𗧐：意"正军"。

𗦫，意"军"。如，《掌中珠》"𗦫𗖸𗬤"作"统军司"；"𗦫𗗙𗬤"作"监军司"。[③]

𗧐，汉语借词，音"正"，意"正"。如，《掌中珠》"𗧐𗜓[正祖尼]"作"正听"。[④]

𗦫𗧐，二字连用意，对译"军正"，意"正军"。

正军是西夏基层军事组织军抄的主要战斗力量由"正军"和"辅主"组成。《宋史》卷四

---

① 《俄藏黑水城文献》第九册，第 338～344 页；见韩小忙，王长明：《俄藏 Инв.No.353 号〈天盛律令〉残片考》，载《吴天墀教授百年诞辰纪念文集》，四川人民出版社 2013 年，第 129～131 页。
② 聂鸿音：《西夏文〈新集慈孝传〉研究》，宁夏人民出版社 2009 年，第 116 页。
③ 《番汉合时掌中珠》（甲种本），《俄藏黑水城文献》第一〇册，第 15 页。
④ 《番汉合时掌中珠》（甲种本），《俄藏黑水城文献》第一〇册，第 15 页。

八六《夏国传下》载:"其民一家号一帐,男年登十五为丁,率二丁取正军一人。每负赡一人为一抄。负赡者,随军杂役也。四丁为两抄,余号空丁。原隶正军者,得射他丁为负赡,无则许射正军之疲弱者为之。故壮者皆习战斗,而得正军为多。"①军抄在西夏文文献中写作"𗧁𗧁"。《文海》释军抄"𗧁𗧁𗥃𗧁𗧁𗧁𗳉𗤋𗧁𗕢𗥃𗖵𗱲𗗋"(抄:军上全全。军中正辅集之共名)。正军是主要战斗力,地位最高。《天盛律令》卷六《抄分合除军籍门》规定:"正军基本是世袭,长子有优先承袭权。正军有死、老、病、弱时,以其儿子长门者当为继抄。若为幼门,则当为抄宿。辅主强,正军未长大,当以之代为正军,待彼长成,则本人当掌军职。其案头、司吏之儿子长门不识文字,则当以本抄中幼门节亲通晓文字者承袭案头、司吏抄官。若违律应袭抄官而不使袭抄官时,则袭者、命袭者有官罚马一,庶人十三杖。其应袭抄者袭抄。"②如果正军"因罪革职及分抄时,辅主转他抄,为正军者,可遣同姓五服最近亲为继。若无,则遣同姓辅主或不同姓辅主谁最勇健强悍者为继抄。"③没有人身自由的使军是不能担任正军,但可以成为辅主。

[3]𗧁𗳉𗤋𗧁:意"无主贫子"。

𗧁,意"无"。如,夏译《志公大师十二时歌》"𗤋𗥃𗧁𗥃𗱲𗗋𗧁"④,对应汉文本"无明路上无生路"。⑤

𗳉,词缀,常加在修饰词之后,表示领属关系,及强调主体,意"主"。

𗤋,意"贫穷"。如,《掌中珠》"𗤋𗥃𗱲𗥃"作"以贫为丑"。⑥

𗧁,意"男"、"子"。如,《掌中珠》"𗧁𗧁𗥃𗧁"作"男女长大";"𗧁𗧁𗧁𗧁"作"儿女了毕"。⑦

𗧁𗳉𗤋𗧁,意"无主贫子"。"无主贫子"仅见于西夏法典《天盛律令》,是西夏社会底层的另一阶层。他们不隶属于任何官府和头监,拥有完全的人身自由,只是生活较为贫困,没有多少自己的财产。他们可以拥有军籍,并且还可以成为正军,也可以借贷典当,地位要比官人、私人、使军、奴仆的地位要高。

[4]𗧁𗧁:意"官事"、"公事"。

𗧁,汉语借词,音"公",意"官"、"公"。如,夏译《孟子》"𗧁𗧁𗥃𗧁𗧁𗥃𗤋𗧁𗧁𗳉𗧁𗱲𗧁𗧁

---

① [元] 脱脱等撰:《宋史》卷四八六《夏国传》,中华书局 1975 年,第 14028 页。
② 史金波、聂鸿音、白滨译注:《天盛改旧新定律令》,法律出版社 2000 年,第 261 页。
③ 史金波、聂鸿音、白滨译注:《天盛改旧新定律令》,法律出版社 2000 年,第 261 页。
④ 西夏文《志公大师十二时歌注解》,《中国藏西夏文献》第一六册,第 519 页。
⑤ 杜建录、于光建:《武威藏西夏文〈志公大师十二时歌〉译释》,《西夏研究》2013 年第 2 期,第 19～26 页。
⑥ 《番汉合时掌中珠》(甲种本),《俄藏黑水城文献》第一〇册,第 18 页。
⑦ 《番汉合时掌中珠》(甲种本),《俄藏黑水城文献》第一〇册,第 18 页。

□□□□",对应汉文《孟子》卷五《滕文公章句上》之滕文公问为国章:"雨我公田,遂及我私。惟助为有公田。"①

□,意"事"、"管"。如,《掌中珠》"□□□□"作"勾管家计"。②《文海》7.211 释□"□□□□□□□□□□"(做事者局分也,作为也,做造之义)。③

□□:二字连用意"公事"、"官事"。如夏译《孟子》"□□□",对应汉文本《孟子》卷五《滕文公章句上》滕文公问为国章:"公事毕。"④

[5]□□:意"私事"。

□:意"私"。如,夏译《孟子》"□□□□□□□□□□",对应汉文《孟子》沈同以其私问章:"沈同以其私问曰:燕可伐呼?"⑤

□:意"事"。如《掌中珠》"□□□□"作"不晓世事",⑥"□□□□"作"事物参差"。⑦

□□,二字组合意"私事"。

[6]□□:意"一律"。

□,数词,意"一"。如,《掌中珠》"□□"作"一日"。⑧

□,意"礼"、"法"、"律"。《掌中珠》"□□□□"作"君子有礼"。⑨"□□□"作"大恒历院"。⑩

□□,意"一律"。

汉译文:

又【别居⑪】人【男女】⑫、正军真无主贫子,本人不愿,亦因彼二种事,允许使典押赔偿官马、铠甲,因派出官事等能办时,正军能办何及非赔官马、铠甲、派官事,不许因私事典押。彼典押人属者,抽无主贫子而未能办时,彼典人因几缗押,一律自典押钱中每日一缗之中减除工价一钱。减算工价、典钱尽毕时,当依旧往还。若因畜、物、粮谷使典押,亦

① 彭向前:《西夏文〈孟子〉整理研究》,上海古籍出版社 2012 年,第 150 页。
② 《番汉合时掌中珠》(甲种本),《俄藏黑水城文献》第一○册,第 18 页。
③ 史金波、白滨、黄振华:《文海研究》,中国社会科学出版社 1983 年,第 401 页。
④ 彭向前:《西夏文〈孟子〉整理研究》,上海古籍出版社 2012 年,第 153 页。
⑤ 彭向前:《西夏文〈孟子〉研究》,上海古籍出版社 2012 年,第 133 页。
⑥ 《番汉合时掌中珠》(甲种本),《俄藏黑水城文献》第一○册,第 16 页。
⑦ 《番汉合时掌中珠》(乙种本),《俄藏黑水城文献》第一○册,第 34 页。
⑧ 《番汉合时掌中珠》(甲种本),《俄藏黑水城文献》第一○册,第 6 页。
⑨ 《番汉合时掌中珠》(甲种本),《俄藏黑水城文献》第一○册,第 16 页。
⑩ 《番汉合时掌中珠》(甲种本),《俄藏黑水城文献》第一○册,第 15 页。
⑪ 此处汉译本未译释,今补录译释为"别居"。
⑫ 此处汉译本译为"妇男",此处改译为"男女"。

49－11 右面

钱	使	量	前述	钱法	依	实行	日	不	终	抽	来

时	何	当	住	依	当	减	未	所	留	数	当	还	为	当

往	假若	法过	时	官有	罚	马	一	庶人	十三	杖

一	诸人	自各	乐愿	他处	工出	典	往	使	此	人	若

火水[1]	中	人	狗咬	畜踏	铁刃[2]	吟	病患[3]	染[4]	死

等	者	期	限	中	人主人[5]	边近[6]	则	使	告	人主

人	近远[7]	则	司中	及	巡检[8]	军首领[9]	迁溜[10]	检

校	等	十	所	亲	各	使告	家相主[11]	住	使

罪不治	期	限	中	过	不	告	则	官有	罚	马	一

注释：

[1] 火水：意"水火"。

▢，意"火"。《掌中珠》"▢▢"、"▢▢"、"▢▢"分作"火箸"、"火杴"、"火栏"。①

▢，意"水"。《掌中珠》"▢▢"作"水泊"、"▢▢"作"洪水"。②

▢▢，字面意思"火水"，意译"水火"。西夏语言中并列字词组在翻译时要颠倒。如《掌中珠》"▢▢▢▢"，字面对译"女男长大"，实际翻译男女顺序则要颠倒，"男女长大"。③

[2] ▢▢：意译"刀砍"。

▢，意"铁"。《掌中珠》"▢▢"作"锡铁"。④

▢，意"雳"，如《掌中珠》"▢▢"作"霹雳"。⑤

▢▢，字面意思"铁雳"、"铁刃"，根据文意，前面是"狗咬、畜踏"，故为是文意通顺，意译为"刀砍"。

[3] ▢▢：意"病患"。《掌中珠》"▢▢"作"病患"。⑥

[4] ▢：意"死"。《掌中珠》"▢▢"作"死生"。⑦

[5] ▢▢▢：意"主人"。

▢，意"夫"，如《孟子》卷六滕文公章句下"往之女家，必敬必戒，无违夫子"句，在夏译《孟子》中译作"▢▢▢▢▢ ▢▢▢ ▢▢▢ ▢▢▢▢"。⑧

▢，意"妻"，《掌中珠》"▢▢▢▢"作"妻眷男女"⑨，"▢▢▢▢"作"索与妻眷"。⑩

▢▢▢：意"主人"。根据文意此处指典工者在出工期间，若受伤、患病以及死亡，要及时告知其"▢▢▢"，所以其意为"主人"。又如，《天盛律令》卷十五《催租罪功门》中"▢▢▢"译"地主人"。"▢▢▢▢▢▢▢▢▢▢▢▢▢▢▢"译"一官私地中、治谷、农田监、地主人等所知"。⑪

[6] ▢▢：汉译"近于"、"近处"。

▢，"边"。如，夏译《孟子》卷五《滕文公章句上》有为神农之言者许行章"▢▢▢▢▢"对应汉文本"筑室于墓旁"。⑫《同音》丁种本背注 6A76 释▢"▢▢▢▢▢▢▢"（边：边

---

① 《番汉合时掌中珠》(甲种本)，《俄藏黑水城文献》第一〇册，第 13 页。
② 《番汉合时掌中珠》(甲种本)，《俄藏黑水城文献》第一〇册，第 7 页。
③ 《番汉合时掌中珠》(甲种本)，《俄藏黑水城文献》第一〇册，第 18 页。
④ 《番汉合时掌中珠》(甲种本)，《俄藏黑水城文献》第一〇册，第 7 页。
⑤ 《番汉合时掌中珠》(甲种本)，《俄藏黑水城文献》第一〇册，第 4 页。
⑥ 《番汉合时掌中珠》(甲种本)，《俄藏黑水城文献》第一〇册，第 10 页。
⑦ 《番汉合时掌中珠》(甲种本)，《俄藏黑水城文献》第一〇册，第 10 页。
⑧ 彭向前：《西夏文〈孟子〉整理研究》，上海古籍出版社 2012 年，第 168～169 页。
⑨ 《番汉合时掌中珠》(甲种本)，《俄藏黑水城文献》第一〇册，第 11 页。
⑩ 《番汉合时掌中珠》(甲种本)，《俄藏黑水城文献》第一〇册，第 18 页。
⑪ 史金波、聂鸿音、白滨译注：《天盛改旧新定律令》，法律出版社 2000 年，第 495 页。
⑫ 彭向前：《西夏文〈孟子〉整理研究》，上海古籍出版社 2012 年，第 161 页。

侧,边近,近侧)。①

□,意"亲"、"近"、"迩"。如,《掌中珠》"□□□□"作"亲戚大小",②"□□□□"作"六亲合和"。③

□□,二字连用,意"近于"、"近处"。如,夏译《孟子》卷五《滕文公章句上》有为神农之言者许行章"□□□□□"对应汉文本"则近于禽兽"。④

〔7〕□□:意"边远"。

□,如上注释,意"边"。

□,意"远"、"久"、"迁"。如,《掌中珠》"□□□□"作"远离三塗"。⑤ 夏译《孟子》"□□□□□"对应汉文本"予将有远行"。⑥

□□,二字连用意"边远"、"偏远"。

〔8〕□□:意"巡检"。

□,意"检查"。如,《掌中珠》"□□□"作"巡检司"。⑦

□,意"看"、"观察"、"检验"。《掌中珠》"□□□□"作"医人看验"。⑧ 夏译《类林》卷八贫达品第四十王章"□□□□□□□□□□",对应"狱官每夜打鼓检验王章"。⑨

□□,□与□组合意"巡检"。

〔9〕□□□:意"军首领"。

□,意"军"。如,《掌中珠》"□□□"作"统军司","□□□"作"监军司"。⑩

□,意"头"、"首"。如,《掌中珠》"□□"作"头目","□□"作"头发"。⑪

□,意"领"。《同音》30A7"□□"译"领者"、"向导"。

□□,意"首领"。如,在出土的西夏铜印章有九叠篆书的西夏文"□□"印章,即是"首领印"。⑫

□□□,三字组合意"军首领"。

① 韩小忙:《〈同音背隐音义〉整理与研究》,中国社会科学出版社 2011 年,第 73 页。
② 《番汉合时掌中珠》(甲种本),《俄藏黑水城文献》第一〇册,第 11 页。
③ 《番汉合时掌中珠》(甲种本),《俄藏黑水城文献》第一〇册,第 11 页。
④ 彭向前:《西夏文〈孟子〉整理研究》,上海古籍出版社 2012 年,第 159 页。
⑤ 《番汉合时掌中珠》(甲种本),《俄藏黑水城文献》第一〇册,第 19 页。
⑥ 彭向前:《西夏文〈孟子〉整理研究》,上海古籍出版社 2012 年,第 159 页。
⑦ 史金波、黄振华等整理:《番汉合时掌中珠》,宁夏人民出版社 1998 年,第 57 页。
⑧ 《番汉合时掌中珠》(甲种本),《俄藏黑水城文献》第一〇册,第 16 页。
⑨ 史金波、黄振华、聂鸿音:《〈类林〉研究》,宁夏人民出版社 1993 年,第 202 页。
⑩ 《番汉合时掌中珠》(甲种本),《俄藏黑水城文献》第一〇册,第 15 页。
⑪ 《番汉合时掌中珠》(甲种本),《俄藏黑水城文献》第一〇册,第 10 页。
⑫ 罗福颐辑、李范文释:《西夏官印汇考》,宁夏人民出版社 1982 年,第 20 页。

"军首领"是西夏部落兵制基层组织的长官,一个军首领管理同姓部落的数十个军抄。《天盛律令》规定:每五军抄应供给一木牌。十抄可设舍监一人,二十抄可设小首领一人,有勇健强悍堪任者亦可擢升为首领。《天盛律令》卷六行监溜首领舍监等派遣门规定:"一诸首领所领军数不算空缺,实有抄六十以上者,掌军首领可与成年儿孙共议,依自愿分拨同姓类三十抄给予。若违律分外姓类及不足六十抄而分时,则据转院法判断,当回归原军。"①

[10] 𗁅𗂁:意"迁溜"。

𗁅,意"迁徙"。如,《孟子》卷五《滕文公章句》上"死徙无出乡",在夏译《孟子》中译作"𗾿𗁅𗣼𗫉𗋽"。②

𗂁,意"条"、"佐"、"吏"。如《掌中珠》"𗐰𗂁"作"金条"。③甘肃武威西夏货币窖藏中,发现一枚西夏文汉文合璧的铜质象棋子,一面为汉字阳文"士",另一面为西夏文阳文"𗂁",西夏文象棋中用"𗂁"表示汉文象棋"士",意取"佐"、"吏"。④

𗁅𗂁,意"迁溜"。

"迁溜"为西夏地方基层组织形式,起源于西夏党项部落军事组织,后逐渐发展为军政合一、兵农合一的基层政权组织形式。《续资治通鉴长编》卷一三二记载:"西贼(西夏)首领,各将种落之兵,谓之一溜,少长服习,盖如臂之使指,既成行列,举手掩口,然后敢食,虑酋长遥见,疑其语言,其肃整如此。"⑤西夏战时为"军迁溜"、平时则为"农迁溜"。《天盛律令》规定"十户遣一小甲,五小甲遣一小监等胜任人,二小监遣一农迁溜",一迁溜共一百户。史金波先生认为大约居民中的小监相当于军队中的小首领,居民中的首领迁溜相当于军队中的首领。溜首领应是平时的迁溜,战时的首领或大首领是西夏社会基层的军事负责人,他们佩戴首领印,所辖军队为溜。⑥最小的溜大致有数十抄,且人数达到六十抄以上。

[11] 𗗙𗦇𘉒:意"邻居主"、"邻家主"。

𗦇,意"家"、"宅"。如,西夏文《添品妙法莲花经》卷二"𗰷𗦇𗣼𗙵𗋽𘜶𗤁𗳉𗋽𗟲"⑦,对

---

① 史金波、聂鸿音、白滨等译注:《天盛改旧新定律令》,法律出版社2000年,第265页。
② 彭向前:《西夏文〈孟子〉整理研究》,上海古籍出版社2012年,第153页。
③ 《番汉合时掌中珠》(甲种本),《俄藏黑水城文献》第一〇册,第13页。
④ 黎大祥:《武威发现夏汉合璧铜象棋子考证》,《西夏研究》2012年第2期,第54~57页。
⑤ [宋]李焘:《续资治通鉴长编卷》卷一三二,中华书局1992年,第3136页。
⑥ 史金波:《西夏社会》,上海人民出版社2007年,第326页。
⑦ 国家图书馆藏西夏文《添品妙法莲花经》卷二,《中国藏西夏文献》第六册,第147页。

应汉文本譬喻品第三"其家广大,唯有一门"。① 《类林》酷吏篇十九严延年"𗌰𗋽𗰖𗆤𘋩𘄷𗰖𗆭",对应汉文"令载尸归家"。②

　　𘋩,置在名词之后,表示与之相关的人,即"……者",有"相互"、"相邻"之意。如《类林》"𗗙𘋩𘏚𗵚"(邻国相闻)。③

　　𗰖,意"主"。这里的"𗰖"加在动词"𘋩𘏚"后,不表示领属关系,强调表"𘋩𘏚(邻家)"本意。

　　𘋩𘏚𗰖,三字组成固定搭配词组,意"邻居主"、"邻家主"。如,西夏文《新集慈孝传》之《婆媳章》有"𗖼𗟲𘋩𘏚𗰖𘄷𗗙𗵚",对应汉文"其妻止于邻家主处"。④

汉译文:

量钱,依前述钱法实行。日未竟而抽往时,当依所押减,所遗尾数当予之而往。倘若违律时,有官罚马一,庶人十三杖。

　　一诸人自己情愿于他处出工典押,彼人若入火中、狗咬、畜踏、著铁刃、染疾病而死者,限期内,人主人边近则当告之,人主人边远则当告司中及巡检、军首领、迁溜检校等之近处。邻居主知之而使押,罪勿治。期限已超而不告,则有官罚马一……

49－11 左面

庶人	十三	杖	钱	工价	法依	当	取	若	取

应	有⑤	则	他人	何	合	往	使	人	何	往	已	不	则

自	工使出	彼	中	典	住	工出人[1]	罪犯	事	难

---

① 〔日〕《大正新修大藏经》第九册,No.264,《添品妙法莲花经》卷二,大正一切经刊行会印行 1934 年。
② 史金波、黄振华、聂鸿音:《〈类林〉研究》,宁夏人民出版社 1993 年,第 91 页。
③ 史金波、黄振华、聂鸿音:《〈类林〉研究》,宁夏人民出版社 1993 年,第 53 页。
④ 聂鸿音:《西夏文〈新集慈孝传〉研究》,宁夏人民出版社 2009 年,第 105 页。
⑤ 此处"𘆄𗱰"二字,俄藏甲种本模糊,汉译本缺译,俄译本图录对照,此二字相对清楚,此处补录,意"应有"。见〔俄〕克恰诺夫:《西夏法典》第三册,莫斯科东方文献出版社 1989 年,第 469 页。

为	各	驱	有	变	各自	住	使	于	亦	前述	法依

处	行

一	典	住	工 出	人	使役[2]	不许	活业[3]	不	为	者	捶

拍[4]	等	以	打	伤死者[5]	一	年	打用持[6]	及	打拷

此	伤死者	三	年	此	中	故意杀者[7]	诸人	故意杀

法依	决断[8]	前述	三	年	中	之	典	工价[9]	何因[10]

注释：

[1] 纈藜：意"出工"、"劳作"。

纈，意"力"、"工"。如，《掌中珠》"諀骹纈藜"作"由此业力"①，"憪纈"作"体工"。②

藜：音译词，音"娄妻合"，意"施"、"趣"、"去"。如，《掌中珠》"绸藜绸绖[勒娄妻合勒麻]"作"四向四过"，"姣藜俴瓺[抽娄妻合 责尼拧]"作"六趣轮回"。③

纈藜，根据文意，二字连用意"出工"，俄译本为"劳作"。④

[2] 蘱散："驱使"、"使役"。

蘱，意"使"、"检"。如，夏译《孟子》卷五《滕文公章句上》有为神农之言者许行章"滋蘱姣釱形"对应汉文本"使契为司徒"。⑤

---

① 《番汉合时掌中珠》(乙种本)，《俄藏黑水城文献》第一〇册，第36页。
② 《番汉合时掌中珠》(乙种本)，《俄藏黑水城文献》第一〇册，第30页。
③ 《番汉合时掌中珠》(甲种本)，《俄藏黑水城文献》第一〇册，第19页。
④ 〔俄〕克恰诺夫著，李仲三汉译：《西夏法典》，宁夏人民出版社1988年，第90页。
⑤ 彭向前：《西夏文〈孟子〉整理研究》，上海古籍出版社2012年，第159页。

□，意"驱使"。《同音》丁种本背注 22B36："□□□"（驱使：遣送）。①

□□，二字连意"驱使"、"役使"。如，西夏文《添品妙法莲华经》卷二信解品第四"□□□□□□□□□□"②，对应汉文本"我若久住，或见逼迫，强<u>驱使</u>作"。③

〔3〕□□：意"活业"、"天地"。

□，意"天"。如，《掌中珠》"□□"作"皇天"，"□□"作"昊天"。④

□，意"地"。如，《掌中珠》"□□"作"大地"，"□□"作"十地"。⑤

□□，二字组合，此处意"活业"。如，《番汉合时掌中珠》"□□□□"作"或做活业"。⑥《新集锦合辞》"□□□□□□□"译"善做活业瘦而亡"。⑦

〔4〕□□：意"击打"。

□，意"捶"、"蹋"。西夏文《金光明最胜王经》卷十"□□□□"，对应汉文本"两手捶胸"。⑧

□，意"抚"、"拍"。如《类林》贫达篇第四十七宁戚"□□□□□"，对应汉文本"桓公抚掌曰"。⑨

□□，二字组合，意"捶拍"、"击打"。如，《同音》41A6"□"与"□"组合构成固定词组，意"捶拍"。⑩

〔5〕□□□：意"死伤者"。

□，汉文本漏译，意"疮疤"。如，《金光明最胜王经》卷九"□□□□□"，对应汉文本"疮无药中王"。⑪

□，意"死"。如，《掌中珠》"□□"作"死生"。⑫

□□□，对译"疮死者"，根据文意，意译"死伤者"，汉译本作"死者"，漏译了"伤"。

〔6〕□□□：意"持械"。

---

① 韩小忙：《〈同音背隐音义〉整理与研究》，中国社会科学出版社 2011 年，第 324 页。
② 国家图书馆藏西夏文《添品妙法莲华经》卷二，《中国藏西夏文献》第六册，第 184 页。
③ 〔日〕《大正新修大藏经》第 9 册，No.292，《妙法莲华经》，大正一切经刊行会印行 1934 年。
④ 《番汉合时掌中珠》（甲种本），《俄藏黑水城文献》第一〇册，第 3 页。
⑤ 《番汉合时掌中珠》（甲种本），《俄藏黑水城文献》第一〇册，第 6 页。
⑥ 《番汉合时掌中珠》（甲种本），《俄藏黑水城文献》第一〇册，第 11 页。
⑦ 陈炳应：《西夏谚语》，山西人民出版社 1993 年，第 10 页。
⑧ 王静如：《金光明最胜王经卷十夏汉合璧考释》，见王静如《西夏研究》第三辑，国立中央研究院历史语言研究所 1932 年，第 346 页。
⑨ 史金波、黄振华、聂鸿音：《类林研究》，宁夏人民出版社 1993 年，第 202 页。
⑩ 李范文：《同音研究》，宁夏人民出版社 1986 年，第 405 页。
⑪ 王静如：《金光明最胜王经卷十藏汉合璧考释》，见王静如《西夏研究》第三辑，国立中央研究院历史语言研究所 1932 年，第 282 页。
⑫ 《番汉合时掌中珠》（甲种本），《俄藏黑水城文献》第一〇册，第 10 页。

𘓺，意"打"。如，《掌中珠》"𘓺𘓺𘓺𘓺"作"凌持打拷"。①

𘓺，意"起"、"生"。如，夏译《孟子》卷五《滕文公章句上》滕文公问为国章"𘓺𘓺𘓺𘓺𘓺"，对应汉文本"有王者起"。②

𘓺，意"持"、"执"、"受"。如，《掌中珠》"𘓺𘓺𘓺"作"受纳司"，③"𘓺𘓺𘓺𘓺"作"自受用佛"，④"𘓺𘓺𘓺𘓺"作"坐司主法"。⑤

𘓺𘓺𘓺，三字组合连用，意"持械"。字面对译"打起持"，根据文意，这里的"打"是"持械"。

[7] 𘓺𘓺：意"故意杀人"。

𘓺，"随意"。如，《金光明最胜王经》卷八"𘓺𘓺𘓺𘓺"对应汉文本"随所愿求"。⑥

𘓺，意"杀"。如，《掌中珠》"𘓺𘓺"作"劫杀"，"𘓺𘓺"作"灾杀"，"𘓺𘓺"作"岁杀"。⑦

𘓺𘓺，二字连用，意"故意杀人"。

[8] 𘓺𘓺：意"决断"。

𘓺，意"决断"。如，西夏文《过去庄严劫千佛名经》中"𘓺𘓺𘓺𘓺"对应汉文本"决断意佛"。⑧

𘓺，意"判"、"断"。如，《掌中珠》"𘓺𘓺𘓺𘓺"作"案检判凭"⑨；"𘓺𘓺𘓺𘓺"作"都案判凭"。⑩"𘓺𘓺𘓺𘓺"作"立便断至"。⑪

𘓺𘓺，二字连用，意"决断"。如，西夏文《金光明最胜王经》卷八"𘓺𘓺𘓺𘓺𘓺"对应汉文本"如法当决断"。⑫

[9] 𘓺𘓺：意"工价"。

𘓺，意"工"。如，《掌中珠》"𘓺𘓺𘓺𘓺"作"由此业力"⑬，"𘓺𘓺"作"体工"。⑭

① 《番汉合时掌中珠》（甲种本），《俄藏黑水城文献》第一〇册，第 16 页。
② 彭向前：《西夏文〈孟子〉整理研究》，上海古籍出版社 2012 年，第 151 页。
③ 《番汉合时掌中珠》（甲种本），《俄藏黑水城文献》第一〇册，第 15 页。
④ 《番汉合时掌中珠》（甲种本），《俄藏黑水城文献》第一〇册，第 19 页。
⑤ 《番汉合时掌中珠》（乙种本），《俄藏黑水城文献》第一〇册，第 32 页。
⑥ 王静如：《金光明最胜王经卷八夏汉合璧考释》，见王静如《西夏研究》第三辑，国立中央研究院历史语言研究所 1932 年，第 204 页。
⑦ 《番汉合时掌中珠》（甲种本），《俄藏黑水城文献》第一〇册，第 4 页。
⑧ 王静如：《过去庄严劫千佛名经考释》，见李范文主编《西夏研究》第五辑，中国社会科学出版社 2007 年，第 144 页。
⑨ 《番汉合时掌中珠》（甲种本），《俄藏黑水城文献》第一〇册，第 15 页。
⑩ 《番汉合时掌中珠》（甲种本），《俄藏黑水城文献》第一〇册，第 16 页。
⑪ 《番汉合时掌中珠》（乙种本），《俄藏黑水城文献》第一〇册，第 35 页。
⑫ 王静如：《金光明最胜王经卷八夏汉合璧考释》，见王静如《西夏研究》第 3 辑，国立中央研究院历史语言研究所 1933 年，第 214 页。
⑬ 《番汉合时掌中珠》（乙种本），《俄藏黑水城文献》第一〇册，第 36 页。
⑭ 《番汉合时掌中珠》（乙种本），《俄藏黑水城文献》第一〇册，第 30 页。

𗟲，意"量"、"价"。如《掌中珠》"𗟲𗠁𗧓𗟲"作"苦报无量"。[1] 夏译《孟子》卷五《滕文公章句上》有为神农之言者许行章"𗠁𗟲𗧓𗟲𗠁𗟲 𗧓𗟲"，对应汉文本"或倍五价，或十百价"。[2]

𗧓𗟲，二字组合意"工价"。

［10］𗟲𗴿：意"何故"、"因何"。

𗟲，意"何"。如，夏译《六韬》卷上《文韬·明传》"𗗙𗟲𗴿𗋽𗴛"[3]，对应汉文本"王何所问?"。[4]

𗴿，意"因"。如《金刚般若波罗蜜多经》卷首持经梵音"𗴿𗟲𗴿𗴿𗴛"[5]对应汉文本"又何依因缘"。[6]

𗟲𗴿，二字连用意"何故"、"因何"。如，夏译《孟子》卷六《滕文公章句下》周霄问曰古之君子章"𗴛𗴿𗴛𗴛𗴹𗴿𗟲𗴿"，对应汉文本"君子之难仕，何也?"。[7]

汉译本：

庶人十三杖，典钱当计工依法取。若取【应有】[8]则使他人往押，无人押，则自当出工。其中典押出力人有犯罪，驱往为苦役，使变换何人典押，亦依前述法实行。

一典押出力人已行仆役，不做活业者，击打等而致死【伤】[9]者徒一年，执械器而拷打逼迫致死【伤】者徒三年。其中故意杀者，依诸人故意杀法判断。因前述三等死之典力工价而……

49－12 右面

𗴛	𗴛	𗟲	𗴿	𗴿	𗴛	𗴛	�¥	𗴿			
住	者	人	已	死	依	皆	当	罚			

① 《番汉合时掌中珠》（乙种本），《俄藏黑水城文献》第一〇册，第 39 页。
② 彭向前：《西夏文〈孟子〉整理研究》，上海古籍出版社 2012 年，第 162 页。
③ 夏译《六韬》卷上，《俄藏黑水城文献》第一一册，第 193 页。
④ 贾常业：《西夏文译本〈六韬〉解读》，《西夏研究》2011 年第 2 期，第 58～81 页。
⑤ 敦煌研究院藏西夏文《金刚般若波罗蜜多经》，《中国藏西夏文献》第一六册，第 360 页。
⑥ 杜建录、于光建：《敦煌研究院藏 0669 号西夏文〈金刚般若波罗蜜多经〉考释》，《敦煌研究》2012 年第 6 期，第 59～64 页。
⑦ 彭向前：《西夏文〈孟子〉整理研究》，上海古籍出版社 2012 年，第 162 页。
⑧ 此处汉译本未识译，今据克恰诺夫俄译本刊布图录补录"𗴿𗴛"二字，译释为"应有"。
⑨ 史金波先生等汉译本漏译"𗴛"（伤），汉译本译文原为"死者"，现改译为"死伤者"。下文同。

一	典	住人	业	为	工	出	放	人	之	妻妾	女	媳	姑[1]

姊[2]	等	处	淫行[3]	时	八	第	于	他	妻	处	往	罪	如

三	等	乃	高[4]	为	工出	〈 〉[5]	人	业	为	典	住	女	之

侵凌[6]	时	九	第	上	言缚人[7]	所	逼迫[8]	枷[9]	禁

下	未	入	司	边	于	住[10]	局分[11]	小大	业	为	欺

凌	之	罪情	算	如[12]	一	等	当	减	为

一	典	处	工出人	处	所	主人	之	斗打	死	为

口中恶生[13]	许不	若	法过	时	处	所	主人	庶

注释：

[1] 硋：意"姑姑"。如，《掌中珠》"𗼭𗊞硋𗊱"作"叔姨姑舅"。① 《圣立义海》第十四有"硋𗊞𗼭𗊱"译"姑妹名义"。②

[2] 𗫂：意"姐妹"。如，《金光明最胜王经》卷八"𗼭𗊞𗰜𗫂𗫂"对应汉文本"兄弟及

---

① 《番汉合时掌中珠》（乙种本），《俄藏黑水城文献》第一〇册，第29页。
② 克恰诺夫、李范文、罗矛昆著：《〈圣立义海〉研究》，宁夏人民出版社1995年，第81页。

姊妹"。①

　　[3] 𗺒𗫼：意"奸淫"。

　　𗺒，意"淫"、"交配"。如，《现在劫贤千佛名经》"𗫼𗺒𗫚𘋨𘊕𘃡𗵽𘟙𗫤𗀔𗙴"②对应汉文本"承是忏悔淫欲等罪所生功德"。③

　　𗫼，意"行"。如《掌中珠》"𗖩𗼦𘂲𗫼"作"司吏行遣"。④

　　𗺒𗫼，二字连用意"奸淫"、"荒淫"。如，西夏文《类林》美人篇第四十五末喜"𘀚𗪚𗀔𗙸𗤷𘄒𗊡𗬩𗺒𗫼"对应汉文本"夏王耽之，荒淫无度。"⑤

　　[4] 𗇋：意"高"、"增加"。如，《掌中珠》"𗼨𗰖𗤷𗇋"作"因此加官"。⑥ 根据文意，此处意"增加"。

　　[5] 𘄒：词缀，这里加在表现不直接于客体的动作"𗩾𗙴"（出工）之后，构成派生表示动作"出工"的进行。

　　[6] 𗱅𗫮：意"侵凌"。

　　𗱅，意"侵"。《掌中珠》"𗵹𗵾𗱅𗫮"作"恃强凌弱"。⑦

　　𗫮，意"凌"、"失败"。如，《金光明最胜王经》卷六"𘀗𘍞𗱅𗫮"对应汉文本"互不侵夺"。⑧

　　𗱅𗫮，二字组合意"侵凌"。如，西夏文《现在劫贤千佛名经》"𘠐𗦀𘕦𗫼𘋨𗱕𘞭𗫮𗱅𗫮𘏓𘓄𘋨𗹙𗤷"⑨对应汉文本"夺他妇女，侵凌贞洁、污比丘尼。"⑩

　　[7] 𘄡𘓄𘄆：意"诉讼人"、"当事人"。

　　𘄡：意"言"、"语"。如，《掌中珠》"𘄡𗳸𘐑𘟙"作"听我之言"；⑪"𘄡𘜶𘍞𘘶"作"不说实话"；⑫"𘐑𗫼𘄡𗂤"作"我闻此言"。⑬

① 王静如：《金光明最胜王经卷八夏汉合璧考释》，见王静如《西夏研究》第 3 辑，国立中央研究院历史语言研究所 1932 年，第 218 页。
② 国家图书馆藏西夏文《现在贤劫千佛名经》下卷，《中国藏西夏文献》第五册，第 212 页。
③ 〔日〕《大正新修大藏经》第 14 册，No.447a，《现在贤劫千佛名经》，大正一切经刊行会印行，1934 年。
④ 《番汉合时掌中珠》（甲种本），《俄藏黑水城文献》第一〇册，第 16 页。
⑤ 史金波、黄振华、聂鸿音：《〈类林〉研究》，宁夏人民出版社 1993 年，第 225 页。
⑥ 《番汉合时掌中珠》（甲种本），《俄藏黑水城文献》第一〇册，第 14 页。
⑦ 《番汉合时掌中珠》（甲种本），《俄藏黑水城文献》第一〇册，第 15 页。
⑧ 王静如：《金光明最胜王经卷六夏汉合璧考释》，见王静如《西夏研究》第三辑，国立中央研究院历史语言研究所 1932 年，第 10 页。
⑨ 国家图书馆藏西夏文《现在贤劫千佛名经》下卷，《中国藏西夏文献》第五册，第 210 页。
⑩ 〔日〕《大正新修大藏经》第 14 册，No.447a，《现在贤劫千佛名经》，大正一切经刊行会印行 1934 年。
⑪ 《番汉合时掌中珠》（甲种本），《俄藏黑水城文献》第一〇册，第 16 页。
⑫ 《番汉合时掌中珠》（甲种本），《俄藏黑水城文献》第一〇册，第 16 页。
⑬ 《番汉合时掌中珠》（甲种本），《俄藏黑水城文献》第一〇册，第 16 页。

□，意"拘"、"缚"。《文海》43.241 释□"□□□□□□□□"（缚者纲罗也，紧绳索处也）。[1]

□，意"人"，如，《掌中珠》"□□□□"对应汉语"人有高下"。[2]

□□□，三字连用对译"言缚人"，根据文意即指"争讼人"。此处的"□□□"实际上与"□□□（争讼人）"意同。此处"争讼者"即是"受侵凌者"，也就是"当事人"。

[8] □□：汉译"逼迫"。

□，意"逼"。如，西夏文《添品妙法莲华经》卷二信解品第四"□□□□□□□"[3]对应汉文本"我若久住，或见逼迫"。

□，意"逼迫"、"驱"。如，西夏文《孙子兵法三注》卷下《九地十一》"□□□□□□□□□□□□"[4]对应汉文本"若驱群羊，驱而往，驱而来，莫知所之"。

□□，二字连用，意"逼迫"。[5]

[9] □：意"枷"。如，《掌中珠》"□□□□"作"枷在狱里"。[6]

[10] □□：汉译"局分"。

□，意"事"、"管"。如，《掌中珠》"□□□□"作"勾管家计"。[7] 夏译《孟子》"□□□□□□□□□□"对应汉文本《孟子》卷五滕文公章句上滕文公问为国章"公事毕，然后敢治私事"。[8]

□，意"侍奉"、"局务"。如《掌中珠》"□□□□"作"指挥局分"。[9] 西夏文《大方广佛华严经》卷四十《十定品》"□□□□□"，对应汉文本"若得承事"。[10]

□□，二字连用意"局分"、"有司"。如，《掌中珠》"□□"作"局分"。[11]

[11] □□，字面对译"小大"，意"大小"。如，《掌中珠》"□□"作"大小"。[12] 西夏语中，意思并列的词组，在翻译时有颠倒译法。

① 史金波、白滨、黄振华：《文海研究》，中国社会科学出版社 1983 年，第 215 页。
② 《番汉合时掌中珠》（乙种本），《俄藏黑水城文献》第一○册，第 33 页。
③ 国家图书馆藏《添品妙法莲华经》卷二，《中国藏西夏文献》第六册，第 184 页。
④ 西夏文《孙子兵法三家注》卷下（甲种本），《俄藏黑水城文献》第一一册，第 175 页。
⑤ 李范文：《同音研究》，宁夏人民出版社 1986 年，第 273 页。
⑥ 《番汉合时掌中珠》（甲种本），《俄藏黑水城文献》第一○册，第 18 页。
⑦ 《番汉合时掌中珠》（甲种本），《俄藏黑水城文献》第一○册，第 18 页。
⑧ 彭向前：《西夏文〈孟子〉研究》，上海古籍出版社 2012 年，第 153 页。
⑨ 《番汉合时掌中珠》（乙种本），《俄藏黑水城文献》第一○册，第 34 页。
⑩ 国家图书馆藏西夏文《大方广佛华严经》卷四十，《中国藏西夏文献》第八册，第 284 页。
⑪ 《番汉合时掌中珠》（甲种本），《俄藏黑水城文献》第一○册，第 15 页。
⑫ 《番汉合时掌中珠》（甲种本），《俄藏黑水城文献》第一○册，第 15 页。

[12] 𗥊：汉语"如"、"比"。《掌中珠》"𗤋𗥊𗆄𗆦"作"争如自悔"。𗥊通常附在比较对象后面,表示"与……相比"。

[13] 𗣀𗑠𗉛𗉞："辱骂"。

𗣀,意"口"。如,《掌中珠》"𗣀𗆂"作"口唇"。①

𗑠：意"中"、"内"。如,《掌中珠》"𗖵𗑏𗑠"作"狱里"。②

𗉛,意"恶"。如,《掌中珠》"𗊲𗉛𗉺𗘾"作"恶言伤人"。③

𗉞,意"出"、"生"。如,《掌中珠》"𗼃𗉞"作"日出"。④

𗣀𗑠𗉛𗉞,四字连用组合,字面直译"口中生恶",意译"辱骂"。

汉译文:

押者,依人已亡论,皆当罚。

一典押人奸淫押处主人之妻子、女、媳、姑、姊妹等时,当比第八卷上往他人妻处罪加三等。

出力处人侵凌典押女时,比第九卷上当事人受人逼迫、未施枷索而在边司上为局分大小侵凌之罪情当减一等。

一诸典押出力人不许殴打、对抗、辱骂押处主人。若违律时,押处主人是庶……

49－12 左面

𗉺	𗒀	𗫂	𗥹 𗯰 𗉛 𗉞 𗣀[1]	𗨙 𗉞	𗉾 𗔆	𗄻	𗨙	𗫂
人	是	则	眼 前 害 花 口	斗 打	十 三	杖	斗	则

𗃜 𗣀	𗉞 𗉞	𗔆 𗉺	𗉞 𗉞[2]	𗫳 𗥹[3]	𗊪	𗉞	𗫸	𗥊
一 年	伤者	他 人	打 打	争 斗	相	伤	罪	如

𗉞 𗔌	𗊇	𗄈	𗏹	𗵀	𗫂	𗥹 𗰚 𗏹 𗊇 𗵐 𗫳[4]	𗵀
三 等	乃	高	为	死	则	项 绳 绑 为 及 当 杀	官

① 《番汉合时掌中珠》(甲种本),《俄藏黑水城文献》第一○册,第 10 页。
② 《番汉合时掌中珠》(甲种本),《俄藏黑水城文献》第一○册,第 18 页。
③ 《番汉合时掌中珠》(甲种本),《俄藏黑水城文献》第一○册,第 15 页。
④ 《番汉合时掌中珠》(甲种本),《俄藏黑水城文献》第一○册,第 6 页。

𗗙	𗰀	𗝔𗗚	𗆫𗲠	𗋕	𗣼𗗡	𗲠	𗵒	𗢸𗗡	𗝾	𗋕
有	之	恶话	口斗	时	一年	斗	则	二年	伤	时

𗤓𗭪	𗗚𗗚	𗍫𗾔	𗌦	𗋕	𗤁	𗥔	𗌭𗤁	𗄼	𗥃	𗭪
诸人	打打	争斗	者	伤	罪	如	五等	乃	高	为

𗼀	𗵒	𗣈𗅁𗔉𗴾[5]	𗔉[6]	𗌭	𗝔𗗚𗆫𗲠	𗵒	𗥴	𗥃
死	则	剑及当杀	宽	后	恶话口斗	因	状	取

𗋕	𗥩	𗥃	𗹦
寻	难	为	不

𗔉	𗤓	𗵘	𗍫	𗕣	𗵒	𗗡	𗄼	𗴾𗶷[7]	𗋕	𗗡𗷔𗴿	𗤁𗗡
一	诸	典	处	工	出	人	等	野人	时	人主人	他人

𗉮	𗰜	𗵘	𗤓	𗗡	𗉮	𗹦	𗵒	𗠁	𗰜	𗵘	𗽻	𗢸𗢸
何	愿	住	使	人	何	不	则	自	愿	住	若	二二

注释：

[1] 𗕣𗦧𗝔𗗚：意“当面辱骂”。

𗕣，意“眼”、“目”。如《掌中珠》“𗕣𗤁”作“眼眶”，“𗣼𗕣”作“头目”。①

𗦧，意“前”。如，西夏文《金光明最胜王经》卷十舍身品二十六“𗗚𗦧𗴤𗦧𗆐𗥃𗔉𗦧𗀚𗾔𗦧𗔉𗤁𗲡𗄼𗄼”②，对应汉文本“是时王子作是言已，于饿虎前委身而卧”。③

𗝔，意“恶”。如《掌中珠》“𗣼𗝔𗤁𗥴”作“恶言伤人”。④

𗗚，汉语借词。音“花”，意“花”、“话”。如，《掌中珠》“𗗚𗼂”作“花果[𗗚𗼂]”、“𗕣𗗚”

---

① 《番汉合时掌中珠》（甲种本），《俄藏黑水城文献》第一〇册，第10页。
② 国家图书馆藏西夏文《金光明最胜王经》卷十，《中国藏西夏文献》第三册，第16页。
③〔日〕《大正新修大藏经》第16册，No.665，《金光明最胜王经》卷十，大正一切经刊行会印行1934年。
④ 《番汉合时掌中珠》（甲种本），《俄藏黑水城文献》第一〇册，第15页。

作"玉花[□□]"。① 西夏文《佛母大孔雀明王经》"□□□□"对应汉文本"说实话者"。②

□□□□,字面直译"眼前恶话",意译"当面辱骂"。

[2]□□:意"拷打"、"殴打"。

□,意"打"。如,《掌中珠》"□□□□"作"凌持打拷";"□□□□"作"如此拷打"。③《文海》39.213 释□"□□□□□□□□□□□□□"(打者捶也,以粗打、以细拷也)。④

□□,□重叠使用意译"拷打"、"殴打"。如"□□□□□□□□□□□"(诸人殴打相伤罪当加二等)。⑤

[3]□□:意"争斗"。

□,意"争斗"。如,《掌中珠》"□□□□"作"与人争斗"。⑥《文海》35.121 释□"□□□□□□□□□□□□□"(斗者斗争也,斗争也,争斗之谓)。⑦

□,意"争斗"。《同音》42B4"□□"译"斗争"。⑧

□□,二字连用,意"争斗"。如,《天盛律令》卷十二《内宫待命等头项门》"□□□□□□□□□□□□□□□",译"一诸人于内宫殴打争斗声高者十三杖"。⑨

[4]□□□□□□:意"绞杀"、"绞刑"。

□,意"项"、"颈"。如,《掌中珠》"□□"作"项胸"。⑩《文海》68.153 释□"□□□□□□□□□"(颈者头项也,项之谓)。⑪

□,意"绳索"、"捆绑"。如,《掌中珠》"□□"作"腰绳"。⑫《文海》27.122 释□"□□□□□□□□□□□□□□□□"(绳者绳索也,缚系也,系也,记也,捆绑之谓)。⑬

□,意"杀"。如,《掌中珠》"□□"作"劫杀","□□"作"灾杀","□□"作"岁杀"。⑭

□□□□□□,此六字连用,字面意思"项绳为及当杀",意译"处以绞刑"或"当绞杀"。

① 《番汉合时掌中珠》(甲种本),《俄藏黑水城文献》第一○册,第 7 页。
② 王静如:《佛母大孔雀明王经夏梵藏汉合璧校释》,见王静如《西夏研究》第一辑,国立中央研究院历史语言研究所 1932 年,第 208 页。
③ 史金波、黄振华等整理:《番汉合时掌中珠》,宁夏人民出版社 1998 年,第 63 页。
④ 史金波、白滨、黄振华:《文海研究》,中国社会科学出版社 1984 年,第 453 页。
⑤ 许伟伟:《〈天盛改旧新定律令·内宫待命等头项门〉研究》,宁夏大学博士学位论文,2013 年,第 24 页。
⑥ 《番汉合时掌中珠》(甲种本),《俄藏黑水城文献》第 10 册,第 15 页,1999 年。
⑦ 史金波、白滨、黄振华:《文海研究》,中国社会科学出版社 1984 年,第 446 页。
⑧ 李范文:《同音研究》,宁夏人民出版社 1986 年,第 411 页。
⑨ 许伟伟:《〈天盛改旧新定律令·内宫待命等头项门〉研究》,宁夏大学博士学位论文 2013 年,第 24 页。
⑩ 《番汉合时掌中珠》(甲种本),《俄藏黑水城文献》第一○册,第 10 页。
⑪ 史金波、白滨、黄振华:《文海研究》,中国社会科学出版社 1984 年,第 496 页。
⑫ 《番汉合时掌中珠》(乙种本),《俄藏黑水城文献》第一○册,第 31 页。
⑬ 史金波、白滨、黄振华:《文海研究》,中国社会科学出版社 1984 年,第 433 页。
⑭ 《番汉合时掌中珠》(甲种本),《俄藏黑水城文献》第一○册,第 4 页。

绞刑是西夏死刑之一种,即,用绳索或布帛勒紧罪犯的脖子,使其窒息而死,或用绞刑架将犯人吊起来,勒死,这是一种能够保全尸体完整的处死方法。[1]

[5] □□□□:意"剑斩"、"斩刑"。

□,意"剑"、"武"。如,西夏文《类林》志忠品十一苏武有"□□□□□□"对应汉文本"遂即拔剑自刺"。[2]《掌中珠》"□□"作"玄武"。[3]《文海》69.242 释□"□□□□□□□□□□□□□□□□□□□□"(剑:铁全土右,剑者武斗也,故对有之兵器为砍剁之谓)。[4]

□,如上注释,意"杀"。

□□□□,此四字连用,字面对译"剑及当杀",意译"剑斩",即"斩刑"。《天盛律令》中西夏的死刑有两种,一种为上述"绞杀",另一种就是"剑斩"。斩刑即斩首,使犯人身首异处,因不能保全尸体,故重于绞刑。除"十恶罪"外,有官人犯死刑时可以官当。[5]

[6] □:意"广"、"阔",此处意"宽恕"。如,夏译《孟子》卷四《公孙丑章句下》孟子谓蚔鼃章"□□□□□□□□□",对应汉文本"岂不绰绰然甚喜哉?"[6]《文海杂类》11.262 释□"□□□□□□□□□□□□□□□□□□"(广:宽右大左,广者宽坦也,广也,宽也,阔也,不窄之谓也)。[7] 根据文意,此处有"宽恕"之意。

[7] □□:意"逃跑"。

□,意"旷"、"野"。如,西夏文《类林》幻法品二十四蒯子训"□□□□□□",对应汉文本"蒯参野外住行。"[8]《文海》63.143 释□"□□□□□□□□□□"(旷者旷野也,广大之义是也)。[9]

□,意"入"。夏译《孟子》卷五《滕文公章句上》有为神农之言者许行章"□□□□□"对应汉文本"过其门而不入"。[10]

□□,字面直译"入野",即进入荒郊野外,意译为"逃跑"。

① 杜建录:《〈天盛律令〉与西夏法制研究》,宁夏人民出版社 2005 年,第 57 页。
② 史金波、黄振华、聂鸿音:《〈类林〉研究》,宁夏人民出版社 1993 年,第 44 页。
③ 《番汉合时掌中珠》(甲种本),《俄藏黑水城文献》第一〇册,第 4 页。
④ 史金波、白滨、黄振华:《文海研究》,中国社会科学出版社 1984 年,第 498 页。
⑤ 杜建录:《〈天盛律令〉与西夏法制研究》,宁夏人民出版社 2005 年,第 57～58 页,。
⑥ 彭向前:《西夏文〈孟子〉研究》,上海古籍出版社 2012 年,第 129 页。
⑦ 史金波、白滨、黄振华:《文海研究》,中国社会科学出版社 1983 年,第 333 页。
⑧ 史金波、黄振华、聂鸿音:《类林研究》,宁夏人民出版社 1993 年,第 115 页。
⑨ 史金波、白滨、黄振华:《文海研究》,中国社会科学出版社 1984 年,第 488 页。
⑩ 彭向前:《西夏文〈孟子〉研究》,上海古籍出版社 2012 年,第 158 页。

汉译本：

人，则当面辱骂相争十三杖，殴打则徒一年，伤者当比他人殴打争斗相伤罪加三等，死亡则当绞杀。对有官人辱骂相争时徒一年，殴打则徒二年，伤时当比诸人殴打争斗相伤罪加五等，死则以剑斩。宽宥后，不许因辱骂相争取状寻问。

一诸典押出力人等逃跑时，主人当使他人往押，无他人则当自往押。若二者皆……

49－13右面

绢	绦	藯	绖疼	牫	嘉	羊	骹	扬	糀	羬	敊敊	蓬
无	则	典	住者	人	自	当	寻	〈〉	得	时	十五	杖

纞	蘬	诿	虼	毤訨	扬	糀	虼	耗織[1]	虼	牧	绤	绤
先	逃	跑	期	上起	〈〉	得	期	上至	期	当	满	为

绖	幽	诿	祄	匇	绎	効	虼	縧	慨敊	㷮	绖
重	愿	住	使	本	在	处	期	终	以后	后	住

诿	祄	纞	纞	诖	绖	匇	効	虼	縧	慨敊	㷮	绖
住	令	者	先	已	住	名	有	〈〉	期	终	以后	后	住

祄	嵏	効	幽	绖	祄	樃	蒁	绖	祄	纵	绖	祄	疼	敊厩
使	〈〉	处	愿	住	使	二	处	住	使	怒	往	使	者	十五

蓬	绖疼牫	诖	蓬	虸	藯	織驧	祄	疼	耕	骹敊
杖	住者人	十	杖	此	典	工出	使	者	中	局分

席[2]	纞	劃	牫	稴	忨	敗効	織驧	嵏	□	蘬
位	有	有	人	何	处	他处	工出	不	□	逃

诿	牫	纵	虼糀	羊	厩	羊	骹	糀	羬	绖	祄	綊
跑	人	因	日限	当	给	当	寻	得	时	复	住	使	〈〉

𗣩	𗣩	𗦲	𘗂	慨瀰	𗵐	𗫂	𗼫			
先	因	已	取	法 依	当	实	行			

注释：

［1］……𗫂𗼳……𗫂𗼫：意"自……至……"

𗫂，介词，"于"、"上"。

𗼳，意"起"、"生"、"自"。如《掌中珠》"𗺖𗫂𘘧𗼳"作"起贪嗔痴"。①

𗼫，意"至"、"到"。如《掌中珠》"𗵐𘘧𗼫𗤻"作"立便到来"。②

……𗫂𗼳……𗫂𗼫，此固定搭配句式，意"自……至……"，"从……到……"，表示范围。如夏译《孟子》卷四《公孙丑章句下》孟子自齐葬于鲁章"𘑴𗴠𗫂𗼳𗊬𗤻𗫂𗼫"对应汉文本"自天子达于庶人"。③

［2］𘗂𗦲𗎁：意"局分位"。

𘗂，意"官"。如，《掌中珠》"𗣩𗣩𘗂𘟣"作"因此加官"。④ 这里的"官"，即"官阶"。

𗦲，意"事"、"管"。如，《掌中珠》"𗎁𘝾𘌴𗦲"作"勾管家计"。⑤ 这里的"事"指西夏职官系统中的"职司级别"。

𗎁，"位"、"勋爵"、"职"。如，夏译《六韬·文韬》之盈虚篇"𘗂𗎁𘟣𗤋"⑥对应汉文本"尊其位"。⑦ 夏译《孟子》"𘍦𗵒𘓐𗵒𗎁𗦲𘊝𗏹𗭴"对应汉文本"有官守者，不得其职则去"。⑧

𘗂𗦲𗎁，三字连用意"局分位"。表示西夏"官"、"职"、"军"三大职官系统中的"官阶"和"职级"。

汉译文：

无，则典押者人当自寻之，获时十五杖。自先逃跑日始至寻获日计足，使重押之。若彼出力人日未足而使押于他处者，先有名押处日毕，然后方可使押他处。若兼押，则使押者十

---

① 《番汉合时掌中珠》（甲种本），《俄藏黑水城文献》第一○册，第18页。
② 《番汉合时掌中珠》（甲种本），《俄藏黑水城文献》第一○册，第16页。
③ 彭向前：《西夏文〈孟子〉研究》，上海古籍出版社2012年，第133页。
④ 《番汉合时掌中珠》（甲种本），《俄藏黑水城文献》第一○册，第14页。
⑤ 《番汉合时掌中珠》（甲种本），《俄藏黑水城文献》第一○册，第18页。
⑥ 西夏文《六韬》卷上文韬，《俄藏黑水城文献》第一○册，第191页。
⑦ 贾常业：《西夏文译本〈六韬〉解读》，《西夏研究》2011年第2期，第58~81页。
⑧ 彭向前：《西夏文〈孟子〉研究》，上海古籍出版社2012年，第130页。

五杖，押者十杖。其使典出力者中，有局分位者，人须换至他处出力而逃跑，则当予之限期寻找，获时依使重押所示法实行。

49－13 左面

				[1]	[2]	[3]				
一	诸人	使军	奴仆	地畴	田城	等	他出	典	住	

				[4]						
使	卖	为	时	入柄	所	为	典赏价	等	未	取

				[5]							
买	典	为	者	言易	实	为	时	官有	罚	马	一	庶

人	十三	杖	若	赏价	等	小大	与	已	取	〈〉	

取	未	办	我	言	变	为	者	何	与	取	数	钱	量	债

取	变	为	法依	决断	卖	典	为	使	未	〈〉	中

						[6]				
所	卖	所	典	为	使	我	言	谋诬	亦	卖	典	价	已

给	未	给	我	何	谓	依	前	述	债	变	为	罪	同	使	同

一	诸人	官	私	债	因	父母	典	为	许	不	假若	律

121

注释：

[1] ◻◻：意"奴仆"。《同音》丁种本背注 18B76：释◻"◻◻◻◻"（仆：奴仆，使役）。①

◻，意"仆人"。《文海杂类》19.152 释◻"◻◻◻◻◻◻◻◻◻◻◻◻"（僮者僮仆也，奴仆也，仆役也，奴仆也）。②

◻，意"奴仆"。《文海》11.141 释◻"◻◻◻◻◻◻◻◻◻◻◻◻◻◻◻◻"，汉译"奴者奴也，佣人也，奴仆也，僮仆也，奴婢之谓也"。③

◻◻，二字组成固定词组，意"奴仆"。如武威修行洞出土的印本西夏文《四言记事文》"◻◻◻◻"译"使役奴仆"。④《同音》18A5 中，"◻"与"◻"组词，构成固定词组意"奴仆"。⑤

奴仆是处在西夏社会较底层的群体，他们与使军一样，没有人身自由，依附于自己的主人——头监，是所属头监的私人财产，可被随意买卖、典押等。根据《天盛律令》卷十二无理注销诈言门规定："一官人自身乐意，当允许将姑、姐妹、女等与使军为婚。"⑥官人可以将自己的姑、姐妹、女儿嫁于使军，使军为男性，奴仆似乎为女性。

[2] ◻◻：意"田畴"。

◻，意"地"。《掌中珠》"◻◻"作"地坤"，"◻◻"作"大地"。⑦

◻，意"田"。如，《掌中珠》"◻◻◻◻"作"更卖田地"。⑧

◻◻，二字连用意"田畴"。如，《掌中珠》"◻◻"作"地畴"⑨，《类林》卷二孝友品九"◻◻◻◻◻◻"对应汉文本"兄弟在田畴中"。⑩

[3] ◻◻：意"屋舍"。

◻，汉语借词，音译"田"、"殿"、"廷"、"天"、"钿"、"电"。如《掌中珠》"碧钿珠"音"◻◻◻"⑪，"闪电"音"◻◻"⑫，"天蝎"音"◻◻"，"天秤"音"◻◻"，"天河"音"◻◻"。⑬《掌中珠》"◻

① 韩小忙：《〈同音背隐义〉整理与研究》，中国社会科学文献出版社 2011 年，第 269 页。
② 史金波、白滨、黄振华：《文海研究》，中国社会科学出版社 1983 年，第 553 页。
③ 史金波、白滨、黄振华：《文海研究》，中国社会科学出版社 1983 年，第 408 页。
④ 陈炳应：《西夏文物研究》，宁夏人民出版社 1983 年，第 367 页。
⑤ 李范文：《同音研究》，宁夏人民出版社 1986 年，第 285 页。
⑥ 史金波、聂鸿音、白滨等译注：《天盛改旧新定律令》，法律出版社 2000 年，第 390 页。
⑦《番汉合时掌中珠》（甲种本），《俄藏黑水城文献》第一〇册，第 6 页。
⑧《番汉合时掌中珠》（甲种本），《俄藏黑水城文献》第一〇册，第 14 页。
⑨《番汉合时掌中珠》（甲种本），《俄藏黑水城文献》第一〇册，第 7 页。
⑩ 史金波、白滨、黄振华：《文海研究》，中国社会科学出版社 1983 年，第 33 页。
⑪《番汉合时掌中珠》（甲种本），《俄藏黑水城文献》第一〇册，第 7 页。
⑫《番汉合时掌中珠》（甲种本），《俄藏黑水城文献》第一〇册，第 5 页。
⑬《番汉合时掌中珠》（甲种本），《俄藏黑水城文献》第一〇册，第 4 页。

缀"作"泥舍"①。

□,意"城"、"州"、"墙"、"屋"等。《掌中珠》"□□"作"州主"。

□□,二字组合,意"舍屋",如《掌中珠》"□□□□"作"修造舍屋"。②

[4]□□:意"文据"、"文契"。

□,意"入"、"进"。《金光明最胜王经》卷八王法正论品第二十"□□□□□□□□
□"③,对应汉文本"诸天共加护,然后入母胎"。④

□,意"植"、"柄"。《掌中珠》"□□"作"木植"。夏译《六韬》中卷军义用篇"□□□□□
□□□□□"对应汉文本"大橹刀,重八斤,柄长七尺"。⑤

□□,二字连用,意"文契"、"文据",字面意思"入植",该词组多次在《天盛律令》中出
现。也是西夏文契约中常用固定词组,一般出现在契约正文结束时有"□□□□□□□
(依契约(文状)处有还为)。"或是有"□□□□□□□"(情状依立文据实行)。结合上下文
意"□□"翻译为"立文据"或"立文据"为其引申意。

[5]□□:意"反悔"。

□,如前注释,意"言"、"语"。

□,意"易"、"变"。如,西夏文《类林》"□□□□"对应汉文"即刻变色"。⑥

□□,二字对译"言变",根据文意此处意"反悔"。该词也是西夏文契约中的常用词
汇,在西夏文契约正文结束时都有"□□□"(反悔时),要承担赔偿的责任。

[6]□□:意"谋诬"、"诬陷"。如,《掌中珠》"□□□□"作"谋智清人"。⑦《金光明最
胜王经》卷六"□□□□□□□□"对应汉文本"互相谗陷枉及无辜"。⑧

汉译本:

一诸人将使军、奴仆、田地、房舍等典当、出卖于他处时,当为契约。未取典偿价而典卖者
改口时,有官罚马一,庶人十三杖。若典偿价等多少已取,然谓不曾取而变者,所取数依取

---

① 《番汉合时掌中珠》(甲种本),《俄藏黑水城文献》第一〇册,第12页。
② 《番汉合时掌中珠》(甲种本),《俄藏黑水城文献》第一〇册,第11页。
③ 国家图书馆藏西夏文《金光明最胜王经》卷八,《中国藏西夏文献》第三册,第360页。
④ 〔日〕《大正新修大藏经》第16册,No.665,《金光明最胜王经》卷八,大正一切经刊行会1934年。
⑤ 贾常业:《西夏文译本〈六韬〉解读》,《西夏研究》2012年第2期,第58~81页。
⑥ 史金波、黄振华、聂鸿音:《〈类林〉研究》,宁夏人民出版社1993年,第143页。
⑦ 《番汉合时掌中珠》(乙种本),《俄藏黑水城文献》第一〇册,第34页。
⑧ 王静如:《金光明最胜王经卷六夏藏汉合璧考释》,见王静如《西夏研究》第三辑,国立中央研究院历史语言研究所
  1933年,第40页。

债钱而改变法判断。若使买典未成而谓已买典,谋之,亦已受买典价而谓未受,则与前述变债相同。

一诸人不许因官私债典父母。倘若违律……

49－14 右面

过	典	为	时	父母[1]	乐愿[2]	谋	有	则	典	为	者

项绳为及当杀	父母	不	乐愿	强	以	典	为			

者	一	第	于	子	父母	之	打斗[3]	法	依	决断[4]

一	诸人	父母	不	乐愿	强	以	别饮	往	我	谓	为	无

若	法过	时	一年	父母	乐愿	则	罪不治

一	前述	工出人	中	日数	过[5]	为	工价	给	打杀

者	诸人	殴打	争斗	者	杀	罪	如	一等	当减	为

注释:

 [1]藏蕊:意"父母"。如,《掌中珠》"藏蕊姼豺"作"父母发身"①,"藏蕊轩蓇"作"孝顺

---

① 史金波、黄振华等整理:《番汉合时掌中珠》,宁夏人民出版社 1998 年,第 63 页。

父母"。① 《圣立义海》第十四"𗀔𗝕𗗙𗜫𗭑𗓽"译"父母爱子名义"。②

[2] 𗗙𗓽：意"乐意","情愿"、"自愿"。

𗗙，意"乐"。如，夏译《志公大师十二时歌》"𗗙𗬷𗤑𗤑𗗙𗱕𗭏"③对应汉译本"乐愿日出复日落"。④

𗓽，意"乐"。《同音》丁种本背注 22A58"𗗙𗓽𗗙"（乐：安乐）。⑤

𗗙𗓽二字意"欢乐"、"情愿"等。该词组是西夏文契约中常用词汇，表示买卖双方是自愿签订买卖契约。

[3] 𗣼𗵘：意"打斗"。

𗣼，意"打"。如，《掌中珠》"𗤹𗴲𗣼𗵧"作"凌持打拷"；"𗰖𗭫𗣼𗵧"作"如此拷打"。⑥

𗵘，意"夺"、"斗争"。如，《类林》"𗼨𗤋𗵘𗱕𗟲"对应汉文"文章欲夺时"。⑦

𗣼𗵘，二字连用意"打斗"。

[4] 𗧯𗤋：意"决断"。

𗧯，意"决断"。如，西夏文《过去庄严劫千佛名经》中"𗧯𗤋𗤋𗜓"对应汉文本"决断意佛"。⑧

𗤋，意"判"、"断"。如，《掌中珠》"𗦵𗴮𗤋𗴢"作"案检判凭"⑨；"𗱀𗬠𗤋𗴢"作"都案判凭"。⑩ "𗰖𗴡𗤹𗤋"作"立便断至"。⑪

𗧯𗤋，二字连用，意"决断"。如，西夏文《金光明最胜王经》卷八"𗫂𗫀𗧯𗤋𗟲"对应汉文本"如法当决断"。⑫

[5] 𗡮：意"过"。音译，音"谷"、"郭"、"古"等。如，《掌中珠》"五谷"[𗰖𗡮]。⑬ 如，《类林》郭伋[𗡮𗤋]、班固[𗸷𗡮]等。⑭ 根据文意此处音译"过"。

① 《番汉合时掌中珠》（乙种本），《俄藏黑水城文献》第一〇册，第 29 页。
② 克恰诺夫、李范文、罗矛昆著：《〈圣立义海〉研究》，宁夏人民出版社 1995 年，第 69 页。
③ 武威博物馆藏西夏文《志公大师十二时歌注解》，《中国藏西夏文献》第一六册，第 519 页。
④ 杜建录、于光建：《武威藏西夏文〈志公大师十二时歌〉译释》，《西夏研究》2013 年第 2 期，第 19～26 页。
⑤ 韩小忙：《〈同音背隐音义〉整理与研究》，中国社会科学出版社 2011 年，第 319 页。
⑥ 《番汉合时掌中珠》（乙种本），《俄藏黑水城文献》第一〇册，第 34 页，1999 年。
⑦ 〔俄〕聂力山：《类林释文》，《国立北平图书馆馆刊》四卷三号，1932 年，第 417 页。
⑧ 王静如：《过去庄严劫千佛名经考释》，见李范文主编《西夏研究》第五辑，中国社会科学出版社 2007 年，第 144 页。
⑨ 《番汉合时掌中珠》（甲种本），《俄藏黑水城文献》第一〇册，第 15 页。
⑩ 《番汉合时掌中珠》（甲种本），《俄藏黑水城文献》第一〇册，第 16 页。
⑪ 《番汉合时掌中珠》（乙种本），《俄藏黑水城文献》第一〇册，第 35 页。
⑫ 王静如：《金光明最胜王经卷八夏藏汉合璧考释》，见王静如《西夏研究》第三辑，国立中央研究院历史语言研究所 1933 年，第 214 页。
⑬ 《番汉合时掌中珠》（甲种本），《俄藏黑水城文献》第一〇册，第 8 页。
⑭ 史金波、黄振华、聂鸿音：《〈类林〉研究》，宁夏人民出版社 1993 年。

汉译文：

之时，父母情愿，则典之者当绞杀，父母不情愿而强典之者，依第一卷之殴打父母法判断。

一诸人父母不情愿，不许强谓"我另往别住"，若违时徒一年。父母情愿，则罪勿治。

一前述出力人中日数过，予工价而致打杀者，比诸人殴打争斗相杀罪减一。

下篇　专题研究

第一章 《天盛律令》中的债权及以工抵债问题

第一节 《天盛律令》中的债权保障

债务保障是债务人、债权人、第三方之间基于法律规定之上的互相保证。为了维护债权人的合法债务权益,确保债务人能够履行其还债义务,西夏在《天盛律令》中规定了较为完备的债务保障制度和体系。

一、契约担保

契约,又称傅别、质剂、券、契等,是现代协议、合同的前身。进入私有制社会后,随着商品买卖的发展,为证明和规范当事双方权利和义务而签订的具有法律效力的交易凭据。交易签订契约在我国有悠久的历史和传统,所谓"口说无凭,立字为据"。最早的契约文献记载可追溯至西周,据《周礼·地官·质人》记载:"质人掌成市之货贿、人民、牛马、兵器、珍异。凡卖者,质剂焉,大市以质,小市以剂。掌市之书契。"注释曰:"谓两书一札,同而别之,长曰质,短曰剂。"[①]这里的质和剂就是西周对交易凭据的称谓。《周礼·天官·小宰》记载:"以官府之八成经邦治一曰听政役以比居……四曰所称责以傅别……七曰听买卖以质剂。"[②]由此可知,在西周时期借贷签订的契约被称之为"质剂"、"傅别"。保存至今,最早的契约为居延地区出土简牍中发现有一批写在简牍上的西汉买卖券。其中有明确纪年最早的是《西汉神爵二年(前60)广汉县节宽德卖布袍券》和《西汉神爵二年(前60)陵胡燧长张仲孙买布袍券》[③],这是中国现存最早的一批契约原件。唐宋时期,伴随社会生产力

---

① 杨天宇校注:《周礼译注》,上海古籍出版社、世纪出版集团 2004 年,第 212 页。
② 杨天宇校注:《周礼译注》,上海古籍出版社、世纪出版集团 2004 年,第 35 页。
③ 乜小红:《俄藏敦煌契约文书研究》,上海古籍出版社 2009 年,第 20 页。

的发展,商品交易达到了空前的繁荣,在各类交易中,签订契约成为见证交易、维护双方权益、征收赋税的重要保证。唐宋律法都规定了契约在债权维护中所起的法律证据作用。《唐律疏议·杂律》规定:"诸负债违契不偿,一疋以上,违二十日笞二十,二十日加一等,罪止杖六十;三十疋,加二等;百疋,又加三等。各令备偿。""诸负债不告官司,而强牵财物,过本契者,坐赃论。"①说明了官私借贷中契约对债务清偿、违约不偿后,在诉讼追债中的重要法律地位。从敦煌莫高窟藏经洞和吐鲁番阿斯塔纳墓地出土百余件唐五代宋初时期的借贷、典当、买卖、雇佣、租赁契约来看,民间交易中,确实是通过契约来证明交易行为的。《宋刑统》卷二十六引唐开元二十五年《杂令》:"诸公私以财物出举者,任依私契,官不为理。诸以粟麦出举还为粟麦者,任依私契,官不为理。"同样也强调契约是保障债权的重要措施。同时,宋朝更是从法律上加大了对契约的规范化和制度化管理。"宋代的买卖、借贷、租赁、抵押、寄托、典当、雇佣等行为,都要订立契约,有关契约的标的、价格、期限、担保、不履行的责任及债的消除等,都有明确的规定。因此,宋代维护债权人利益,调整债权人与债务人权利和义务的法律,保证债的履行的担保法,都远远详于前代。"②

吸收继承唐宋典章制度的西夏,在这一方面也广泛将契约在各类交易中推广,并在法律上严格地予以了强调。无论是官方债务,还是私人借典买卖都必须有文字规定——契约。契约同样是证明交易是否合法、债务是否具有法律保护的重要依据。《天盛律令》卷三《催索债利门》规定:"一诸人买卖及借债,以及其他类似与别人有各种事牵连时,各自自愿,可立文据,上有相关语,于买价、钱量及语情等当计量,自相等数至全部所定为多少,官私交取者当令明白,记于文书上。"③《天盛律令》卷十一《出工典门》也规定:"一诸人将使军、奴仆、田地、房舍等典当、出卖于他处时,当为契约。"④由此可见,西夏法律所规定的借贷必须签订契约,不仅是借贷经济活动的证明,更重要的是为了保证因各种原因产生纠纷而无法按期偿还借贷债务时,为债权人向局分处举告时提供了直接的法律证据。

同时,为了督促借贷者及时偿还债务,在借贷契约中还书写有违约不还债将受到处罚条款。从出土的西夏借贷契约来看,对于违限不还的追债方式基本有四种。第一种是依官罚交一定数额的粮食,如上述俄藏黑水城出土 4762 - 6《天庆寅年普渡寺出借粮食契约》:"本利相等时还,日期过时,依官罚交十石麦,心服。"第二种是罚交一定的货币。如武

---

① [唐]长孙无忌等撰:《唐律疏议》,中华书局 1983 年,第 485 页。
② 刘志刚:《宋代债权担保制度研究》,河北大学博士学位论文 2008 年,第 44 页。
③ 史金波、聂鸿音、白滨等译注:《天盛改旧新定律令》,法律出版社 2000 年,第 189 页。
④ 史金波、聂鸿音、白滨等译注:《天盛改旧新定律令》,法律出版社 2000 年,第 390 页。

威新华乡亥母洞出土的《乾定申年没水隐藏狗借糜契约》中规定的期限过不还的追还方式是"依官罚交七十缗钱"。第三种契约债务保证方式违限生利，即借贷契约中通常约定"日过不来还时，一石还×石"。如俄藏黑水城出土 6377 - 23 号《光定巳年梁十月借粮契约》中违限不还后的处罚是"日过时一石还二石"。内蒙古考古研究所所藏黑水城出土 84H. F135：W75/2026《乙亥年虿移功合借粮契约》："一石中有一斗半利数当缴。"① 第四种是牵掣家资。牵掣家资有两种情况：一是无抵押借贷契约中，债务人无法按期偿还借贷债务时，债权人依据契约中的处罚牵掣债务人的家资抵债。如西夏《天盛十五年正月贷钱契约》中就有"行交还之时，将同取并正契家资，……一任充值还，数足不词恐人……"。二是有抵押借贷，在借贷时债务人就自己所属资产抵押，在契约中约定无法清偿债务时，所抵押的家资的所有权就发生了转移，债权人可以任意出卖来抵债。如汉文天庆十一年裴松寿出借粮食的契约，就是借贷者以抵押皮裘、马毯、白帐毡、苦皮等畜产品家资来借贷粮食，在这些典借契约中都有"其典不充，限至八月一日不赎来时，一任出卖，不词"。② 契约一旦签订，就具备了法律效力，因此借贷契约也成为保障债权人利益重要措施之一。

二、刑事处罚

《天盛律令》卷三《催索债利门》开篇就明确规定，因负债不还，告局分处审问，以欠债多少处以刑事处罚。"因负债不还给，十缗以下有官罚五缗钱，庶人十杖，十缗以上有官罚马一，庶人十三杖，债依法当索还，其中不准赖债。若违律时，使与不还债相同判断，当归还原物，债依法当还给。"③ 负债人即是受到刑法后，依然不能免除债务，不准赖债。确实无力按期偿还借债者，依据"地程远近限量，给二三次限期，当使设法还债"。④ 最多给三次延期后，还不送还者，则"不准再宽限，依律令实行"，无论有官人，还是庶人，都要再次依据律令受到刑事惩处。足见，西夏法令将负债不还刑事处罚规定为首要的保障措施，这是为了督促警示债务人要及时清偿债务，保障债权人权益。

当然，负债不还受到刑法也是唐宋国家大法所制定的债权维护法令。《唐律疏议》卷二十六《杂律》之负债违契不偿条规定：

> 诸负债违契不偿，一疋以上，违二十日笞二十，二十日加一等，罪止杖六十；三十疋，加二等；百疋，又加三等。各令备偿。《疏议》曰：负债者，谓非出举之物，依令合理者，

---

① 史金波：《西夏社会》，上海人民出版社 2007 年，第 188 页。
② 陈国灿：《西夏天庆年间典当残契的复原》，《中国史研究》1980 年第 1 期，又载白滨编《西夏史论文集》，宁夏人民出版社 1984 年，第 320～334 页。
③ 史金波、聂鸿音、白滨等译注：《天盛改旧新定律令》，法律出版社 2000 年，第 188 页。
④ 史金波、聂鸿音、白滨等译注：《天盛改旧新定律令》，法律出版社 2000 年，第 188 页。

或欠负公私财物,乃违约乖期不偿者,一尺以上,违二十日笞二十,二十日加一等,罪止杖六十。三十尺加二等,谓负三十尺物,违二十日,笞四十;百日不偿,合杖八十。百尺又加三等,谓负百尺之物,违契满二十日,杖七十;百日不偿,合徒一年。各令备偿。[①]

《宋刑统》卷二十六《杂律》引《唐律疏议》,内容与此相同。[②] 南宋《庆元条法事类》卷八十《出举债务》也规定欠债不还要受到杖刑:"诸负债不偿,罪止杖一百。"[③]

将《天盛律令》与《唐律疏议》、《宋刑统》、《庆元条法事类》中负债不还所受刑法制裁相比较,唐宋律令的规定显然要比西夏法典所制定的惩处标准要严重。首先,《天盛律令》中,负债不还的刑事处罚是罚刑和杖刑,有官人是罚钱或罚马,庶人则要受杖刑。《唐律疏议》和《宋刑统》的规定有杖刑、笞刑,甚至负债百匹,超过契约约定归还日期一百天,则要被判处徒刑一年。南宋《庆元条法事类》则只有杖刑。其次,西夏《天盛律令》中负债不还所受杖刑是最低十杖,最高才十三杖;但是《唐律疏议》和《宋刑统》最低二十杖,最高八十杖止。南宋《庆元条法事类》欠债不能偿所受杖刑,还要比唐、北宋法令的规定要重,最高止于一百杖,但不会受徒刑。再次,西夏《天盛律令》对欠债的刑事制裁中对有官之人和庶人的惩处是不同,但唐宋律令中没有区分有官人和庶人。由上比较而言,唐宋律令之债务法所规定的债务人负债不还的刑事处罚,虽然目的都是保障出贷方债权,但从量刑方面而论,无论是量,还是种类,确实都比西夏法令中的制裁要重。这一点上《天盛律令》对债务人的制裁相对人性化,如依据债务人地程之远近,还可以宽限二三次,但唐宋律令中仅有违契不偿还二十日始科罪,不但没有宽限次数。同时,唐宋律令的刑事处罚不仅要按欠债数量惩处,而且拖欠日期越长受到的刑事处罚也越重。唐宋国家大法中在对债权的刑事处罚保障方面可谓严刑峻法。

唐、宋、西夏律法对负债不还所受刑法比较

	刑法类型	杖 刑 刑 量		备　注
		最　低	最　高	
《唐律疏议》	杖刑、笞刑、徒刑	20	80	负债百匹,超过百日,徒一年
《宋刑统》	杖刑、笞刑、徒刑	20	80	
《庆元条法》	杖　刑		100	
《天盛律令》	杖刑、罚刑	10	13	有官人罚,庶人杖

---

① [唐]长孙无忌等撰,刘俊文点校:《唐律疏议》卷二十五,中华书局 1986 年,第 485 页。
② [宋]窦仪等撰,薛梅卿点校:《宋刑统》,法律出版社 1999 年,第 467~468 页。
③ [宋]谢深甫修,戴建国校:《庆元条法事类》卷八十出举债负,法律出版社 1999 年,第 902 页。

三、同借者连带赔偿

借贷债务必须要有担保人，这是西夏法律所规定的又一项债权保障措施，其目的是为使债务人在无法偿还债务时，保证债权人出借的债务本利能够如数收回。因此，担保人在借贷中被法律赋予了连带赔偿的责任和义务。所以，在借贷契约订立之时，担保人的签字画押也是契约成立的重要要素之一。担保人在借贷发生之前便受债务人委托，经债权人同意，相互约定，在债务人违契不还，无力偿还债务时，则由担保人为之代行偿付责任。保人代偿不仅是历代民事法律债务关系中的重要规定，同时也是民间借贷契约关系中约定俗成的习惯。

西夏法典《天盛律令》债务法律条文也同样规定了保人具有代偿债务的连带责任。《天盛律令》卷三《催索债利门》规定：

> 一全国中诸人放官私钱、粮食本者，……其本利相等仍不还，则应告于有司，当催促借债者使还。借债者不能还时，当催促同去借者。[1]

即便是借债者在同居饮食中家长父母、兄弟等不知情况下，擅自借贷官私畜、谷、钱、物有利息时，家长同意负担则当还，在家长不同意偿付债务，债务人又无力偿付的情况下，"则同去借者、持主者当负担"。[2] 同去借者亦不能还时，虽然《天盛律令》规定禁止债务人及同借者两种人之妻子、媳、未嫁女等质卖还债，但是同借者及其妻子、媳妇、未嫁女则要以到债权人处出典劳力，通过工价清偿债务，完成其债务第三方的担保代偿连带责任。

> 同去借者亦不能还，则不允其二种人之妻子、媳、未嫁女等还债价，可令出力典债。若妻子、媳比所典钱少，及确无有可出典者，现持主者当还债。持主者不能时，其持主人有借分食前借债时，则其家中人当出力，未分食取债人时，则勿令家门入。若皆未能，则借债者当出工力，可令出力典债。[3]

足见，西夏法律所规定的同借债者的连带赔偿责任是较为严格的。

西夏法律所规定的同借者代偿债务之同借者就是债务担保人，他们用信用做质，担保债务人能够从债权人手中按时借贷到钱物。他们就是在出土的西夏文借贷契约结尾中签字画押处的"𗷣𘜶"汉译"相接状者"、"𗡩𘜶"汉译"同借者"等，西夏借贷契约中的相接状者（担保人）一般不止一人，往往是两个以上的同借者。根据出土的西夏借贷契约，同借者有两个特点，一是契约中的同借者往往是借贷债务人的妻子、儿子等亲属作为债务担保

---

[1] 史金波、聂鸿音、白滨等译注：《天盛改旧新定律令》，法律出版社 2000 年，第 189 页。
[2] 史金波、聂鸿音、白滨等译注：《天盛改旧新定律令》，法律出版社 2000 年，第 191 页。
[3] 史金波、聂鸿音、白滨等译注：《天盛改旧新定律令》，法律出版社 2000 年，第 189 页。

人。如俄藏黑水城文献 4762 - 6(2 - 1)天庆寅年贷粮契约中，梁功铁从普渡寺借贷了十石麦，同借担保者有三人，其中两人是其亲属，一为"相接状子般若善"，一为"状相接梁羌德山"①，般若善当为其儿子，梁羌德山当为其同姓家门中人。又 4762 - 6(2 - 2)天庆寅年正月贷粮契约中，梁羌德犬从普渡寺梁喇嘛处借贷了三石麦，三石杂粮、一石粟，契约结尾的担保者是他的妻子苏氏胜乐和他的儿子梁禅定宝。② 如前所引，在天盛十五年贷钱契约中借贷者是王受，这次借贷担保者是"同立文家人小受"，以家人称呼"小受"，且省略姓氏，应当也是债务人王受同姓，极有可能还是其儿子。③ 第二个特点是西夏有可能出现了专门的借贷买卖职业担保人，因为从黑水城出土的贷粮契约中，有数件不同契约中的借贷者同借担保人是同一个人。如俄藏黑水城文献 7741 - 10 中的借贷者梁那征犬在 7741 - 11 中是借贷者积力般若的担保人，也是 7741 - 12 借贷者梁那征有的担保人，7741 - 13 借贷者积力善犬的担保人，7741 - 16 借贷者梁那征宝的担保人。④

保人代偿是我国历代法典之债务条例中都明文规定的债权保障律法。如《宋刑统》卷 26《杂律》引唐开元二十五年《杂令》："如负债者逃，保人代偿。"⑤《庆元条法类事》卷 80《杂类》出举债负条引关市令："诸负债违契不偿，官为理索。欠者逃亡，保人代偿，各不得留禁。"⑥这与西夏法律中保人同借者的连带赔偿责任相比较，二者还是有一定的区别。唐宋律法中所规定的保人代偿的前提是"负债者逃"，并非只要债务人欠负，就被要求清偿，负债者逃的情况，应当包括债务人死亡。由此，所引申出的隐意似乎是只要债务人不逃亡，无论是否有偿还能力，保人原则上是不应该偿还债务的。唐宋法律也没有规定在债权人无法偿还所借债务时，保人及其家中人要以劳役折酬，抵还债务。但是，从上述《天盛律令》的规定可知，西夏律法中保人代偿的前提不是债务人逃亡后由保人代还，而是只要借债者不能还时，即便其没逃亡，就可催促同去借者偿还。

此外，唐宋法律中保人不仅要担负民事债务赔偿责任，还要接受刑事处罚。如《唐律疏议》卷二十五《伪诈律》之保任不如所任条：

> 诸保任不如所任，减所任罪二等。

---

① 史金波：《西夏粮食借贷契约研究》，载《中国社会科学院学术委员会集刊》第 1 辑，社会科学文献出版社 2005 年，第 201 页。图版见《俄藏黑水城文献》第一三册，第 279 页。

② 《俄藏黑水城文献》第一三册，第 280 页。

③ 《俄藏黑水城文献》第六册，第 321 页。

④ 《俄藏黑水城文献》第一四册，第 188～191 页。

⑤ ［宋］窦仪等撰，薛梅卿点校：《宋刑统》，法律出版社 1999，第 467 页。

⑥ ［宋］谢深甫修，戴建国校：《庆元条法事类》卷八十出举债负，法律出版社 1999 年，第 903 页。

疏议曰：保任之人，皆相委悉，所保既乖本状，即是不如所任，减所任之罪二等。①

但是，在《天盛律令》中没有规定保人的刑事法律责任，只强调了保人的连带还债的民事责任。

既然《天盛律令》规定了同借者保人的连带偿还责任，那么，在实际的民间借贷中，是否也强调保人代偿的债务保障措施呢？通过对出土的有关西夏借贷契约的考察，我们发现在有些民事借贷的实际操作中，在债务人到期无力偿还所借债务的情况下，同借者保人确实是要担负连带赔偿责任，代为偿还其所担保的借贷债务。如内蒙古考古研究所所藏黑水城出土 84H.F135：W75/2026《乙亥年嵬移功合借粮契约》结尾就强调了债务人违契不偿时，保人要履行偿还责任。②"借者、相借者及担保者等谁何已现，按本利汇集偿还，所言本心服。"③此外，在《俄藏黑水城文献》第 2 册中有一件西夏汉文《典田地文契》，契约中也有同典保人代偿损失之语："同典人等代偿所有典田地□，钱依数还纳与钱主，不词。"④这是在借贷契约中约定的同借者担保人的责任。值得注意的是，在《俄藏敦煌文献》第 17 册中有一件是西夏时期的汉文还债契约——Дx19076《西夏直多昌磨彩代还钱

Дx19076《西夏直多昌磨彩代还钱契》

---

① ［唐］长孙无忌等撰、刘俊文点校：《唐律疏议》卷二十五，中华书局 1986 年，第 474 年。

② 《中国藏西夏文献》第一七册内蒙古编，第 153 页。

③ 史金波：《西夏社会》，上海人民出版社 2007 年，第 188 页。

④ 《俄藏黑水城文献》第六册，第 323 页。

契》。① 这件契约珍贵之处就在于还债人不是当初的借贷的债务人,而是债务人的房亲及叔直多昌磨彩代为偿还钱主的债务。契约录文据杜建录、史金波《西夏社会文书研究》②转录如下:

(前缺)

1. 房亲及叔争论米登直多昌磨彩

2. 代赏(偿)倍送本钱,更无本要,后寻出钱

3. 交与钱主受用,已定一信,仰无悔番,

4. 如有悔者,罚钱五贯交与不悔者受,

5. 不词。

6.   立文人直多昌磨彩(押)

7.   同债人廼来贵没米(押)

8.   同债人净尖桑栗昌(押)

9. 书契知见人王智多

10. 据契收钱七百六文

11. 梅□□(押)

12. 廿七

由于契约前部分有残缺,但是,我们根据西夏契约结尾担保人多为债务人亲属的特点,有理由蠡测,偿还债权人债务的这位房亲及叔也许就是当初实际的债务人签订借贷契约中的同借者保人。可能是债务人到期无力偿还或者是死亡后,根据《天盛律令》中保人代偿的规定以及借贷契约同借者负有连带赔偿责任的契约法律效力,这次的借贷债务自然转移给了同借者房亲及叔直多昌磨彩。由此可知,《天盛律令》所规定的借债者不能还时,由同去借者偿还债务的法令确实是执行了,同借者保人的连带赔偿责任并非一纸空文。

总之,在历朝历代,在任何典当借贷经济活动中,对于债权人而言,无论是国家大法所制定的保人代偿债务责任,还是借贷契约中的保人连带赔偿的商定,在同借担保人保证债务人的偿还能力,以及债务人逃亡后由保人代偿的措施保障,最大限度地保证了债权人的利益。债权人因此不用担心债务到期后无法收回,保人的代偿责任使之放心出借;另一方

---

① 《俄藏敦煌文献》第一七册,第 336 页。
② 杜建录、史金波:《西夏社会文书研究》,上海古籍出版社 2010 年,第 216 页。

面,保人的担保也使那些生活确实困难,陷入绝境的有需要的人或经济弱势者,"因适时得到舒解,致生活得以维持,社会经济也能顺当运作,故债务保人的运用,同样有益于债务人之借债"。[1]

四、牵掣家资抵偿

为了保护债权人的本利,即便是《天盛律令》卷三催索债利门直接规定:诸人对负债人当催索,不还则告局分处,当以强力搜取闻讯。但是,在债务人无法按期还债时,西夏律法是严禁强力牵掣债务人的动产或不动产来抵债的。

> 一诸人欠他人债,索还不取□,工价量□□,不允以强力将他人畜物、帐舍、地畴取来抵债。违律时徒一年,房舍、地畴、畜物取多少当还属者,债当另取。[2]

但是,唐宋律法中却允许牵掣债务人财产保障债权人利益,《唐律疏议》卷二十六杂律之负债强牵财物条规定:

> 诸负债不告官司,而强牵财物,过本契者,坐赃论。

> 疏议曰:谓公私债负,违契不偿,应牵掣者,皆告官司听断。若不告官司而强牵掣财物,若奴婢、畜产,过本契者,坐赃论。若监临官共所部交关,强牵过本契者,计过剩之物,准於所部强市,有剩利之法。[3]

《宋刑统》卷二十六杂律规定条律与《唐律疏议》相同。[4] 在牵掣家资抵债上,元代律令与西夏《天盛律令》规定相同,国家是禁止债权人强力牵掣债务人家资来抵还债务。《通制条格》卷二十八《杂令》:"债务止还一本一利……并不得将欠债人等,强行扯拽头匹,折准财产,如违治罪。"[5]《元史》卷一〇五《刑法志四》:"诸称贷钱谷,年月虽多,不过一本一息,有辄取赢于人,或转换契券,息上加息,或占人牛马财产,夺人子女为奴婢者,重加之罪,乃偿多取之息,其本息没官。"[6]

从《唐律疏议》和《宋刑统》的规定可知,唐宋律令所允许的"牵掣"家资抵债也是有前提条件的。首先,违契不偿要告官司听断,由官府出面牵掣资财抵偿;其次还要依据借贷契约所约定的内容强牵财务,不得过本契。强牵资财超过契约规定的数量,则按坐赃论处。《庆元条法类事》卷八十之出举债负条的规定较为简略,但是负债是禁止以耕牛强牵

① 罗彤华:《唐代民间之借贷研究》,台湾商务印书馆股份有限公司 2005 年,第 313 页。
② 史金波、聂鸿音、白滨等译注:《天盛改旧新定律令》,法律出版社 2000 年,第 191 页。
③〔唐〕长孙无忌撰,刘俊文点校:《唐律疏议》,中华书局 1983 年,第 485~486 页。
④〔宋〕窦仪等撰,薛梅卿点校:《宋刑统》,法律出版社 1999 年,第 468 页。
⑤ 黄时鉴点校:《通制条格》卷二十八杂令·违例取息,浙江古籍出版社 1986 年,第 307 页。
⑥〔明〕宋濂等修:《元史》卷一五刑法志四禁令条,中华书局 1983 年,第 2686 页。

抵偿债务:"诸以有利债负折当耕牛者,杖一百,牛还主。"①由此可见,唐宋律法中,债权人若要强牵债务人资财,必须以签订的借贷契约中商定内容为限,契约中若没有明文规定听掣家资等内容,则不得强牵掣夺债务人财物来抵债。此外,这种规定实际上也是默许私自牵掣资财抵偿,但是,私牵债务人家资不许过本契。

西夏法典《天盛律令》虽然明文规定"诸人欠他人债,索还不取……不允以强力将他人畜物、帐舍、地畦取来抵债。"但是,在西夏的借贷契约中还是出现有过期不还债,要强牵房屋、土地、牲畜等动产和不动产来抵偿债务的约定内容。如前所引西夏天盛十五年正月贷钱契约中就有"行交还之时,将同取并正契家资,……一任充值还,数足不词恐人……"等牵掣家资抵偿借贷债务的保证言辞。西夏借贷契约中出现的债权保证方式与敦煌、吐鲁番出土的唐五代宋初借贷契约中过期不还的约定担保方式基本一致,但敦煌、吐鲁番地区出土的大部分借贷契约中都写有"一任掣夺家资杂物"的约定。如敦煌出土 S1475 号文书是唐代酉年(817 或 829)十一月敦煌张乜奴便麦契就是"任牵掣家资杂物牛畜等"。② 录文如下:

1. 酉年十一月行人部落百姓张也奴为纳突不办

2. 于灵图寺僧海清处便佛麦陆硕,其

3. 麦限至秋八月内还足,如违限不还,

4. 其麦请陪,如身东西,一仰保人等代还,

5. 任牵掣家资杂物牛畜等,恐人无信,

6. 故立此契,两共平章,书纸为记。

7. 　　　便麦人张包奴年卅(押)

8. 　　　保人男黑奴年十三

另据霍存福先生统计,唐五代时期(包括吐蕃占领敦煌时期)的敦煌吐鲁番借贷契约中,包含"听掣家资杂物"条款的契约所占的比例很高,在统计的 76 个借贷契约中,共有41 个契约中有"听掣家资杂物"、"牵掣家资杂物、口分田桃"、"一任牵掣家资、牛畜"、"任掣夺家资杂物用充麦粟直"等内容。③

由上所述,尽管西夏的国家律法规定了严禁私自牵掣家资抵债,但是在民间借贷的实

① [宋]谢深甫修,戴建国点校:《庆元条法事类》卷八十出举债负,法律出版社 1999 年,第 902 页。
② 唐耕耦:《唐五代时期的高利贷:敦煌吐鲁番出土借贷文书初探》,《敦煌学辑刊》1985 年第 2 期,第 11~21 页。
③ 霍存福:《论中国古代契约与国家法的关系——以唐代法律与借贷契约的关系为中心》,《当代法学》2005 年第 1 期,第 44~56 页。

际操作,借贷契约中也会出现强牵债务人家资偿还债务的情况,这表明了出借人的债权能够最大限度的得到保障是首要原则。不过在西夏绝大多数的无抵押借贷契约中,对违限不还债务的处罚基本上还是罚交粮食或是按借贷比例违限生利。"牵掣家资"多出现在抵押借贷和典当借贷契约中,通常会将抵押的牲畜、房屋、土地等先作价后,再抵押借贷一定数量的货币或是粮食。到期不来赎回,则由债权人任意买卖处置,所有权将转移到债权人手中。如《俄藏黑水城文献》第 2 册中西夏汉文《天庆年间裴松寿典麦契》①、《斯坦英第三次中亚考古所获汉文文献》(非佛经部分)第 1 册中的汉文《西夏天庆年间裴松寿典麦契》都有"其典不充,限至八月一日不赎来时,一任出卖,不词"。② Инв. No.4079 - 1、4079 - 2典畜贷粮契约中,立契约人抵押了自己的骆驼、牛等牲畜从债权人处借贷粮食③,契约中明确写有到期不赎,不来还债,期限过后,债权人就成为抵押的牲畜的所有人,录文译释见后文。

G11.031[B59:1]《嵬名法宝达典地立账文书》

---

① 《俄藏黑水城文献》第二册,第 38 页。
② 沙知、吴芳思编:《斯坦因第三次中亚考古所获汉文文献》(非佛经部分)第 1 册,上海辞书出版社 2005 年,第 199 页。
③ 《俄藏黑水城文献》第一三册,第 181 页。

事实上,债务人若到期无法偿还,其家资确实要被强牵抵债。敦煌研究院所藏西夏文献中有一件《嵬名法宝达嵬名法宝达卖地契残页》[1],《中国藏西夏文献》编号 G11.031 [B59：1],文书前部分缺失,但根据文书中"先问有服房亲,后召"、"不愿者批退,无词"、"立账目人"等信息,可知该件文书应该是典卖土地的立账文书,而非典卖地契约。文书中明确写有典卖耕地的原因,债务人因举借他人钱债,到期无法偿还而典卖其耕地。据《西夏社会文书研究》[2]录文如下:

录文:

(前残)

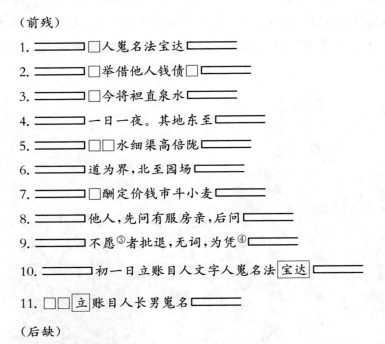

1. ▭▭□人嵬名法宝达□▭▭
2. ▭▭□举借他人钱债□▭▭
3. ▭▭□今将祖直泉水□▭▭
4. ▭▭一日一夜。其地东至□▭▭
5. ▭▭□□水细渠高倍陇□▭▭
6. ▭▭道为界,北至园场□▭▭
7. ▭▭□酬定价钱市斗小麦□▭▭
8. ▭▭他人,先问有服房亲,后问□▭▭
9. ▭▭不愿[3]者批退,无词,为凭[4]□▭▭
10. ▭▭初一日立账目人文字人嵬名法 宝达 □▭▭
11. □□ 立 账目人长男嵬名▭▭

(后缺)

由是观之,在民间借贷的实际操作中,债权人的债权优先保障成为借贷典当契约所遵守的首要习惯法则,所以在西夏民间借贷行为中,尽管国家法律严禁强牵债务人家资抵偿债务,但是为了保障债权,与法典规定相抵触的以家资抵债的债权保障方式还是存在的。

五、出工抵债

当债务人因家资穷尽,无法偿还所借债务时,唐朝律令规定可令家中男口役身折酬,

---

① 《中国藏西夏文献》第一六册,第46页。
② 杜建录、史金波:《西夏社会文书研究》,上海古籍出版社 2010 年,第 220 页。
③ "愿",《西夏社会文书研究》未录。
④ "凭",《西夏社会文书研究》未录。

到债权人处劳动抵债。"诸公私以财物出举者,任依私契,官不为理。……家资尽者,役身折酬。役通取户内男口,又不得回利为本,其放财物为粟、麦者,亦不得回利为本,及过一倍。"①西夏《天盛律令》对债务偿还的方法也规定:债务人、同借者及其家门中人当出工力,抵偿债务。

> 一全国中诸人放官私钱、粮食本者,……借债者不能还时,当催促同去借者。同去借者亦不能还,则不允其二种人之妻子、媳、未嫁女等还债价,可令出力典债。若妻子、媳比所典钱少,及确无有可出典者,现持主者当还债。持主者不能时,其持主人有借分食前借债时,则其家中人当出力,未分食取债人时,则勿令家门入。若皆未能,则借债者当出工力,本利相等后,不允在应算利钱、谷物中收取债偿。②

西夏《天盛律令》中的出工抵债较之历代法典都较为详细,并且专列《出典工门》一门,这是西夏法典之债务法的特色。详见后文专论。

六、债权有效期

虽然历代国家法典中的借贷债务条款都是处于维护债权目的,但并非债务是永久有效的。唐宋律令中就对借贷债务追讨债务的有效诉讼期限做了限定。如《宋刑统》卷二十六杂律引唐穆宗长庆四年三月三日制曰:"文契不分明,争端斯起,况年岁寖远,案验无由,莫能辩明,祇取烦弊,百姓所经台府州县论理远年债负事,在三十年以前,而主保经逃亡,无证据,空有契书者,一切不须为理。"③又《唐会要》卷八十八《杂录》载唐敬宗宝历元年(825)正月七日敕节文:"应京城内有私债,经十年已上,曾出利过本两倍,本部主及元保人死亡,并无家产者,宜令台府勿为征理。"④由上述律令敕文的规定可知,唐宋时期的借贷债务有十年或三十年的诉讼有效期,过了有效诉讼追讨期限后,即便是有借贷契约等文字凭证,也不会再受到法律的保护。但是《天盛律令》中对债务人不还债务的诉讼有效期没有做限定,法典中多次强调"债依法当索还,其中不准赖债"。⑤ 即便是债务人逃入敌界,不论时间长短,日后又投诚归来后,其债务依旧不能免除,还要偿还,无力偿还者家门中妻女要出工役身抵债,待工价与借贷债务相等后,则可返回。卷七《投诚安置门》:

> 一来投诚者中原系我方人,因负官私债须还,盗官马、坚甲赔偿及其他罪等逃往敌界,重归投诚来者,大小罪皆当释,共抄辅主、父、兄弟、儿子家门等因商议逃跑而知

① [宋]窦仪等撰,薛梅卿点校:《宋刑统》,法律出版社1999年,第468页。
② 史金波、聂鸿音、白滨等译注:《天盛改旧新定律令》,法律出版社2000年,第189页。
③ [宋]窦仪等撰,薛梅卿点校:《宋刑统》,法律出版社1999年,第470页。
④ [唐]王傅:《唐会要》卷八十八,中华书局1955年,第1618页。
⑤ 史金波、聂鸿音、白滨等译注:《天盛改旧新定律令》,法律出版社2000年,第188页。

闻,当换地方另外安置,有者当交还,总计赔偿,负债不释,依法当还给。其中因偿还债,使妻子、儿女典当别处者,是五十缗以内则当按边等法出工偿。若为大女、媳当算五十钱,年十五以下十岁以上算三十钱工价。原已住日期多少天亦算工价当减除。□□偿钱数与工价数相等时,当依旧往回。①

尽管《天盛律令》没有给出明确的债务诉讼追讨有效期,但从其他条文的规定似乎可以揣测,只要有借贷债务的有效凭据,债权人随时都可以向官府提起诉讼,要求债务人归还所负债务。

综上所述,《天盛律令》中详备的债务法条款的制定,主要目的是为了保护债权人出借的本利能够及时收回。为此,西夏律法制定了契约签订、违约处罚、官府受理、同借担保者代偿、出工抵债、家资抵押等诸多措施来最大限度的保障债权。无论是债务清偿方式,还是法律依据,西夏都有完备的债务保障体系。

第二节　关于出工抵债的几个问题

以工抵债是我国古代民事债务法律关系中,为保证债务清偿和债权实现而设立的一种法律制度。西夏《天盛律令》也制定了出工还债的债权保障措施,即借债方在无力按期还债的情况下,到出借方债权人处以出典劳动力的方式,用工价清偿债务。

从保存流传下来的我国古代律法中,最早将出工抵债写入国家法律是秦朝律法。湖北睡虎地秦墓出土的秦简《司空律》就有出工抵债的法律条文:"有罪以赀赎及有责(债)于公,以其令日问之。其弗能入及赏(偿),以令日居之,日居八钱;公食者,日居六钱。居官府公食者,男子参(三),女子驷(四),人奴妾居赎赀责(债)于城旦,皆赤其衣,枸椟欙杕将司之;其或亡之,有罪百姓有赀赎责(债)而有一臣若一妾,有一马若一牛,而欲居者,许。"②从秦简《司空律》的这条规定可知,秦朝时期有罪者可以以财产赎罪,欠负政府债务的,可以以服劳役的方式抵偿,亦可使自己所属奴婢服城旦劳役清偿,工价是"令日居之,日居八钱;公食者,日居六钱"。直到唐代,以劳役还债仍然被写入国家法律,成为债务清偿的方式之一。《唐令》开元二十五年令:"诸公私以财物出举者,任依私契,官不为

---

① 史金波、聂鸿音、白滨等译注:《天盛改旧新定律令》,法律出版社 2000 年,第 272～273 页。
② 睡虎地秦墓竹简整理小组:《睡虎地秦墓竹简》,文物出版社 1978 年,第 84～85 页。

理。……家资尽者，役身折酬。役通取户内男口，又不得回利为本，其放财物为粟、麦者，亦不得回利为本，及过一倍。"①宋至道二年996年，太宗降诏："江南、浙江、福建州军，贫人负富人息钱无以偿，没入男女为奴婢者，限诏到并令减堪，还其父母，敢隐匿者治罪。"②真宗咸平元年，诏："川陕路理逋欠官物，不得估其家奴婢价以偿。"③《庆元条法事类》："以负债质当人口（虚立人口，女使雇契同），杖一百，人放逐便，钱物不追，情重者奏裁。"④宋朝法律不再允许债务人"役身折酬"、到债权人处以劳役工价清偿债务。元代时期役身折酬作为债务清偿的担保补救措施是许可的。如《至元杂令·质债折庸》规定："诸负债贫无以备，同家眷折庸。"⑤

西夏《天盛律令》则承袭了"以工抵债"的债权保障律法。卷三《催索债利门》："一诸人因负债不还，承罪以后，无所还债，则当依地程远近限量，给二三次限期，当使设法还债，以工力当分担。"⑥相比较我国古代历代法典中的债务法，西夏法律中对"以工抵债"的规定可谓最为详细。不仅在《催索债利门》中有规定，而且在卷十一《出典工门》对典押劳动力、出工劳役清偿债务也有专门规定。这也是历代法律中所不曾有，可以说，这是西夏法律中债务法的特色内容。

一、以工抵债的前提

当债务人无力清偿到期债务时，唐代法令规定"家资尽者，役身折酬"，以力役折抵债务，即"役身折酬"的前提就是债务人没有任何财产可以偿还债务。元代也是在债务人贫困无力清偿时，就可役身折酬抵债。但西夏法律规定"出工抵债"的前提要比唐律、元代律令要复杂。《天盛律令》卷三《催索债利门》规定：

> 一全国中诸人放官私钱、粮食本者，……其本利相等仍不还，则应告于有司，当催促借债者使还。借债者不能还时，当催促同去借者。同去借者亦不能还，则不允其二种人之妻子、媳、未嫁女等还债价，可令出力典债。若妻子、媳比所典钱少，及确无有可出典者，现持主者当还债。持主者不能时，其持主人有借分食前借债时，则其家中人当出力，未分食取债人时，则勿令家门入。若皆未能，则借债者当出工力，本利相等

---

① 〔日〕仁井田升编著、栗劲、霍存福编译：《唐令拾遗》，长春出版社1989年，第789页。
② ［宋］马端临著、上海师范大学古籍研究所、华东师范大学古籍研究所点校：《文献通考》卷十一户口考二，中华书局2011年，第318页。
③ ［宋］马端临、上海师范大学古籍研究所、华东师范大学古籍研究所点校：《文献通考》卷十一户口考二，中华书局2011年，第319页。
④ ［宋］谢深甫修、戴建国校：《庆元条法事类》卷八十出举债负，法律出版社1999年，第902页。
⑤ 黄时鉴辑校：《元代法律资料辑存》，浙江古籍出版社1988年，第41页。
⑥ 史金波、聂鸿音、白滨等译注：《天盛改旧新定律令》，法律出版社2000年，第188页。

后，不允在应算利钱、谷物中收取债偿。若违律时，有官罚马一，庶人十三杖，所收债当归还。同去借者所管主人者，他人债分担数，借债者自己能办时，当还给。①

从这一规定可以看出，西夏的"出工抵债"是在债务人不能偿还时，先由负连带赔偿责任的同借者保人负责偿还；同借者也无力偿还时，则由他们的妻子、媳、未嫁女等到债权人处做工，从工价中抵偿债务。在他们的妻、媳、女所典的钱不足以清偿债务时，则由借债者现在所属的家主偿还，也可让家主中的其他私人奴仆去做工清偿。家主没有使用借债就不必负连带偿还责任。上述情况都不能保证偿还到期债务时，最后才由借债者自己到债主处做工，以劳力工价来付清所借债务。当出典劳力者所做工价与所借本利相等后，则可返回，不许再在利钱、谷物中收取债偿。西夏债权担保制度中，"出工抵债"是最后的债务补救措施，是在债务人、保人、家主等都不能偿还到期债务的情况下，才实行"出工抵债"的办法。

二、出工抵债人员

《宋刑统》卷二十六杂律引《唐律疏议》："诸公私以财物出举者，任依私契，官不为理。每月取利，不得过六分。积日虽多，不得过一倍。若官物及公廨，本利停讫，每计过五十日不送尽者，余本生利如初，不得更过一倍。家资尽者，役身折酬。役通取户内男口，又不得回利为本，其放财物为粟、麦者，亦不得回利为本，及过一倍。"②唐律规定"役身折酬"者只允许户内男口去出工抵债。而西夏律法中男女口都可以通过到债权人处做工，以工价抵还债务。只是大男、少男、大妇、小妇出典劳力的工价不同。但是，西夏律法规定严禁典押父母，或是让父母出工抵债。

> 一诸人不许因官私债典父母。倘若违律之时，父母情愿，则典之者当绞杀，父母不情愿而强典之者，依第一卷之殴打父母法判断。③

从《天盛律令》卷十一《出典工门》的这条规定可知，无论父母是否情愿，借债者都不能将自己的父母抵押借债，以及让自己的父母到债主家做劳役偿还债务，债务人如违律抵押父母则要被处以死刑。再者，70岁以上的老人和10岁以下的幼童不能出工典押。如《天盛律令》卷三《盗赔偿返还门》规定："年七十以上及十岁以下等，依老幼当减出工。十岁以上，七十以下者，当物主人处不需出工，亦应令于其他需用处出工。"④元代对以劳动力抵

---

① 史金波、聂鸿音、白滨等译注：《天盛改旧新定律令》，法律出版社2000年，第189页。
② ［宋］窦仪等撰、薛梅卿点校：《宋刑统》卷二十六《杂律》，法律出版社1999年，第468页。
③ 史金波、聂鸿音、白滨等译注：《天盛改旧新定律令》，法律出版社2000年，第393页。
④ 史金波、聂鸿音、白滨等译注：《天盛改旧新定律令》，第174页，法律出版社2000年。

偿债务者没有年龄、性别限制,但规定奴婢不能役身折庸,以劳动力抵偿债务。《至元杂令·典雇身役》规定:"奴婢不在折庸之例,内有身死者,收赎日并出元价。"①

三、出工期间的身份

如上所述,《天盛律令》规定债务人无法偿还时,当催促同借者还,同借者不能还时,不允许二种人之妻子、媳、未嫁女等还债。这里的"还债"是指不能将同借者的妻子、媳、未嫁女作价卖给债权人去抵债,但可以让他们的妻子、媳、未嫁女等到债主家做工劳动,以工价去抵债。西夏法律中的债务一方出工抵债并不是将出工者作价后,一次性典卖给债权方,永久变为债权人的奴婢。实际上是出让其劳动力,在契约规定的有限期内的雇佣关系,而不是人身买卖、质举关系。因为,在出典期间,债权人要给出典劳动力者按每日计算工钱,是用工价清偿债务。但是,在典工期间,债权人是典工者的主人,二者是主仆关系。在出工清偿完债务前的有限期限内,典工者是其出典工处主人的私人财产,是没有人身自由的。《天盛律令》卷十一《出典工门》:"减算工价、典钱尽毕时,当依旧往还。"②又卷三《盗赔偿返还门》规定:"则与工价相等时,可去。"③即当出工典者的在债权人处劳役工价总数与债务人负债数额相等时,即可与出工处主人解除典工契约关系,返回原处。此外,出工抵债者还有一种提前获得人身自由的方式就是其节亲亲戚等赎取。卷三《盗赔偿返还门》规定:"节亲亲戚中有赎取者,亦当依工力价格赎取。"④即在出工典押期间,如果其节亲亲戚以工价偿还完剩余债务,出典工者即可解除典押关系,恢复人身自由。总之,典工处主人不是法律上终身占有出工者,其对出工者仅拥有典工契约有效期内的所有权,出工典债者不是质身为奴。这与唐律规定的"役身折酬"相同,"不得回利为本","酬尽而止",在理论上不会造成出工者成为债权人事实上的终身奴婢。

《唐律疏议》卷二十六《杂律》负债强牵财物规定:

> 诸妄以良人为奴婢,用质债者,各减自相卖罪三等;知情而取者,又减一等。仍计庸以当债直。

> 疏议曰:虚妄用良人为奴婢,将质债者,各减自相卖罪三等,谓以凡人质债,从流上减三等;若以亲戚年幼妄质债者,各依本条,减卖罪三等。知情而取,谓知是良人而取为奴婢,受质债者,又减一等,谓又减质良人罪一等。仍计庸以当债直,谓计一日三

① 黄时鉴辑校:《元代法律资料辑存》,浙江古籍出版社 1988 年,第 40 页。
② 史金波、聂鸿音、白滨等译注:《天盛改旧新定律令》,法律出版社 2000 年,第 388 页。
③ 史金波、聂鸿音、白滨等译注:《天盛改旧新定律令》,法律出版社 2000 年,第 174 页。
④ 史金波、聂鸿音、白滨等译注:《天盛改旧新定律令》,法律出版社 2000 年,第 174 页。

尺之庸，累折酬其债直。不知情者，不坐，亦不计庸以折债直。①

《宋刑统》卷二十六《杂律》之"公私债负、官吏放债"条与《唐律疏议》相同。②唐宋法律中是严禁将良人抵当借贷，这里所说的"以良人为奴婢"是抵当以后，良人的所属权发生了转移，身份也发生了变化，成为债权人的终身奴婢。但从另一方面也说明唐宋律令规定的质举债务中，只有奴婢可作为人质质举债务。

《天盛律令》卷十一《出典工门》规定：

> 诸人自有妻子及辅主之妻子等、官人妇男，使典押他人处同居及本人情愿外，因官私语，允许使典押。③

> 一诸人将使军、奴仆、田地、房舍等典当、出卖于他处时，当为契约。未取典偿价而典卖者改口时，有官罚马一，庶人十三杖。④

可知，西夏的质举、质典不仅使军、奴仆等下层奴婢阶层可以买卖、抵当举债、代替家主出工清偿债务，而且，父母除外的其他自属良人也可以作为私有财产被典押，但必须"本人情愿"。这是西夏债务律令法规中与唐宋债务法的又一区别。

尽管唐宋法律禁止质良人为奴，但是在民间典当借贷中，质良为奴的情况时有发生。若发现该种情况，《唐律疏议》卷二十六《杂律》之"以良人为奴婢质债"条所规定的处理方式，不仅要"各减自相卖罪三等；知情而取者，又减一等"，同时还要"仍计庸以当债直。谓计一日三尺之庸，累折酬其债直。不知情者，不坐，亦不计庸以折债直"。因官私债务而抵当良人，要按"役身折酬"处理，总计质债人在债权人处劳役的工作日数，折算工价偿还债务后，放其为自由良人。

质典、质举者是所有权发生了完全变更，身份变为了终身性的奴婢，而出工者是一定期限内的出工奴婢。尽管是按日计酬，累计工价折债，表面是雇佣关系，但出工者要与债权人签订典工契约，在债务尚未低偿清之前，出工者是现主人的私有财产，其地位与现主人自属之使军、奴仆相同，与现主人是主仆关系，没有人身自由。典押出工人不得殴打、对抗、辱骂典押处主人。如果违律，《天盛律令》卷十一《出典工门》规定：

> 押处主人是庶人，则当面辱骂相争十三杖，殴打则徒一年，伤者当比他人殴打争

① [唐]长孙无忌撰，刘俊文点校：《唐律疏议》，中华书局1983年，第486页。
② [宋]窦仪等撰，薛梅卿点校：《宋刑统》，法律出版社1999年，第470~471页。
③ 史金波、聂鸿音、白滨等译注：《天盛改旧新定律令》，法律出版社2000年，第388页。
④ 史金波、聂鸿音、白滨等译注：《天盛改旧新定律令》，法律出版社2000年，第390页。

斗相伤罪加三等,死亡则当绞杀。对有官人辱骂相争时徒一年,殴打则徒二年,伤时当比诸人殴打争斗相伤罪加五等,死则以剑斩。宽宥后,不许因辱骂相争取状寻问。①

但是,出工典押人因怠工不劳作,被典押处主人殴打致死,拷打者按律法仅仅最高是处以徒刑三年。

> 一典押出力人已行仆役,不做活业者,击打等而致死者徒一年,执械器而拷打逼迫致死者徒三年。②

与上述出典工者辱骂、殴打押处主人处以相伤罪加三等或五等,打死典押处主人将被绞杀或剑斩相比较,这与使军奴仆伤杀自己头监被处以的刑罚基本相同,身份地位与使军、奴仆等同。典押出工者在劳役期间发生受伤、逃亡、犯罪负苦役等,剩余债务依旧要清偿。债务人还需再使家门中其他人等出工抵债,若无人可出工典押,则自己亲自典工抵债。"则使他人往押,无人押,则当自己出工。"③出工抵债者不同于典卖还债者以及雇佣劳力者,出工抵债者是在役身期间没有人身自由,属于债权人之私产,劳役折庸清偿完债务后即可离开;典卖质债者是完全卖给了债主,在没有赎身前是债权人的私人财产;雇佣劳力者则是有完全的人身自由。

四、出工期间的工价

如上所述,当债务人无力偿还所借贷之债时,为了最大限度保证债权人的利益不受损失债务人及其妻子、媳、未嫁女等家门中人可以到债权人处出劳力,来抵偿所借贷债务,即典卖劳动力偿还债务,偿还方式是按照男女劳动力每日所给付工价来计量抵偿。典押劳动力的工价是如何计算的呢?《天盛律令》卷三《催索债利门》规定:

> 一借官私所属债不能还,以人出力抵者,其日数、男女工价计量之法当与盗偿还工价相同。在典人者,依前法计量出工人之工价,勿算钱上之利。④

从该条文可知,典押期间的工价与无力赔偿盗物时以出工偿还的工价规定相同。《天盛律令》卷三《盗赔偿返还门》规定以工赔偿盗物的工价如下:

> 一前述因偿还盗价、付告赏,为官私人出工所示办法:年七十以上及十岁以下等,依老幼当减出工。十岁以上,七十以下者,当物主人处不需出工,亦应令于其他需

① 史金波、聂鸿音、白滨等译注:《天盛改旧新定律令》,法律出版社2000年,第389页。
② 史金波、聂鸿音、白滨等译注:《天盛改旧新定律令》,法律出版社2000年,第389页。
③ 史金波、聂鸿音、白滨等译注:《天盛改旧新定律令》,法律出版社2000年,第388页。
④ 史金波、聂鸿音、白滨等译注:《天盛改旧新定律令》,法律出版社2000年,第190页。

用处出工。价格：大男人七十缗，一日出价七十钱；小男及大妇等五十缗，一日五十钱；小妇三十缗，一日三十钱算偿还。钱少，则与工价相等时，可去。若很多，亦令所量人价，钱数当完毕，则当依旧只关，盗人之节亲亲戚中有赎取者，亦当依工力价格赎取。①

从《天盛律令》卷三《盗赔偿返还门》该条抵押出工工价计算的规定可知，抵押期间，劳动力价格依据不同年龄和性别，分为三个等级。工价最高者为大男人，每日工价是 70 文钱；小男及大妇次之，每日工价是 50 文钱；最低者是小妇，日工价为 30 文钱。那么，大男、小男、大妇、小妇又如何界定区分呢？

据《宋史·夏国传》记载："其民一家号一帐。男年登十五为丁，率二丁取正军一人。每负赡一人为一抄，负赡者，随军杂役也。四丁为两抄，余号空丁。愿隶正军者，得射他丁为负赡，无则许正军之疲弱者为之。"②又《天盛律令》卷六抄分合除籍门规定："一诸转院各种独诱年十五当及丁，年至七十入老人中。"③可知，这里的大男当指 15 岁至 70 岁之间的成年男丁。同时"一诸转院各独诱新生子男十岁以内，当于籍上注册。若违律，年及十至十四不注册隐瞒时隐者正军隐一至三人者，徒三个月；三至五人者，徒六个月；六至九人者，徒一年；十人以上一律徒二年。首领、主簿等知情，则当比正军罪减一等，不知情者不治罪。"结合上文所规定出工抵债者男子十岁以上，七十岁以下的标准，小男当指 10 岁至 15 岁之间尚未成丁的男子。

又《天盛律令》卷七《投诚者安置门》中对因债务逃跑后又投诚归来的债务人之债务亦可以由其妻、女、媳等出工抵债。为我们提供了西夏大妇、小妇的年龄界定标准。

> 一来投诚者中原系我方人，因负官私债须还，盗官马、坚甲赔偿及其他罪等逃往敌界，重归投诚来者，大小罪皆当释，共抄辅主、父、兄弟、儿子家门等因商议逃跑而知闻，当换地方另外安置，有者当交还，总计赔偿，负债不释，依法当还给。其中因偿还债，使妻子、儿女典当别处者，是五十缗以内则当按边等法出工偿。若为大女、媳当算五十钱，年十五以下十岁以上算三十钱工价。原已住日期多少天亦算工价当减除。□□偿钱数与工价数相等时，当依旧往回。若为五十缗以上，则按大女、媳之价五十缗，幼女年十五以下，十岁以上三十缗计算，工价与妇女价格相抵时，使前往，不允使之超过。若无妻子、子女、儿媳时，确不能偿债，则偿债 各变换，一缗起 至二十缗笞四

① 史金波、聂鸿音、白滨等译注：《天盛改旧新定律令》，法律出版社 2000 年，第 174～175 页。
② ［元］脱脱等撰：《宋史》卷四八五夏国传，中华书局 1977 年，第 14028 页。
③ 史金波、聂鸿音、白滨等译注：《天盛改旧新定律令》，法律出版社 2000 年，第 262 页。

十，二十缗以上至五十缗六十答，五十缗以上至百缗答八十，[1]百缗以上一律当答一百。[2]

该条律法规定，西夏国内诸人无论是欠负官债，还是私人债务逃往敌界，投诚归来后，尽管其他罪行可被免除，但其债务不能免除，依旧要偿还，这与宋朝欠债三十年的债务追还有效期不同。同时，逃人负债回来后无力偿还官私债务要以妻女等家门中人工出典还，其工价亦是大女、媳日工价 50 文钱，幼女每日 30 文钱。其中幼女当为上文所述小妇，年龄在 10 至 15 岁之间的女子；大女、媳当年龄为 15 岁以上至 70 之间的妇女。西夏法律规定以劳动力典押还债的大男 70 文钱、小男及大妇 50 文钱、小妇 30 文钱的日工价与正常时期雇佣工价相比较是相等还是较低呢？

据河北大学宋史研究中心梁松涛教授提供，在《亥年新法》卷十六、十七合卷中有一条文记载了投诚的抄首领李狐儿等人出炭做苦役的每日工作量及其报酬。[3] 条文录文及译文如下：

Инв.No.2623　　5591《亥年新法》(乙种本)第十六十七合(10-3)

① 方框内的文字对应的西夏文在俄藏甲种本中卷七《投诚者安置门》图录 32-7、8 两页下部残缺，但克恰诺夫俄译本刊布的图录是完整的，可以补录这部分残缺的内容。第 32-7 左面第 8 行所缺内容是"𗈪𘉋𘞎𗧓𗰗(变各一缗起)"、第 9 行所缺内容是"𗩾𗦲𗧓𗤭 𗭴𗦲𗧓𗧓𗰗𗩰(二十缗以上五十缗至六)"、第 32-8 右面第 1 行所缺内容是"𗈪𗧓𗦲𗤋𗬪𗧓𗰗𗧓(至八十答百缗上)"。

② 史金波、聂鸿音、白滨等译注：《天盛改旧新定律令》，法律出版社 2000 年，第 272～273 页。

③《亥年新法》卷十六、十七合卷，《俄藏黑水城文献》第九册，第 259 页。

10 - 3.6　𗫂𗟲𗱕𗄊𗗐𗵏𗳮𘓐𗱕𘍞𗷖𗢳𗡬𘄢𗱕𗵒𘝇𗯿𘕕𘟀

　　　　一坛炉峰　炭有笨工者　投诚者三十抄　首领　李狐儿等

10 - 3.7　𗢳𗱒𗆬𗡷𗖵𗌶𘟣𗾟𘟣𗯯𗫂𘟣𗢳𗢳𗄛𗪉𗄊

　　　　三局分院下　共一百人　割日数　三百三十斤　各炭出

10 - 3.8　𘘄𗈪𗢳𗄊𗄛𗤙𗙴𘇂𗿷𘞽𗢳𘟣𗄛𘍞𗽶𗤙𗷖

　　　　抽中三十斤各免草　除此外实　三百斤各　奉工价

10 - 3.9　𗽶𗄊𗽶𘕾𗢳𘟀𘄽𘎑𗡬𘝊𗿷𘞽𘟣𗢣𘄛𗌶𘟣𘟣

　　　　一斤一钱各　冬夏服及等　给又苦役人中一百人

10 - 3.10　𘟣𗀈𘓐𗯲𘟣𘖎𗲲𗽶𗄊𗢳𘝊𗷖𘍝

　　　　割水失领事　级造作　一斤三钱半各

意译:

　　一坛炉峰炭出笨工者,投诚者三十抄首领李狐儿等,三局分院下共一百人割,日出碳数各三百三十斤,抽中各三十斤免草;除此外,实三百斤各奉工价一斤一钱,又各给冬夏服等。苦役人中,一百人割水失领事级造作,一斤三钱半各。

　　从《亥年新法》该条文规定可知,西夏晚期神宗光定年间,为官府做工出碳,成年男丁每日必须出 330 斤碳,其中 30 斤抵交草役,300 斤由官府给工钱,每斤给 1 文钱,则每日工价是 300 文钱,此外还给配发冬季和夏季的衣服。政府雇佣劳动力,除扣除所缴纳的草役,工价计算是以每日劳动量计件付酬,成年男丁,即大男每日的工价 300 文,这是《天盛律令》规定的典工还债期间大男每日 70 文工价的 4 倍有余,可见因负债典押劳力所给的报酬要比正常的雇佣工价要低。当然,每日 300 文的工价是西夏晚期的规定,即便是考虑到物价上涨、货币购买能力变化等一系列因素,以工抵债的劳动力价格似乎还是比不受任何约束限制的自由雇佣劳力工价要低。北宋神宗元丰七年(1084),宋夏边境地区的环庆路、鄜延路修建堡寨所雇佣工匠每日工价是 100 文,口粮为米 2 升。元丰七年(1084)二月辛未,又诏:"鄜延、环庆路如有合兴工城寨,许和雇人,日支钱百、米二升,禁军愿就雇者听。"[1]

　　《宋刑统》卷二十六《杂律》规定:"诸妄以良人为奴婢,用质债者,各减自相卖罪三等。知情而取者,又减一等,仍计庸以当债直。"[2]有引《唐律疏议》曰:

---

[1] [宋]李涛:《续资治通鉴长编》卷三四三神宗元丰七年二月辛未,中华书局 2004 年,第 8235 页。
[2] [宋]窦仪等撰,薛梅卿点校:《宋刑统》卷二十六杂律,法律出版社 1999 年,第 470 页。

虚妄用良人为奴婢,将质债者,各减自相卖罪三等,谓以凡人质债,从流上减三等;若以亲戚卑幼妄质债者,各依本条,减卖罪三等。知情而取,谓知是良人,而取为奴婢受质债者,又减一等,谓又减质良人罪一等。仍计庸以当债直,谓计一日三尺之庸,累折酬其债直,不知情者不坐,亦不计庸以折债直。[①]

唐律虽然规定严禁以虚假方式将良人当作奴婢买卖抵押借贷债务,但"仍计庸以当债直,谓计一日三尺之庸,累折酬其债直"的规定说明男口可以出工抵债,即"役身折酬",每日劳役的工价以三尺绢计算折算清偿债务。唐前期每匹绢值 200 钱,晚期是每匹卷在 800 至 1 000 钱左右。唐尺一匹是 40 尺,唐前期每尺绢则合 5 钱,晚期每匹绢价格则约为 20 至 25 钱。由此可推算出唐代男口役身折酬的工价前期约为每日 15 文钱,后期在 60 至 75 文钱左右。

根据西夏故地出土的西夏钱币窖藏可知,西夏虽然铸造流通自己的货币,但其境内流通的货币主要是唐宋货币,这说明西夏工价与唐宋时期的工价有一定的可比性。西夏大男典工期间每日 70 文的工价与唐代男口役身折酬的工价相比较,高于唐代前期工价,与唐晚期役身折酬 60 至 75 文钱工价基本相当。比北宋政府在宋夏边境修筑堡寨所雇佣劳力每日 100 文另加每日 2 升米的工价要低。通过上述比较,可以说明,一方面西夏经济落后于宋代;另一方面以劳动力抵偿债务的工价要比正常的自由雇佣劳力价格要低,这是为了最大限度地保证债权人债务不受到损失。

尽管《天盛律令》规定了西夏出工抵债的每日工价标准,但在民间实际的劳力出卖典押中往往要比律法层面所规定的工价要低。如,在已刊布的《俄藏黑水城文献》第 14 册中 Инв.No.5949 - 32 是《光定卯年(1219)典工契约》文书[②],据史金波先生解读,该件典工契约是一人典工 9 个月,工价是 5 斛谷,另有少许衣物等,若反悔依官罚交 5 斛杂粮,推算每日工价不足 2 升谷。[③] 又据史金波先生对国家图书馆所藏西夏文卖粮账目文书研究,当时黑水城地区小麦每斗最低 200 钱,最高不超过 250 钱,每升麦价 20 至 25 钱,糜价每斗在 150 至 200 钱左右,每升 15 至 20 钱。[④] 由此可知,西夏光定卯年典工其中出工者的工价每日合 30 至 40 钱。

① [宋]窦仪等撰、薛梅卿点校:《宋刑统》卷二十六杂律,法律出版社 1999 年,第 470 页。
② 《俄藏黑水城文献》第一四册,第 94 页。
③ 史金波:《西夏社会》,上海人民出版社 2007 年。
④ 史金波:《国家图书馆藏西夏文社会文书残页考》,《文献》2004 年第 2 期,第 138～151 页。

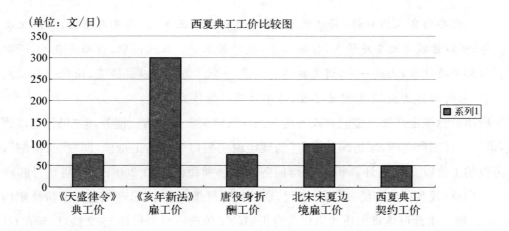

（单位：文／日）　　　　　　西夏典工工价比较图

综上所述，西夏《天盛律令》中有关"出工抵债"的法律条文的详细规定是历代律法体系中所没有的，这是西夏债务法的又一特色。西夏法律所规定的出工抵债的出工者是除父母、年70岁以上的年老者、10岁以下的幼童以外的男口女口都可典工抵债，不同于唐律所规定的仅限于男口。债权人与出工者之间是主仆关系，在债务未抵偿清期间，出工者地位如同债权人私属使军、奴仆，工价抵偿债务后，这种关系即可解除。出工抵债期间的工价要比正常的雇佣劳动力价格低，而从出土的典工契约来看，实际出工抵债中，出工者的工价往往比法律规定的更低。

第二章　《天盛律令》中的官营典贷及利率问题

第一节　《天盛律令》中的官营典贷

借贷典当是人类社会进入私有制社会后出现的重要经济活动。正如马克思在《资本主义以前的社会》一文中指出："生息资本或高利贷资本（我们可以把古老形式的生息资本叫作高利贷资本），和它的孪生兄弟商人资本一样，是洪水期前的资本形式，它在资本主义生产方式以前很早已经产生，并且出现在极不相同的社会经济形态中。"[①]借贷活动自出现以来，就有政府从事的官营借典和民间富商巨贾等所经营的私人借贷之分。我国古代官府经营借典，自《周礼·泉府》启其端，之后代有其事。[②] 官营借贷典当不仅是政府增加财政收入、补充公廨运行经费不足的重要来源之一，同时，官营借贷典当在追求经济效益的前提下，往往官营借典利率比民间私人从事的借贷典当低，在很大程度上也为生活贫困的广大基层百姓来说，增加了一种维持生计、渡过难关的选择。历代王朝在发生农业歉收等自然灾害之年，有些政府从事的官营借贷视灾情轻重，甚至是无息借贷，担负起了社会救济的职责。如宋代王安石变法推行的青苗钱、抵挡所典当的社会慈善救济功能，市易务借典对平抑物价、遏制市场垄断的调节作用。当然，官营借典也不乏高利贷等搜刮民脂民膏，使借典者家破人亡的情况。

西夏的典当借贷包括官营和私营。学界对西夏的借贷典当的研究成果诸多，既有对西夏借贷典当制度的研究，也有对出土西夏借贷典当契约的解读研究。但对西夏官营借

---

① 马克思著，中共中央马克思恩格斯列宁斯大林著作编译局译：《资本论》第三卷第三十六章，人民出版社 2004 年，第 671 页。
② 刘秋根：《元代官营高利贷资本述论》，《文史哲》1991 年第 3 期，第 12～16 页。

贷典当的研究还十分薄弱，只有杜建录先生《西夏高利贷初探》①一文及其著作《西夏经济史》②有涉及。学术界研究西夏借贷典当引用的材料基本上都是限于《天盛律令》卷三《当铺门》和《催索债利门》的规定。其实在《天盛律令》卷十七《供给交还门》、《物离库门》、《库局分转派门》中有关于西夏官物借贷典当更为详细的规定。西夏官营借贷典当的情况如何？除了《当铺门》和《催索债利门》中典当借贷的基本制度，还有那些特殊的规定，本章主要依据《天盛律令》卷十七的相关条文结合学界已有研究对西夏官营借典有关问题予以讨论。

一、官营典贷类型

借贷典当按不同的分类方法可分为不同的类型，目前学术界没有统一的分类标准，都是以自己研究的着力点和方法，有各自的分类标准。本节利用《天盛律令》散见在各卷门类中有关对官物借贷、典当、买卖的律法规定，结合武威、黑水城等西夏故地出土的西夏文、汉文借贷、典当、买卖契约，参考唐宋辽金的官营借贷典当，以从事借典的机构和经营方式为标准，就西夏官营借贷的类型予以梳理论述。

第一种是以"官当铺"、"市易库"为代表的专门借典机构。

如前所述，西夏官营典当借贷的运行也有专门的机构，即官当铺。如在卷十七《供给交还门》中有"ꞏꞏꞏ"汉译为"一官之当铺中诸人"；"ꞏꞏꞏ"，汉译为"借贷局分"；卷十七《物离库门》有"ꞏꞏꞏ"，汉译"掌当铺者偿之。若铺头监及节亲、宰相诸大人及他人等倚势强行，不计官当铺内之本利，因钱多而典当，亦当令强行典当者本人偿其本利钱"。说明官营当铺有政府委派的专门负责当铺经营的"当铺主"，此外当铺中还设有"当铺头监"等职官。

卷三《当铺门》第一条"ꞏꞏꞏ"，史金波等汉译本翻译为"诸当铺诸人放物典当"，在翻译中省略了"ꞏ"，即汉语"长"。实际上"ꞏꞏ"应该是一个名词。ꞏ，有"库"、"府"、"典当"之意；ꞏ，意"长"、"编"等；ꞏꞏ组合在一起字面意思为"库长"、"府长"。按照西夏语言语法习惯，应翻译为"长库"、"长府"，所以ꞏꞏ应该是固定搭配的词汇。长府是我国古代国家储藏财货、武器等国库的称谓。这一称谓最早出现于春秋时期的鲁国，《论语·先进》记载有："鲁人为长府。"何晏集解引郑玄曰："长府，藏名也，藏财货

① 杜建录：《西夏高利贷初探》，《民族研究》1999年第2期，第59～63页。
② 杜建录：《西夏经济史》，社会科学出版社2002年，第242～251页。

曰府。刘宝楠正义曰：此章重於劳民也。'鲁人为长府'者,藏财货曰府,长,其藏名也。正义曰：云'长府,藏名'者,言鲁藏财货之府名长府也。云'藏财货曰府'者,布帛曰财,金玉曰货。《周礼·天官》有'大府为王治藏之长,玉府掌王之金玉玩好,内府主良货贿藏在内者,外府主泉藏在外者,是藏财货曰府。府犹聚也,言财货之所聚也。'"[1]西夏文《论语全解》中"鲁人为长府"此句中的"长府"一词就翻译为"𗧃𗧘"。[2]汉译本中将"𗧃𗧘"翻译在一起,而忽略了后面得"𗧘"字,仅仅翻译为"当铺",实际上"𗧃𗧘𗧘"应该是一组词,意"典长府"。由此可以看出,这里的"典长府"是西夏官府经营的当铺称谓。宋代官营借贷也有专门的机构,其名称为"抵挡所"、"抵当库"。

宋代抵当所隶属于太府寺。《宋史》记载：太府寺"所隶官司二十有五"。抵当所便是其中之一,其职责是"掌以官钱听民质取而济其缓急"。[3]熙宁六年(1073),神宗皇帝下诏市易司"市例钱量留支用外,并送抵当所,出以给吏禄"。而且令其设司置局,"隶都提举市易司,仍令举勾当公事官二员,专检估"。[4]此后市易司吞并了检校库抵当所。刘秋根先生研究认为宋代抵挡所起源于"检校库抵当所",是宋政府为了管理户绝没官财产和官员的孤幼应获之父母遗产,且用这些财产来抚养遗孤(主要是官员的遗孤)而设立的政府职能机构,隶属开封府。[5]抵当所有的称为抵质库,有的称为典库,有些或直接称之为质库、解库,与民间私营典当的名称相同。其业务与民间当铺经营业务基本相同,均是进行动产抵押放款,抵当物多为金银、珠子、续罗绸缎等贵重物品,也有米麦和诸州军公库的器皿什物,又有下层民众的衣物、农具。[6]所以说,西夏的"典长府"其职责性质也应该与宋代的"抵挡所"一样,是政府官营典当借贷机构,不同于民间的私营当铺。

除官营当铺之外,西夏还有一个机构——"𗧃𗧘𗧃"也有可能是专门从事官营典当借贷业务的机构。该机构名称见于《天盛改旧新定律令》卷十七库局分转派门中,出现过两次。一为："京师界内持局分人三个月、诸转卖库六个月、种种匠一年期间一番当告纳本处帐册。"[7]图版见《俄藏黑水城文献》第8册《天盛改旧新定律令》卷十七(图49-1)。[8]此外,还在该门向诸库派遣案头、司吏时出现："一诸库所派案头、司吏者,当于诸司超数之司

---

① [魏]何晏注、[宋]邢昺疏：《论语注疏》卷十一·先进第十一,见李学勤主编《十三经注疏》,北京大学出版社1999年,第147页。
② 《俄藏黑水城文献》第一一册,第47页。
③ [元]脱脱等：《宋史》卷一六五职官志,中华书局1977年,第3906页。
④ [宋]李涛：《续资治通鉴长编》卷二四八,熙宁六年一月丙申条,中华书局1992年,第6063页。
⑤ 刘秋根、王文书：《宋朝的抵挡所和抵当库》,《宋史研究论丛》第九辑2008年,第271~292页。
⑥ 刘秋根、王文书：《宋朝的抵挡所和抵当库》,《宋史研究论丛》第九辑2008年,第271~292页。
⑦ 史金波、聂鸿音、白滨译注：《天盛改旧新定律令》卷十七库局分转派门,法律出版社2000年,第525页。
⑧ 西夏文《天盛改旧新定律令》卷十七(甲种本),《俄藏黑水城文献》第八册,第320页。

吏中派遣。未足,然后可依以下所定派独诱中之识文字、空闲者。……十二种一律二司吏:罚赃库,买酥库,草库,行宫库,买羊库,地租库,转卖库,蒲苇库,大都督府租院、踏麯库,富清县租院、踏麯库。"①图版见《俄藏黑水城文献》第 8 册《天盛改旧新定律令》卷十七(图 49－12)。② 该职司机构西夏文是"𗱵𘃶𗈪",史金波先生汉译本翻译为"转卖库"。③

笔者以为"𗱵𘃶𗈪"译为"市易库"较为合适。

𗱵,意"易"、"变"。④《文海杂类》22.151 释𗱵"𗱵𘄄𗂧𘄄𗸣𗱵𗂧𗱵𗤋𗼋𘄄𗼋𘅣𗯆𗉣"(译:变左换全,译者翻译也,使变之义也)。

𘃶,汉语借词,音"市",意"市"、"商"、"买"、"货"、"榷场"。《同音》53B5"𗦴𘃶"译"买卖"。《文海》10.122"𗱵𘃶𗂧𗥃𘄄 𘅣𗤋𗦴𘃶𗼕𘊴𗴂𘕿𗈪𘄄𗼕𘕿𘃶𘅣𗯆𗉣𗉣"(贩卖左传全,贩者买卖中间言为者,贩卖物者,贩卖之谓也)。⑤"𘃶𗼋"译"市场"、"榷场"。

𗈪,如上编注释,意"仓"、"库"、"藏"、"府"。⑥

所以"𗱵𘃶𗈪"翻译为"市易库"、"转卖库"似乎都可以,意思都是从事买卖交易的官库。笔者认为该词翻译为"市易库"似乎更为通顺和妥帖。因为在宋代王安石变法推行市易法时,设置了一个机构"市易务",是从事借贷、典当、买卖、平抑物价的机构,并且兼具中介机构作用,有官营背景性质。笔者以为西夏的"𗱵𘃶𗈪"(市易库)其功能和作用与宋代的"市易务"应该很相似。

《续资治通鉴长编》卷二百三十一记载,宋神宗熙宁五年(1072)三月诏曰:"天下商旅物货至京,多为兼并之家所困,往往折阅失业。至于行铺、稗贩,亦为取利,致多穷窘。宜出内藏库钱帛,选官于京师置市易务,其条约委三司本司详定以闻。"⑦关于市易务的设立,宋神宗下诏在京师设立市易务之前,自称"草泽"的魏继宗对于京师商品交易市场出现"市无常价,贵贱相倾,或倍本数。富人大姓皆得乘伺缓急,擅开阖敛散之权"的现象所谏抑制之言而引起。后中书又针对如何具体操作运行上书神宗:

古者通有无、权贵贱以平物价,所以抑兼并也。去古既远,上无法以制之,而富商大室得以乘时射利,出纳敛散之权一切不归公上,今若不革,其弊将深。欲在京置市易务,监官二,提举官一,勾当公事官一。许召在京诸行铺牙人充本务行人、牙人,内

---

① 史金波、聂鸿音、白滨译注:《天盛改旧新定律令》卷十七库局分转派门,法律出版社 2000 年。第 532 页。
② 西夏文《天盛改旧新定律令》卷十七(甲种本),《俄藏黑水城文献》第八册,第 325 页。
③ 史金波、聂鸿音、白滨译注:《天盛改旧新定律令》卷十七库局分转派门,法律出版社 2000 年,第 532 页。
④ 李范文编著、贾常业增订:《夏汉字典》,社会科学出版社 2008 年,第 920 页。
⑤ 史金波、白滨、黄振华:《文海研究》,中国社会科学出版社 1983 年,第 148 页。
⑥ 李范文编著、贾常业增订:《夏汉字典》,社会科学出版社 2008 年,第 749 页。
⑦ [宋]李涛:《续资治通鉴长编》卷二三一,熙宁五年三月丙午条,中华书局 1992 年,第 5622 页。

行人令供通己所有或借他人产业金银充抵当,五人以上充一保。遇有客人物货出卖不行愿买入官者,许至务中投卖,勾行、牙人与客人平其价,据行人所要物数先支官钱买之,如愿折博官物者亦听,以抵当物力多少许令均分赊请,相度立一限或两限送纳价钱,若半年纳即出息一分,一年纳即出息二分。已上并不得抑勒。若非行人见要物而实可以收蓄变转,亦委官司折博收买,随时估出卖,不得过取利息。其三司诸司库务年计物若比在外科买,省官私烦费,即亦一就收买。①

从上述中书奏言中可知,市易务的主要目的是为了通有无,权贵贱,平抑物价,遏制富商大贾对市场兼并。市易务主要开展的业务有以下几点,一是在牙行、当铺中招充精通经纪业务的牙人,从事商品交易、典当、借贷;二是对市场滞销的货物进行收购。以此来实现稳定市场,遏制垄断,平抑物价,更主要的还在于通过借贷、典当以及代理售卖来增加政府财政收入。而市易务运行的本钱是"内藏库钱帛",其上级管理机构是主管财政的三司。这也是宋代官营借典的重要机构。之后,市易务在各府州县设立推广。

目前限于资料的匮乏,对西夏"犭犮龙"(市易库)这种官营借典买卖机构只能从字词解释的角度通过与宋代相同职能的机构"市易务"比较后予以引申蠡测。但它肯定是利用官物从事买卖,来增加政府收入,而借贷、典当也是商业交易的一种类型,同时"犭犮龙"(市易库)从《天盛律令》卷十七《库局分转派门》中"京师界内持局分人三个月、诸转卖库(市易库)六个月"的表述来看,市易库不仅仅在京师设置不止一处,而且在各地边、地中也设置有该机构。由此也可推测,该机构的职能也确实是通过买卖贸易来为政府创收,增加收入,同时可能也兼有调节市场秩序、平抑物价、遏制富商大贾垄断市场,稳定经济秩序。

由于"犭犮龙"(市易库)在《天盛律令》中归于各类官库之列,笔者认为该机构在一定程度上可能还具有我国古代历代王朝所设置的常平仓的性质,常平仓是古代稳定市场、社会赈济、打击投机倒把、抑制物价的重要机构,也从事借贷业务。虽然在《天盛律令》中没有出现常平仓的名称,但这并不能说明西夏没有设置过常平仓,如此重要的机构西夏不可能不设置。况且,在西夏也多次出现因物资短缺、物价上涨、通货膨胀较为严重的情况,特别是灾荒饥馑之年,豪强富贾的投机倒把,土地兼并,导致社会动荡,流民集聚爆发了农民起义,所以西夏也应设置常平仓,以备不时之需。

与西夏同时期的金朝,其官营借贷也很发达,并且也有专门的官营借贷结构。金代的官办典当借贷机构称为"流泉务"。《金史·百官志》记载:

---

① [宋] 李焘:《续资治通鉴长编》卷二三一,熙宁五年三月丙午条,中华书局 1992 年,第 5622～5623 页。

中都流泉务。大定十三年，上谓宰臣曰："闻民间质典，利息重者至五七分，或以利为本，小民苦之。若官为设库务，十中取一为息，以助官吏廪给之费，似可便民。卿等其议以闻。"有司奏于中都、南京、东平、真定等处并置质典库，以流泉为名，各设使、副一员。凡典质物，使、副亲评价直，许典七分，月利一分，不及一月者以日计之。……大定二十八年十月，京府节度州添设流泉务，凡二十八所。明昌元年，皆罢之。二年，在都依旧存设。使一员，正八品。副使一员，正九品。掌解典诸物、流通泉货。勾当官一员。攒典二人。[1]

从金代流泉务的职责及其运行规则来看，与《天盛律令》卷十七对官之当铺以及各官库局分的规定是基本一致的，都要对所借典物资进行计量估价，详细登记质典物品等。

第二种是以皇帝皇后为代表的诸王权贵从事的典贷。

统治阶级利用特权经营借贷在历代王朝中并不鲜见，西夏亦是如此。除专门的官营借典机构之外，西夏的官营借典业务还应包括皇族、诸王以及贵族官僚所从事的借典经济活动。如《太平治迹统类》卷十五记载："牙（衙）头吏史屈子者，狡猾，为众贷谅祚息钱，累岁不能偿。"[2]西夏第二代皇帝毅宗谅祚从事货币高利贷，杜建录先生认为"这里以国主谅祚名义经营的高利贷或许也属官贷性质"。[3] 当然谅祚的高利贷业务是委托给"牙（衙）头吏"来专门从事借贷。谅祚时期近臣高怀正曾"贷银于国人"[4]，从这一点反映出西夏的统治阶层上自帝王，下至官僚贵族也经营高利贷。西夏帝王权贵等统治阶级从事借贷典当业务是通过专门的中介机构来营运，这种方式又类似于元朝皇帝、王妃、诸王等所经营的借贷——斡脱钱。蒙元时代的斡脱钱是蒙古诸王及贵族将货币委托给从中亚来的善于经商的回回商人从事借贷和商业贸易来获取盈利，这是蒙元时代官营借贷的一个重要方式，也是皇室经济收入的一个重要途径。元代斡脱官钱高利贷因委托于西域商人专门从事放贷，不仅利息高，而且还利上有利，回利为本，因此被称为羊羔儿息。这种滚雪球似的取利剥削方式，致使借贷者卖了妻儿也难以还清，最终倾家荡产。刘秋根认为，斡脱商人它既投入商品买卖，也经营高利放贷，而且以后者为主，这种高利贷曾大肆其虐剥削小生产者，榨取年利倍称，而且回利为本的高额利息。[5] 为了加强对斡脱钱的有效管理，至元九年，

① ［元］脱脱等：《金史》志第三十八百官志三，中华书局 1975 年，第 1320 页。
② ［宋］彭百川：《太平治迹统类》卷十五神宗经制西夏，影印文渊阁四库全书本。
③ 杜建录：《西夏高利贷初探》，《民族研究》1999 年第 2 期，第 59～63 页。
④ ［宋］李涛：《续资治通鉴长编》卷二三一，熙宁五年三月丙午条，中华书局 1992 年，第 3902 页。
⑤ 刘秋根：《元代官营高利贷资本论述》，《文史哲》1991 年第 3 期，第 12～16 页。

元政府设立了斡脱所，至元二十年又改称为斡脱总管府。[①] 西夏皇族这种委托牙行从事借贷纳息的高利贷运营模式，与上述蒙元贵族将银钱给付回回商人的赚取高额利息的做法如出一辙。

第三种是各级官廨及官库局典贷。

历代王朝不仅中央有专门的典当借贷，而且其他职司机构和地方政府也都经营着典当和借贷经济。这类官营典当借贷是依赖各自官库中的官物广泛开展借贷和租典业务，依此来赚取利息，增加自身的财政收入，维系职能机构日常的运转开支和衙吏俸禄薪资。目前的西夏文献资料虽然没有明确的记载西夏各职司机构和地方政府机构经营借贷的行为，但是我们通过《天盛律令》中有关京师各库局和经略司所属的地方库局官库、官物的勘磨可知，种种库局所属之畜、谷、物、钱等是不允许随意借贷和典当，必须经过上级部门的批准和谕文方能典借。这说明有官物的各类官库局分处是存在借贷和典当业务的，只是经营的手续较之其他专门典借机构和民间私营当铺更为严格，这也是为了防止官有物资流失和管库局职司人员借职务便利谋取私利。俄藏黑水城文献中的西夏天盛十五年贷钱契约就是地方职司机构以课税为母钱从事借贷的证明。

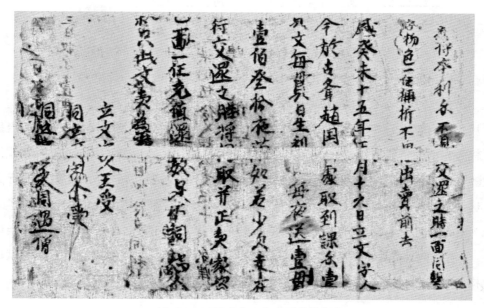

Инв.№.7779A《天盛十五年王受贷钱契约》

---

① ［明］宋濂等：《元史》卷十二本纪第一二，中华书局 1976 年，第 255 页。

在俄藏黑水城出土文献中,有三件汉文经济文书,是西夏天盛十五年的贷钱契约和收支账。俄藏编号分别是 Инв. No.7779A、Инв. No.7779B、Инв. No.7779E,都是从西夏文佛经《种咒孔雀明王经》封套裱纸中发现的汉文残件。图录刊布在《俄藏黑水城文献》第 6 册。① 史金波先生《西夏社会》一书中对 7779A 做了录文研究②,杜建录先生《西夏社会经济文书研究》等著作对该三件文献都做了详细释文和相关问题考释。③ 现根据杜先生释文将录文转录如下:

（前缺）

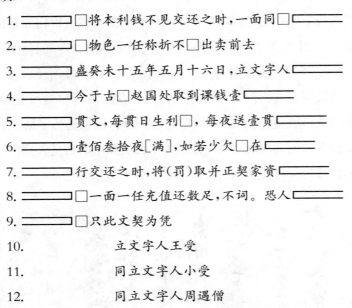

1. □将本利钱不见交还之时,一面同□□
2. □物色一任称折不□出卖前去
3. 盛癸未十五年五月十六日,立文字人□
4. 今于古□赵国处取到课钱壹□
5. 贯文,每贯日生利□,每夜送壹贯□
6. 壹佰叁拾夜［满］,如若少欠□在□
7. 行交还之时,将（罚）取并正契家资□
8. □一面一任充值还数足,不词。恐人□
9. □只此文契为凭
10. 　　　立文字人王受
11. 　　　同立文字人小受
12. 　　　同立文字人周遇僧

从残损内容来看,7779A 前两行是一件契约的末尾。从"天盛癸未十五年"开始是另一件较为完整的贷钱契约,包含有签订契约的时间、借贷人、出贷人、贷钱数额、期限、利息、违约处罚,结尾的借贷人、担保人签名画押的完整契约要素,符合西夏契约的行文格式。这件贷钱契约较为珍贵的信息是放贷的本钱是课钱,即封建国家的税收。杜建录先生认为这是一件官府借贷文书,取钱处的赵国某只是负责出贷的经手人,债权人为当地官府。④ 笔者赞同杜先生的观点,这里出现的课税借贷可能就是西夏时期,黑水城的赋税征收机构经营的一种地方官营借贷。在俄藏黑水城文献第 12、13、14 册中有许多典卖土地

① 《俄藏黑水城文献》第六册,第 321、322、325 页。
② 史金波:《西夏社会》,上海人民出版社 2007 年,第 193 页。
③ 杜建录、史金波:《西夏社会文书研究》,上海古籍出版社 2010 年,第 187～190 页。
④ 杜建录:《黑水城出土的几件西夏汉文社会文书考释》,《中国史研究》2008 年第 4 期,第 115～120 页。

和牲畜的契约,有些契约上面盖有一方税院的朱印,表示已征收赋税。如俄藏黑水城文献4193号《天庆五年卖地契约》上就有一方朱印,长方形,上覆荷叶,下托莲花,莲花下有西夏文四字"买卖税院"。[①] 同时,据史金波先生研究解读,俄藏黑水城文献中还有诸多西夏文的税收账。说明黑水城地区确实存在征收各类赋税的机构,其中就包含有征收买卖交易税的"买卖税院"。所以这件天盛十五年以课税为本钱的货币借贷契约,进一步证实了上述西夏地方机构和各职司库局也从事官营借贷典当的论述。

再如,《天盛律令》卷十六虽然全部失佚不存,但在保存下来的《天盛律令·名略》卷十六《派官粮农监门》的条文目录有"官粮等贷耕官地",从条目来看似乎是租种官地的农户在没有种子耕种时,政府可以向其借贷官粮种地的规定。这里的官粮不仅包括《天盛律令》所记载的"官黑山新旧粮食库"、"大都督府地租粮食库"、"鸣沙军地租粮食库"、"林区九泽地租粮食库"等专门的粮食官库[②],同时也可以向地方官库中有粮食的机构借贷。西夏在各农业生产主产区还建立有"御仓",存贮窖藏有大量的粮食物资。如兰州龛谷、西使城、鸣沙川、陕北葭芦地区的"歇头仓"、贺兰山的"摊粮城"等,这些官库粮食除了战时补给军队外,每逢灾荒时节也应该用于赈贷救灾于灾民。西夏贞观十年(1110),河西饥馑,"乾顺命发灵、夏诸州粟赈之"。[③] 西夏大安十一年(1085),秋七月银、夏等州遭遇大旱,三月不雨,颗粒无收,民大饥,"群臣咸请赈恤,秉常令甘、凉诸州粟济之"。[④]

由此可见,西夏官营借贷在追求最大收益的同时,每逢自然灾害以及春耕时还有赈贷的行为。这种灾荒之年的赈贷有些是免费借贷,有些是低息借贷。在保证灾民度过灾荒之年,确保不使土地荒芜的情况下,更重要避免了饥民发生规模的聚众暴动,保持了社会稳定。灾荒时节的赈贷担负着政府救灾赈恤、社会救济的功能。此类官营借贷也是历代王朝实行的救济灾荒的赈恤措施之一。与西夏同时期的金朝,在饥荒歉收之年也同样存在政府用税收从事官营借贷,赈济百姓度过困难的措施。如,西夏仁宗大庆四年,因自然灾害引发人民起义后,仁孝在武力镇压的同时,采纳枢密承旨苏执礼主张的救荒之术,"命诸州按视灾荒轻重,广立井里赈恤"。[⑤] 通过赈济灾民,招安怀柔民心。金朝也同样采取赈贷来救济灾民,如,金世宗大定二十年(1180):"诏猛安谋克俸给,令运司折支银绢。省臣议:'若估粟折支,各路运司储积多寡不均,宜令依旧支请牛头税粟。如遇凶年尽贷于

① 史金波:《西夏社会》,上海人民出版社 2007 年,第 152 页。
② 史金波、聂鸿音、白滨译注:《天盛改旧新定律令》卷十七库局分转派门,法律出版社 2000 年,第 534 页。
③ [清] 吴广成著,龚世俊等校注:《西夏书事》卷三十二,甘肃文化出版社 1995 年,第 152 页。
④ [清] 吴广成著,龚世俊等校注:《西夏书事》卷二十六,甘肃文化出版社 1995 年,第 126 页。
⑤ [元] 脱脱等撰:《宋史》卷四八六夏国传,中华书局 1977 年,第 14024 页。

民，其俸则于钱多路府支放，钱少则支银绢，亦未晚也'。"①

《天盛律令》卷十七《库局分转门》规定："一京师官物所辖诸司及磨勘司前述库局分帐册、升册应告纳，磨勘数依其时日，边中、京师分别管事次第，上任者当依等次明之，催促派遣，当依法磨勘。借领、卖、本利限、赊价由本司催促，偿还损失由磨勘司催促，各自不许住滞。"该条律法虽然是对京师、诸司及各种库局之职官离任迁转之时官物账册的磨勘，但"借领、卖、本利限、赊价由本司催促，偿还损失由磨勘司催促，各自不许住滞"。一语说明京师、诸司、边中的各种库局都从事借贷、买卖。西夏的各官廨机构与唐宋之各级官廨普遍存在利用官物钱粮及各自所属的官库局经营借典业务，这样可增加收出，以补充自身衙署机构运行经费之不足。

第四种是寺院经营的典贷。

关于寺院借贷典当的性质，学术界多将其归类区别于官营与私营借典之外的另一种形式的借典。但刘秋根先生将其归于官营借贷②，刘先生的分类我认为是合适的。因为，唐宋时期，寺院是纳入政府管理，寺院从事借贷典当等高利贷业务一般由长生库来掌管经营，长生库的收支也是与官库收支一样，政府都有严格的出纳程序规定。而且，从敦煌出土的唐代社会文书来看，向寺院借贷，必须先向所在州县管理寺院的最高机构提出申请，批复后方可给予借贷。

自魏晋以来，寺院从事借贷经济就成为其重要的经济来源途径之一。至唐五代宋时期，在借贷经济中，寺院借贷占有了相当的比重。虽然寺院借贷典当也以盈利为目的，收取利息，但相对于社会上专门的私人借贷典当，其利息相对较低，因此到寺院借贷也就成为广大劳苦大众在生活难以维持时借贷的首选。西夏社会，由于受到统治阶层的大力扶植和倡导，佛教得到了广泛的发展。西夏境内寺院广布、塔庙林立，而且僧人在政治上享有诸多特权，寺院还有大量的寺属土地和产业，同时还为其免除各类赋税徭役。许多寺院依赖信徒的捐资和政府的资助，经济实力雄厚，大多都利用余粮、货币等寺产从事借贷典当业务，增加寺院收入，维持寺院的日常运转和各类佛事活动。从出土的西夏契约文书来看，无论是黑水城地区还是敦煌、武威，西夏寺院的借贷和典当经济业务都十分发达。如，G31.004[6728]武威亥母洞寺出土的《西夏乾定申年典糜契约》③中，录文译释如下：

---

① ［元］脱脱等撰：《金史》卷五十八百官志四，中华书局 1974 年，第 1341～1342 页。
② 刘秋根：《元代官营高利贷资本论述》，《文史哲》1991 年第 3 期，第 12～16 页。
③ 《中国藏西夏文献》第一六册，第 387～389 页。

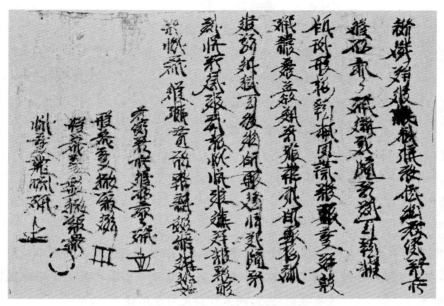

G31.004[6728]《西夏乾定申年典糜契约》

录文对译

1. 𗊊𗦮𗣼𗳸𗄋𗇋𗷆𗾞�968𗌶𗾞
   乾定申年　二月十五　日　文狀为者

2. 𗾞𗗆𗼕𗼕𗾞𗼕𗽾𗐸𗸐𗐸𗡪𗾆
   没水隐藏狗　今讹国师　处　一石糜

3. 𗊊𗷟𗇋𗄥𗡪𗷆𗟲𗈅𗷆𗈅𗗔𗇋
   本予取一石上　八斗糜　利利本利有命

4. 𗼕𗟲𗳖𗷆𗾞�ƒ𗅁𗦮𗊊𗷆𗇋𗘂
   屈般若铁行为〈〉　持全　本利　一〈〉

5. 𗳸�ƒ𗼕𗣼𗡪𗾆𗼕𗊊𗷆𗣼𗼕𗐸𗸐
   年同九月一日日本利聚集讹国师

6. 𗾞𗇋𗈅𗳸�ƒ　𗊊𗷟𗇋𗷟𗆰𗷆𗈅�ƒ�ƒ𗾁
   处来为　应品　日限过不来时先有糜数给

7. 𗈅𗇋𗼕𗳸𗯼𗯶�ƒ𗨪𗞲𗷆𗴿　𗈅𗡪
   为不仅　官意　七十缙钱罚交　　心服

8. 𗏁𗗚𗷀𗿷𗘚𗢳𗖻𘜶𗖵（画押）

　　文状为者　　没水隐藏狗　（画押）

9. 𗗥𗘂𗕯𗏵𘝙𘝣（画押）

　　借相李祥和善　（画押）

10. 𗗥𗘂𗕯𗤏𘝙𘝙𘝣（画押）

　　借相李氏祥和金　（画押）

11. 𗤒𗘂𗵒𗤋𗖵（画押）

　　知李显令狗

意译：[1]

　　乾定申年二月二十五日，立契约者没水隐藏狗，今于讹国师处一石糜本给取，一石有八斗利，在命屈般若铁处取持。全本利一起于同年九月一日本利聚集当还讹国师处来。若日限过不来还时，不仅先有糜数还为，还依官罚交七十缗钱，本心服。

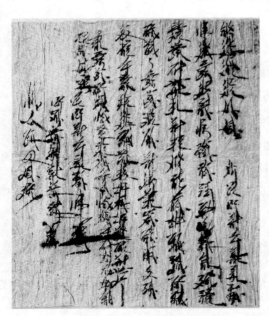

G31·003[6712] 乾定酉年卖牛契约

　　　　　　　　　　文状为者没水隐藏狗（画押）

　　　　　　　　　　借相李祥和善（画押）

　　　　　　　　　　借相李氏祥和金（画押）

　　　　　　　　　　知李显令狗（画押）

　　由上述译文可知，借贷者没水隐藏狗是经命屈般若铁之手向寺院讹国师借了一石糜，九月一日到期偿还，本利是一石八斗。总利息是八斗，利率达80％。亥母洞寺有国师常住，说明这是西夏时期的一座规模较大的寺院，其经济实力也是非常雄厚。从出土的文书看，它不仅向百姓出借谷物等高利贷业务，同时还买卖牲畜。如，在同时出土的G31·003[6712]（1－2）乾定酉年卖牛契约中，韦寿长山以六十五缗钱的价格将自

---

① 参阅孙寿岭：《西夏乾定申年典糜契约》，《中国文物报》1993 年 5 月 23 日。史金波：《西夏文教程》，社会科学文献出版社 2013 年，第 401～402。

己的一头黑牛卖给寺院中的借典经手人命屈般若铁。① 录文对译及意译如下：

录文及对译：

1. 𗇋𗇋𗇋𗇋𗇋𗇋　　𗇋𗇋𗇋𗇋𗇋𗇋𗇋𗇋𗇋
   乾定酉年九月　　日日文状为者韦寿长

2. 𗇋𗇋𗇋𗇋𗇋𗇋𗇋𗇋𗇋𗇋𗇋𗇋𗇋𗇋𗇋𗇋
   山今自有场中牛黑一乐愿依命屈般

3. 𗇋𗇋𗇋𗇋𗇋𗇋𗇋𗇋𗇋𗇋𗇋𗇋𗇋𗇋𗇋
   若铁之所卖为价六十五缗钱所言钱

4. 𗇋𗇋𗇋𗇋𗇋𗇋𗇋𗇋𗇋𗇋𗇋𗇋
   畜差异自各〈〉连为有若其畜腰争

5. 𗇋𗇋𗇋𗇋𗇋𗇋𗇋𗇋𗇋𗇋𗇋𗇋𗇋𗇋
   口缚者有时先钱数一缗二缗时给为服

6. 𗇋𗇋𗇋□□
   给应有□□

7. 　　𗇋𗇋𗇋𗇋𗇋𗇋𗇋（画押）
   　　文状为者韦寿长山（画押）

8. 　　𗇋𗇋𗇋𗇋𗇋□（画押）
   　　状同相吴乐慧□（画押）

9. 　　𗇋𗇋𗇋𗇋𗇋𗇋（画押）
   　　知人　赵八月狗（画押）

意译：

　　乾定酉年九月　　日，立契约人韦寿长山，今将自己场中一头全齿黑牛自愿卖给命屈般若铁，商议价格六十五缗钱，钱畜分别所有。若畜有争讼者时，原钱数一缗给二缗，服。应给有。

---

① 《中国藏西夏文献》第一六册武威博物馆藏编，第387～388页。该契约录文译文2012年曾得到贾常业先生修订，在此表示感谢。2012年7月7日至16日在宁夏大学西夏学研究院、中国社科院西夏文化研究中心举办的第二届西夏文字研修班高级班中梁继红提交的《武威亥母洞出土的三件西夏文契约》亦有对该件契约的翻译，笔者被指定为该文点评人，提出部分释文及翻译与笔者有异，在讨论过程中史金波先生对笔者观点表示赞同，并进一步对译文做了补充校正，表示感谢。

立契约者韦寿长山（画押）

同立契约者吴乐慧□　（画押）

知人　赵八月狗　　　（画押）

可见，武威亥母洞寺除进行正常的佛事活动外，还从事高利贷等商业经营，借贷经济已成为西夏寺院经济收入的重要来源之一，而且还有像命屈般若铁一样专门负责典当借贷经营者。

敦煌莫高窟北区出土文献中也有寺院从事借贷的文书，如 G11·022［D.752-19］是西夏文草书借贷契约残件，仅存契约结尾"借者、同借者、知人"签字。[①] G11·032［B206.1（背）］号文献是一件西夏汉文借贷契约残页，仅存一行文字"……本利三十七缗半，如限日不还，当承倍还"。[②] 从残存的文字看，本利是钱币"三十七缗"，似乎这也是一件货币借贷契约。只是敦煌莫高窟出土的借贷契约较残，难以了解这一地区寺院借贷的具体详情。

而从黑水城出土的大量契约来看，黑水城地区的寺院从事粮食、货币借贷，土地买卖租典等借典经济活动更为普遍。据史金波先生对俄藏黑水城西夏文社会文书的整理译释，黑水城地区的普渡寺也大量从事借典、买卖。[③] 如俄藏黑水城文献 Инв. No.4762-6《天庆寅年梁功铁贷粮契约》、Инв. No. 4762-6（2）《寅年吉祥子引贷粮契约》、Инв. No. 4762-6（3）《梁羌德狗贷粮契约》等都是借贷人向普渡寺借贷粮食。契约中明确写着"𗾓𗿒𗗀×××𗙏𗙏𗱅𗉔𗒹𗋽𗰜𗣓𗧓𗧫𘀗×𗗙𗣛（𗜓）（𗘋）𗢭"，汉文译"文状为者×××今普渡寺中谷手有梁喇嘛等处×石麦（杂）（粟）借"，意译为"立契约者×××今从普渡寺中持粮人梁喇嘛等处借×石麦（杂）（粟）"。Инв. No.5124-1 天庆寅年梁老房酉等卖地及房屋契约、Инв. No.5124-2 天庆寅年卖地契约等多件卖地契都是土地所有者将自己的耕地和房屋卖给了普渡寺持粮人梁喇嘛。[④]

黑水城地区的普渡寺是有关借贷契约中出现最多的寺院。[⑤] 其业务范围大多数涉及粮食借贷、土地买卖、租赁等。借典、买卖的契约不仅数量多，而且每次出借的粮食、购买以及包租的耕地数量都相当之大。如 Инв. No. 4762-6《天庆寅年梁功铁贷粮契约》中普

---

① 《中国藏西夏文献》第一六册敦煌研究院藏，第 41 页。

② 《中国藏西夏文献》第一六册敦煌研究院藏，第 46 页。

③ 史金波：《西夏粮食借贷契约研究》，载《中国社会科学院学术委员会集刊》第 1 辑，社会文献出版社 2004 年，第186～204 页。

④ 《俄藏黑水城文献》第一四册，第 13 页。

⑤ 史金波：《西夏粮食借贷契约研究》载《中国社会科学院学术委员会集刊》第 1 辑，社会文献出版社 2004 年，第186～204 页。

渡寺出借了十石麦和十石大麦①，Инв. No. 4762 - 6(2)《寅年吉祥子引贷粮契约》出借了四石麦、四石杂。② Инв. No.5124 - 1《天庆寅年梁老房酉等卖地及房屋契约》中，立契约人梁老房酉将自己所属的撒十五石种子的耕地，连同院落房屋以六石麦外加十石杂的价格典卖给了普渡寺。③ 5124 - 2《天庆寅年正月典卖耕地房屋契约》中，普渡寺购买了立契约人二十石种子的耕地及院落房舍。④ 此外，Инв. No.5124 - 3《天庆寅年二月卖地契》(8 - 1)、Инв. No.5124 - 3《天庆寅年二月卖地契》共有 8 件卖地契约都是土地所有者将土地卖给了普渡寺，少则撒五石种子地，多则是撒二十多石种子的耕地。

　　无论是粮食借贷，还是典卖土地契约，普渡寺借典都要经手梁喇嘛等人。似乎说明西夏寺院借典业务等派遣有专门负责经营接借贷、典当、买卖业务的僧人，可能是寺院长生库的负责人。以普渡寺为代表的黑水城地区寺院，通过土地购买、耕地包租、粮食借贷等经营方式，寺院经济收入不断增加，财产日益雄厚。黑水城地区的土地逐渐集中到这样的寺院手中，为了维系生计，普通百姓不得不走上典卖耕地、包租寺院耕地、青黄不接时再借贷寺院粮食的悲惨境地，深陷寺院高利贷的循环盘剥之中。

二、《天盛律令》中的官贷制度

　　《天盛律令》卷三《当铺门》和《催索债利门》对官私物典当借贷等做了较为详细的规定，但是这些都是适应于私营借贷和官营借贷的一般性通用条法。西夏的官营借贷典当究竟与私营借贷典当除了在当铺门和催索债利门所规定的签订契约、双方愿意、债权保证、利率期限等方面外，还有哪些较为特殊的规定呢？官营借贷在西夏社会又是怎么运行的呢？

　　《天盛律令》卷三《当铺门》和《催索债利门》中没有专门制定有关官物借贷的条款，但在卷十七《供给交还门》和《物离库门》中制定了一些有关官物借贷和典当法规。这些有关官物借贷典当的条文分别是卷十七《供给交还门》中的官物中持拿盗取借贷、官物借贷不奏以及供给物借贷置三条；在《物离库门》的官库中不计量典物条文也涉及到了官物典当、借贷。

　　一是官物借贷要有上级批准。

　　《天盛律令》卷十七《供给交还门》规定："一种种官物中，库局分人不许擅自持取盗抽，

---

① 《俄藏黑水城文献》第一三册，第 279 页。
② 《俄藏黑水城文献》第一三册，第 279 页。
③ 《俄藏黑水城文献》第一四册，第 13 页。
④ 《俄藏黑水城文献》第一四册，第 13 页。

及随意借贷予人。倘若违律借贷时，罪情依以下所定实行。"①虽然规定种种官物不能随意借贷给人，但并不是说官物绝对不能借贷的。由于官物的特殊性，所以官物借贷首先要向上级报告，经主管部门批准后方可借贷。

> 一诸人因公借贷种种官物时，有上谕者，当依数取出借贷，无上谕，则当再奏之。倘若不为再奏时，求借求贷者、予之借贷者，又局分人不过问、不奏而予之时，一律徒一年。②

由此可见，官物借贷必须向上级主管部门奏报，有上级批准的谕文方可放贷借典。若无批文而擅自借贷，无论是请求借贷者，还是给放贷者，以及管理官物部门的官吏都将被处以徒刑一年，足见西夏官物借贷的严格。

尽管目前我们还未曾在已刊布的出土西夏文献中发现有官物借贷申请及主管部门批复的谕文，但是在敦煌遗书中却保存有唐代的便麦申请及批文，为我们了解西夏时期的官物借贷手续提供了一定的参考和借鉴。如在国家图书馆残藏敦煌出土文献中有六件文书是公元 821 年敦煌诸寺院寺户申请贷麦及处分文书，这些文献分别是北敦 6359 号背 5《丑年(821)报恩寺人户团头刘沙沙请便麦牒及处分》、6359 号背 6《辛丑年(821 年)龙兴寺寺户团头李庭秀等请便麦牒及处分》、北敦 6359 号背 7《丑年(821 年)开元寺寺户张僧奴等请便麦状及处分》、北敦 6359 号背 8《丑年(821 年)安国寺寺户汜奉世等等请便麦状及处分》、北敦 6359 号背 9《丑年(821 年)灵修寺寺户团头刘进国等请便麦状及处分》、北敦 6359 号背 10《丑年(821 年)金光明寺寺户团头史太平等请便麦状及处分》。③ 这些珍贵的便麦牒状及处分，为我们了解唐五代宋初敦煌地区官物借贷的手续提供了极为珍贵的实物资料。这些便麦牒状虽然是向寺院借贷，但是其借贷申请却是由出借寺院向敦煌地区管理寺院的最高机构——都司递交牒状。由此可知，寺院财产也是属于官物，那么寺院借贷典当也就是官营性质。虽然这是唐代的公文，但鉴于敦煌也是西夏统治地区，且公文格式一般都有的程式化特点，为了解西夏官物借贷的流程提供了一定的参考。现将北敦6359 号背 7《丑年(821 年)敦煌开元寺寺户张僧奴等请便麦牒状及处分》文书录文如下，以供参考。

---

① 史金波、聂鸿音、白滨译注：《天盛改旧新定律令》，法律出版社 2000 年，第 536 页。
② 史金波、聂鸿音、白滨译注：《天盛改旧新定律令》，法律出版社 2000 年，第 53 页。
③ 任继愈主编：《国家图书馆藏敦煌遗书》第八五册，北京图书馆出版社 2005 年，第 197~203 页。

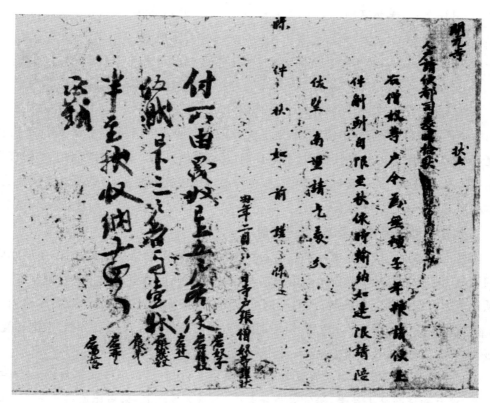

北敦 6359 号背 7《丑年 (821 年) 敦煌开元寺寺户张僧奴等请便麦牒状及处分》

录文：

1. 开元寺　　　　状上

2. 人户请便都司麦肆抬驮

3. 　　　　右僧奴等户，　今为无种子年粮，　请便上

4. 　　　　件斛豆，　自限至秋，　依时输纳，　如违限请陪，

5. 　　　　伏望　商量，　请乞处分。

6. 牒　件　状　如　前　谨　碟

7. 　　　丑年二月　　　日寺户张僧奴等谨状

…………………………………………………………(缝)

8. 　　　　　　　　　　　　　户石奴子

9. 付所由，　晟奴已上五户各便　　　户石胜奴

10. 五驮，　已下三户各与壹驮　　　户石什一

11. 半，   至秋收纳   十四日   户张晟奴

12. 正勤   户张弟弟

13.   户石再再

14.   户石曲落

该件文书分为两部分，"缝线"以上是敦煌开元寺寺户张僧奴等人因无春种种子向僧都司所呈便麦牒状，即贷麦申请；下部是主管者正勤对便麦申请所做处分，即准予借贷的批复，包括每人借贷数量、偿还期限、批复日期，及批复者姓名。西夏时期请求借贷官物的申请报告及主管部门的处理批复谕文大概也与上述唐代敦煌地区的"请便麦牒状及处分"基本相似。

二是官物借贷要详细备案，登记造册。

西夏官物借贷的钱、物、畜等都是由各级库局管理。无论是其日常保管，还是库局分处利用官库中的物资从事借贷典当增加收入，都和日常官库物资出纳收支管理制度一样，必须要依据官库局收支制度规范，对其借贷官物详细备案，登记造册。当然，账册内容包括了借贷物名称、数量、去向、利息、偿还期限等，以防止官库人员假公济私、中饱私囊，造成官物流失。对此，《天盛律令》卷十七《供给交还门》予以了规定。

> 一等种种官物，大小管事置之本人处使用及借贷他人，录于文书典册，或典册虽无，然有知证明见去处者，借贷者局分大小、求借者等之罪同，当比偷盗减一等。逾三个月不交还，则以偷盗法判断。其中大小管事不须加罪。他人有知晓，亦依知盗法承罪。借贷处不知为官物，则勿治罪。[①]

从这条律文规定可知，官物借贷他人时，要将所借之物登记造册，详细记录物品借给何人，借往何处，并且要有知证人。没有对借贷的官物办理登记著录，一般限期三个月内必须交还。如果超过期限不偿还，就要以偷盗法处罚借贷者，负责官物借贷的局分人不知则不受法律处罚。各管库局如何对借贷官物登记、建立账册，这在《天盛律令》卷十七《库局分转派门》中对库局分人迁转勘磨时予以了规定。

> 一京师管辖官物各司、边中监军司、府、军、郡、县、经略使等，一律以本处所属库局分迁转。磨勘完毕，所损耗、卖、本利限、借领、交还数等当催促交毕，又依时节所出之帐册等，种种簿籍当好好藏之。纸当依时总计成卷，印、手记全备，藏者当明之，依边等法为板簿登录。[②]

---

① 史金波、聂鸿音、白滨译注：《天盛改旧新定律令》，法律出版社 2000 年，第 537 页。
② 史金波、聂鸿音、白滨译注：《天盛改旧新定律令》，法律出版社 2000 年，第 533 页。

通过了解《天盛律令》对官库局管理人员迁转离任审计内容的规定可知,官库的官物登录造册无论是内容、形式,还是账册格式都有严格的规范。官物的日常损耗、买卖、借贷的利息,要按借贷时间造册,分类保管,账册要汇总成长卷,并且有库局分人的官印和签名,账册保管者要标记清楚,依据边等法板簿登录。据史金波先生对俄藏黑水城社会文书的整理和研究的介绍①,俄藏黑水城出土的契约、账册来看,有许多文书就是在一个长卷上有十数个契约,有些在同一个月、同日借贷、买卖、租赁的契约时间,如果前面契约书写了年月日,后面的契约就仅写"同日"、或是"月日",说明账册确实也是按借贷、买卖、租借的时间汇总登记造册,建立账目档案。有些这样的文书有可能就是官物账册及官物借贷档案。

三是已领供给官物严禁借典。

当然,即便是官物允许借典,也不是任何官物都能借贷。《天盛律令》卷十七《供给交还门》专门规定,给政府公职人员配备发放的供给物是不能借贷典当的。

> 一诸持局分人已领种种官物而往供给,不许彼处诸人借典。倘若令借典等时,令借典者局分人徒六个月。求借者、掌典库者等知为官物,与库局分同,典物如数当予本利。其中不知为官物,则勿治罪。②

该条文反映出官物库局分人如果将分发给政府机构和公职人员的供给物品,在交送途中借贷或是典当给他人,库局分处人员以及求借者、当铺主人都要按律法处置,借典的所有物品和利息都要如数交还、给付。当然,求借者和当铺商若是不知道是供给官物则不治罪。

四是严格计量官物价值。

《天盛律令》卷十七《物离库门》"官库中不计量典物"条规定了官营当铺借贷典当官物必须要对官物价格进行计量。

> 一官之当铺内,诸人典当种种物时,经计量本利相抵时可使典之,不计量不许典。若违律时,受贿则以枉法贪赃论,未受贿则有官罚马一,庶人十三杖。本利钱未足之数由掌当铺者偿之。若铺头监③及节亲、宰相诸大人及他人等倚势强行,不计官当铺

---

① 史金波:《黑水城出土西夏文卖地契约研究》,《历史研究》2012年第2期,第45～67页。史金波:《黑水城出土西夏文租地契约研究》,载《吴天墀教授百年诞辰纪念文集》,四川人民出版社2013年,第87页。
② 史金波、聂鸿音、白滨译注:《天盛改旧新定律令》,法律出版社2000年,第539页。
③ 𗴮𗗟,汉译"头监",史金波等汉译本翻译为"小监",《凉州重修护国寺感通塔碑》西夏文碑铭结尾处有"𗴮𗗟𗣼𗧨𗢳",汉译"修塔寺头监"汉文碑铭对应的相同人名的职官是"修塔寺小监"。

内之本利,因钱多而典当,亦当令强行典当者本人偿其本利钱,罪依前述法实行。[1]

从这一条文可知,西夏的官营借贷典当也是有专门的机构来经营,即官当铺。官当铺中的官物只有经过计量后方可借贷典当,计量时必须官物本利相当,不许弄虚作假,如果官营当铺经营者受贿将以贪赃枉法罪论处,官物所损失的本利不足部分都要由官营当铺经营者偿还。同时,官营当铺的负责人、皇族、宰相大人以及其他权贵人等在官营当铺内借贷典当,也必须严格按照当铺内规定的利率执行,不能倚仗权势和借职务便利强行以钱多物少而典当,使官营当铺损失。强行典当者必须以强力要求其偿还官营当铺的本钱和利息。

虽然上述梳理的有关官物借贷、典当的法律条文,是散见在《天盛律令》其他门类中,且主要是针对各库局职官迁转时的离任磨勘审计、各类库局官物保管、官物出纳制度的规定,但从中也为我们透射出西夏官营借贷典当的各类机构、官物典贷的特殊流程及经营官营典贷的官吏所必须遵守的规范。体现出官营借贷确实不同于一般的民间借典,必须严格按照官物管理制度规范操作,手续完备。违反规定后的处罚也较为严重,多以贪赃罪、偷盗罪论处。有官之人也没有以官当罪、以罚减刑的变通。严格的官物典贷制度有效地遏制或镇摄了官营借典机构经营者、库局管理人员借职务便利以权谋私、侵吞公物等职务犯罪的发生,其最主要的目的是为了防止官有物资财产的损耗和流失,增加政府财政收入。

第二节　借贷利率及相关问题

无论是官营借贷还是私营借贷,依据是否收取利息可分有息借贷和无息借贷。无息借贷多见于灾荒饥馑之年,为防止饥民四散,聚众起义,维护社会安定,政府对灾民实行的赈贷。而民间私营借贷一般多为有息借贷。为了遏制高利贷对贫苦百姓的盘剥,历代政府都对借贷利息进行了规范和限定。西夏王朝同样专门在《天盛律令》卷三《催索债利门》中对官私借贷中的货币借贷利息和粮食借贷利息进行了调控管制。在民间借贷中是否也严格按照《天盛律令》的规定收取利息?与唐宋辽金元法定利率相比较,西夏的借贷利率是高还是低呢?

---

[1] 史金波、聂鸿音、白滨译注:《天盛改旧新定律令》,法律出版社 2000 年,第 543 页。

一、借贷利息

西夏法律虽然以维护债权为首要原则,但是法律制定了相应的条文,来规范借贷,特别是对借贷利率给予了限定。《天盛律令》卷三《催索债利门》规定:"一全国中诸人放官私钱、粮食本者,一缗收利五钱以下,及一斛收利一斛以下等,依情愿使有利,不准比其增加。"①

由此可知,对于货币借贷而言,西夏法典对境内官营借贷和私营借贷的最高利率为"一缗收利五钱以下",但是由于律文没有明确规定利率计算方式是按日计息,还是按月计息。杜建录先生根据俄藏黑水城出土 Инв. No.7779A《天盛十五年王受贷钱契约》中的"每贯日生利□□,每夜送一贯,□一百三十夜□"②,考证出这里的"一缗生利五钱以下"是指西夏货币借贷利息的日利率,一缗钱每日收利不得超过五钱,即日利率 0.5%,月利率15%。③ 杜先生此论甚为正确。又如,在俄藏黑水城文献中还出土有西夏草书贷钱契约 Инв. No.1523 - 23④、Инв. No.1523 - 24⑤,都是西夏文乾祐辰年贷钱文契,其计息方式也是按日计算。Инв. No.1523 - 25《乾祐壬辰三年贷钱文契》记载:六月五日一人借钱七百缗,每日一缗利息八文钱,借期是一百天,到期后本利一起还清。⑥

根据出土的西夏借贷契约,粮食借贷在西夏境内是较为普遍的借贷现象。《天盛律令》规定粮食借贷利息是"一斛收利一斛以下",然而,学界对该西夏文的翻译理解并不一致。西夏文原文为"𘊣𗩾𗾺𗫂𘊣𗩾𗏢𘏨𘏨𗴓",汉文本译为"一斛收利一斛以下"⑦,俄译本则是"一石收利一斗以下"⑧,陈炳应先生也译释为"一石谷付一斗以下"。⑨ 但原文献中此字较为清楚,确为"𗩾",表示计量单位的西夏文"斗"为"𘏨"。杜建录、史金波都认为此处译文确为"一斛收利一斛以下",应该指全部利息最高不能超过原本,即最多达到100%,这是对放贷者利率加以限制,使放贷者不能无限制盘剥,相对有利于借贷者。⑩ 即为本利相等后,不许再算利。

---

① 史金波、聂鸿音、白滨译注:《天盛改旧新定律令》,法律出版社2000年,第188页。

② 《俄藏黑水城文献》第六册,第321页。

③ 杜建录:《黑水城出土的几件西夏社会文书考释》,《中国史研究》2008年第4期。杜建录、史金波:《西夏社会文书研究》,上海古籍出版社2010年,第39~42页。

④ 《俄藏黑水城文献》第一二册,第266页。

⑤ 《俄藏黑水城文献》第一二册,第265页。

⑥ 史金波:《西夏社会》,上海人民出版社2007年,第149、150、194页。

⑦ 史金波、聂鸿音、白滨译注:《天盛改旧新定律令》,法律出版社2000年,第188页。

⑧ 〔俄〕克恰诺夫著,李仲三译:《西夏法典》,宁夏人民出版社1988年,第90页。

⑨ 陈炳应:《西夏谚语》,山西人民出版社1993年,第69页。

⑩ 杜建录、史金波:《西夏社会文书研究》,上海古籍出版社2010年,第203页。史金波:《西夏社会》,上海人民出版社2007年,第192页。

　　《天盛律令》不仅限定了官私借贷之利率,还规定利息清算方式。"一前述放钱、谷物本而得利之法明以外,日交钱、月交钱、年交钱,持谷物本,年年交利等,本利相等以后,不允取超额。若违律得多利时,有官罚马一,庶人十三杖。所超取利多少,当归还属者。"①

　　这里的日交钱、月交钱、年交钱,就是指西夏借贷利息的计算方式,即由按日计息、按月计息和按年计息三种方式。根据出土粮食借贷契约,这里的年交钱(按年计息)往往不以整年计息,粮食借贷的期限基本没超过一年的,大多为五个月或六个月。正如杜建录、史金波先生考证,这实际上是一种总和计息方式。② 如,俄藏黑水城出土 Инв.No.6377 - 16号《西夏文光定卯年借粮契约》③:

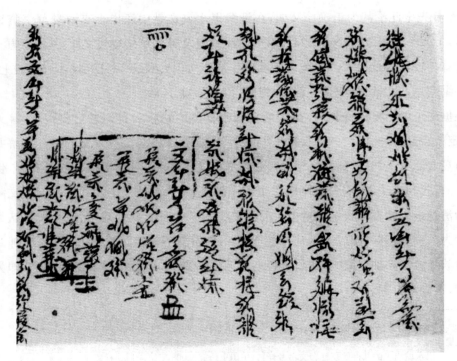

Инв.No.6377 - 16号《西夏文光定卯年借粮契约》

---

① 史金波、聂鸿音、白滨译注:《天盛改旧新定律令》,法律出版社 2000 年,第 189 页。
② 杜建录、史金波:《西夏社会文书研究》,上海古籍出版社 2010 年,第 128~129 页。
③ 《俄藏黑水城文献》第 14 册,第 145 页。

译文：

1. 光定卯年①三月六日立契约者梁十月

2. 狗,今于兀尚般若山自本持者老房势处借一

3. 石五斗麦,每石有五斗利,共算为二

4. 石二斗五升,期限同年八月一日

5. 当集聚粮数来。日过时,一石还二石。

6. 本心服。入后边有之当还

7. 　　　　　立契约者梁十月狗

8. 　　　　　同借者兀尚老房狗

9. 　　　　　同借者梁九月狗

10. 　　　　　同借者李满德

11. 　　　　　知人杨老房狗

12. 　　　　　知人杨神山

从这件契约的规定来看,三月六日,借了一石五斗麦,每石有利五斗,八月一日偿还时本利总计为二石二斗五升。所以这里的"每石有五斗利"应该是三月至八月,约五个月的借贷期内一石麦的利息是五斗,一石五斗本,五个月的利息总计为七斗五升。"每石有五斗利"也就是所谓的年交钱,即总和计息,总利率50%。还有 Инв. No. 4526 号借粮契约"借五石杂,八月一日还时,变为七石五升",这里的"七石五升"中除去本金,总利息是"二石五升",总利率50%。Инв. No. 7892－4 号"使军狗盛借五斗麦,还一石","一石"中利息总计为"五斗",总利率为50%。这些基本都是到偿还之日总和计息法计算利息。

关于借贷利率及利息计算方式,杜建录、史金波二位先生都已有较为详细的专门考论,兹不展开论述(参见杜建录、史金波著《西夏社会文书研究》、史金波《西夏社会》)。

二、不同的粮食有不同的利率

西夏的粮食借贷中,借贷的粮食种类不一样,其利率也不同。如在《斯坦因第三次中亚考察所获汉文文献》②中,有西夏天庆十一年裴松寿典麦残契 15 件,契约中借贷大麦和

---

① 译文引自史金波先生在《西夏粮食借贷契约研究》一文。文中翻译为"光定巳年",文献编号写为 Инв. No. 6377/23 ①,误也。原文献图录实为"光定卯年",编号为 Инв. No. 6377－16(2－1)。见《中国社会科学院学术委员会集刊》第 1 辑,社会科学文献出版社 2005 年,第 202 页。

② 沙知、吴芳思编:《斯坦因第三次中亚考古所获汉文文献》(非佛经部分)第 1 册,上海辞书出版社 2005 年,第 197～204 页。

小麦的利率就不同。Or.8212/727K.K.Ⅱ.0253（a）"……加四利，本利大麦四斗二升"①；又Or.8212/727K.K.Ⅱ.0253（a），五月初三日典借契约小麦的利率清楚"……斗加三利，小麦五斗加四利，共本利大麦……斗五升"。② 陈国灿先生曾对这15件残契进行了复原③，加三利者是借贷大麦，加四利者为借贷小麦。即小麦借贷的总利率为40%，大麦的借贷总利率是30%。在《俄藏黑水城文献》中，天庆六年的裴松寿典麦契约中利率也是如此。在《英藏黑水城文献》中也有天庆年间裴松寿典麦契约残件数份④，不过时间是天庆十三年，而且同样是借典小麦、大麦，但利率要比天庆六年和十一年的要高。Or.12380-3771.a.1（K.K.Ⅱ.0232.ee）天庆十三年三月初九日订立的典麦契约中，利率是"典到……麦一石五斗，加六利"。⑤ Or.12380-3771.2（K.K.Ⅱ.0232.ee）天庆十三年三月二十日典麦契约中的利率是"……五斗，加五利，共本利二石二斗"。⑥ 依据上述《俄藏黑水城文献》、《斯坦英第三次中亚考古所获汉文文献》中的裴松寿典麦契大麦利率低于小麦的原则，英藏天庆十三年裴松寿典麦契中加六利者是借贷了小麦，加五利者是借贷大麦。也就是说典贷商同样是裴松寿，典借的同样是小麦、大麦，到天庆十三年时利率发生了变化，小麦总利率升高为60%，大麦总利率上升为50%，而且借贷人典押的标的物种类和数量都要比天庆六年、天庆十二年的要多。尽管，高利贷商人裴松寿出贷的利率很高，但总体利率没有超过《天盛律令》所规定的"一斛收利一斛以下"，总利率不超过100%的最高限额。

三、"止于倍息"原则

《天盛律令》虽规定货币借贷每日一缗取利不超过五文钱，但鉴于有些借贷的债务人确因家资贫困，到期无力偿还，西夏法律还对利率做了松动。还规定了官私借贷货币、谷物"其本利相等仍不还，则应告于有司，当催促借债者使还"。即当债务人在契约约定的偿还期限不能清偿债务时，可给二至三次宽限，在宽限期内借贷利息可以上调，但最终的总额利息最高不能超过本钱，当本利相等后，债权人可向官府诉讼，官府受理后，催促债务人及时想办法还债。如果本利相等后，还继续回利为本，收取比本金还要高的利息，债权人则要受到刑事处罚。"本利相等以后，不允取超额。若违律得多利时，有官罚马一，庶人十

---

① 杜建录、史金波：《西夏社会文书研究》，上海古籍出版社2010年，第203页。
② 杜建录、史金波：《西夏社会文书研究》，上海古籍出版社2010年，第200页。
③ 陈国灿：《西夏天庆间典当残契的复原》，《中国史研究》1980年第1期，又载白滨编《西夏史论文集》，宁夏人民出版社1984年，第320~334页。
④ 《英藏黑水城文献》第五册，第87~88页。
⑤ 《英藏黑水城文献》第五册，第87页。
⑥ 《英藏黑水城文献》第五册，第87页。

三杖。所超取利多少，当归还属者。"①也就是说，西夏法律是禁止在借贷中收取"倍息之利"。如，有些出土的西夏借贷契约中约定了月利率，但没有明确写清楚借贷期限和归还日期，是以"𗧘𗵒𗱞𗋽𗫂𗥃𘝵𗋽"代替，这句话汉语对译"有所至本利等给是"，意译即为"本利相等还也"。如在俄藏黑水城出土的 Инв.No.4762 天庆寅年普渡寺出贷粮食契约长卷文书中的数十件契约文书中都是按月计算利息"每月一斗有二升利"，归还期限就是"本利相等时还"。虽然月利率是 20％，但是，实际上债务人在债期结束时，最终交纳的总利率则是 100％，止于"倍称之息"，基本上遵循了"本利相等以后，不允取超额"的国家法律对贷粮利率的管控。

即便是西夏法典《天盛律令》有利息不得超过本金的限定，但在实际的民间借贷实践中，超过"倍息之利"的情况也相当普遍。如上述《天盛十五年王受借贷契约》中日利息为 1％，月利率则为 30％，借期 130 天的总利率则高达 130％，到期偿还的本金和利息的总和为 230 缗，除去借贷的 100 缗本金，而最终所交的利息就要 130 缗，超过了本金。又俄藏《天庆未年五月十八日贷粮契约》残叶中"借麦七斗，利有八斗"②，总利息八斗超过了本金七斗，总利率 114％。这两件高利贷契约已经违反了《天盛律令》"本利相等以后，不允取超额"的利息限定。如果有知情人向局分处举报，官府则会受理。债权人不仅要受到刑事处罚，而且还要将超过本金多收的利息还给债务人。

四、与唐宋辽金元利率比较

《天盛律令》将西夏货币借贷利息定为"一缗收利五钱以下"，月利率 15％；粮食借贷利息"一斛收利一斛以下"，最高利率限定在 100％，同时还规定了止于本利相等。而且通过对出土西夏借贷契约中利息的考察，民间借贷虽有违背国家根本大法的现象，高利贷也很盛行，但在利率的收取上，基本遵循了国家律令的规定。那么，西夏的借贷利率与唐宋法律、辽金对利率的规制相比较，是高还是低呢？又有哪些异同呢？

《唐律疏议》中虽没有对借贷利息的限定，但《宋刑统》卷二十六《杂律》之受寄财物辄费用门引唐《杂令》曰："诸公私以财物出举者，任依私契，官不为理。每月取利不得过六分，积日虽多，不得过一倍。"③从《宋刑统》对唐代货币借贷利率的转引来看，宋代基本承袭了唐代每月六分之利的利率，即月利率 6％以下。但唐代对货币借贷利率的规范也是

① 史金波、聂鸿音、白滨译注：《天盛改旧新定律令》，法律出版社 2000 年，第 189 页。
② 《俄藏黑水城文献》第一四册，第 204 页。
③ ［宋］窦仪撰，薛梅卿点校：《宋刑统》，法律出版社 1999 年，第 468 页。

有变化的。如《户部格敕》:"天下私举质,宜四分收利,官本五分生利。"①这与《册府元龟》卷一五九《帝王部·革弊》所记载的《唐开元十六年二月癸未诏》对借贷利率的规定相同:"比来公私举放,取利颇深,有损贫下,事须厘革,自今已后,天下私举质,宜四分收利,官本五分收利。"②官营资本借贷利率为"五分收利",即5%;而私营资本借贷利率则要低于官营,为四利,即4%。西夏《天盛律令》不仅没有区分官私资本借贷利率,而且15%的月利率远远高于唐宋4%至6%的利率。南宋《庆元条法类事》亦就借贷利息做出具体的数额调控,同时还规定不得利上加利,回利为本。《庆元条法类事》卷八十《出举债负》杂敕:"诸以财物出举而回利为本者,杖六十,以威势欧缚取索,加故杀罪三等。"③又对宗室遗孤放贷之利息也予以了限制:"即因放债及预借财物买所请钱米,而每月取利过四厘者,钱主杖八十。"④《庆元条法类事》卷八十《出举债负》关市令又规定:"诸以财物出举者,每月取利不得过四厘,积日虽多,不得过一倍。"⑤可见,南宋4%的货币借贷法定月利率限额不仅低于西夏的法定利率,而且比唐代、北宋的还要低。

与西夏同属少数民族政权的辽、金、元三朝的货币借贷也很活跃。辽代"依祖宗法,出陈易新,许民自愿假贷,收息二分"。⑥月利率为2%。特别是金代以流泉务为代表的官营资本借贷为其一大特点,其利息较低"十中取一为息","月利一分"。⑦但鉴于民间高利贷利息"重者至五七分,或以利为本,小民苦之"⑧,导致借贷者即便卖妻鬻子亦而不能偿还高利贷的现象极为普通,金政权也开始对借贷利息予以立法限制,"举财物者月利不过三分,积久至倍则止"。⑨法定利率为月息三分,月利率3%,且利息总量也不能超过本钱。

元朝的借贷在我国借贷史上达到了高峰,无论官私,盛行之极。特别是皇室委托中亚、西域的畏兀儿商人所经营的斡脱官钱,回利为本,利息之高,谓之羊羔儿息。世祖至元六年(1269)下诏开始限制借贷利率:"定民间贷钱取息之法,以三分为率。"⑩至元十九年(1282),鉴于各地举放钱债利息率"每两至于五分或一倍之上",下旨:"今后若取借钱债,

---

① [宋]窦仪撰,薛梅卿点校:《宋刑统》,法律出版社1999年,第469页。
② [宋]王钦若:《册府元龟》卷一五九帝王部·革弊,中华书局影印1982年。
③ [宋]谢深甫修,戴建国校:《庆元条法事类》卷八十出举债负,法律出版社1999年,第902页。
④ [宋]谢深甫修,戴建国校:《庆元条法事类》卷八十出举债负,法律出版社1999年,第903页。
⑤ [宋]谢深甫修,戴建国校:《庆元条法事类》卷八十出举债负,法律出版社1999年,第903页。
⑥ [元]脱脱等修:《辽史》卷五十九食货志,中华书局1983年,第9250页。
⑦ [元]脱脱等修:《金史》卷五十七百官志,中华书局1975年,第1320页。
⑧ [元]脱脱等修:《金史》卷五十七百官志,中华书局1975年,第1320页。
⑨ [元]脱脱等修:《金史》卷五十食货志五,中华书局1975年,第11190页。
⑩ [明]宋濂等修:《元史》卷十二世祖本纪九,中华书局1983年,第242页。

以三分为例。"①元代民间货币借贷数量大、分布范围广,大大超过辽金时期,与宋代相比亦有自身的特点。从利率方面来看,元代借贷利率从整体上说处于一种较高的状态,年利100%居主体,但中后期比前期的利率有所下降②,利率限制在三分之利。

　　通过对辽金元三个少数民族政权货币借贷利率梳理,各朝法令都将借贷利息定为"月利三分"。刘秋根先生在《中国封建社会利率管制政策》、《中国封建社会利率管制政策——封建国家对资金市场的调控和干预》二文中指出北宋的法定利率承唐制为六分,后来逐渐降低,到南宋时为四分,元代以后直至清代前期正式法律规定的利率均为三分。③相较而言,西夏的货币借贷借贷利率普遍偏高,具有利息高、剥削重的特点,实为高利贷。自唐以来,货币借贷月利率逐渐下降趋势的规律中,唯独西夏货币借贷的月利率最高限额远远高于诸朝对利率的控制。

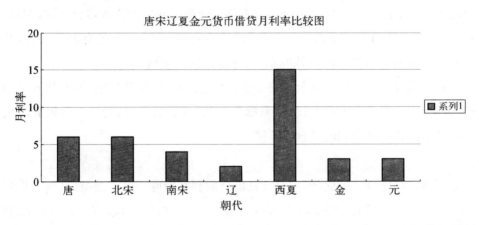

唐宋辽夏金元货币借贷月利率比较图

　　而对于粮食借贷利息,唐代、北宋宋律法与西夏法令基本一致,只要求利息总量不得过本。同时,也不得回利为本,利上生利。"其放财物为粟、麦者,亦不得回利为本,及过一倍"。④ "又条诸以粟麦出举还为粟麦者,任依私契,官不为理。仍以一年为断,不得因旧本更令生利,又不得回利为本"。⑤ 辽金元粮食借贷利率与货币借贷一致,皆为三分。南宋和元代的粮食借贷,政府不仅制定了不得回利为本,利上生利的底线,同时也有具体的利息比例限额。南宋《庆元条法事类》卷八十《出举债负》关市令:"即元借米谷者,止还本

① 黄时鉴点校:《通制条格》卷二十八杂令·违例取息,浙江古籍出版社 1986 年,第 307 页。
② 刘秋根:《论元代私营高利贷资本》,《河北学刊》1993 年第 3 期,第 75～82 页。
③ 刘秋根:《中国封建社会利率管制政策》,载《漆侠先生纪念文集》,河北大学出版社 2002 年,第 35～46 页。
④ [宋]窦仪、薛梅卿点校:《宋刑统》,法律出版社 1999 年,第 468 页。
⑤ [宋]窦仪、薛梅卿校:《宋刑统》,法律出版社 1999 年,第 469 页。

色,每岁取利不得过五分。谓每斗不得过五升之类。仍不得准折价钱。"①其粮食借贷的年利率总额控制在 50％以下。《元典章》卷十九《户部五·种佃·佃户不给田主借贷》规定:"有借贷其粮,照依原借的实数目……依例三分取息,毋得多余勒要。如有以利作本之数,许诸人陈告到官,严行追断,仍行移廉访司体察施行。"②

无论是货币借贷,还是粮食借贷,唐、宋、辽、金、西夏,甚至蒙元的法律都规定了本利相等,不得超额收取利息,"倍息则止"的利息总量最高限制原则。《宋刑统》引唐开成二年八月二日敕节文:"今后应有举放,又将产业等上契取钱并勒依官法,不得五分以上生利。如未辩计会,其利止于一倍,不得虚立倍契,及计会未足,抑令翻契,回利为本。如有违越,一任取钱人经府县陈论,追勘得实,其放钱人请决脊杖二十,枷项令众一月日。如属诸军诸使,亦准百姓例科处。"③金朝也规定"积久至倍则止"之制。蒙元"一本一利"之法,即为借贷利息总量不能过本。中统二年(1261)下旨:"外据民间私借钱债,验元借底契,止还一本一利。"④至元三年(1266)二月,钦奉圣旨:"债负之还一本一利,虽有倒换文契,并不准使。"⑤至元六年(1269)敕"民间贷钱取息,虽逾限止偿一本息。"⑥

在利息计算方式上,西夏《天盛律令》规定无论官私借贷,钱粮借贷,有按日、按月、总和计息三种方法。当事双方可商议,采取哪种方式。但是,唐宋、乃至少数民族政权辽金元三朝的律法都是按月取利的月息计算法。

综上所述,西夏法典《天盛律令》对官私借贷的利息额度予以了规范,其货币借贷月利率为 15％,是唐、北宋法定利率的 2 倍又强,是辽、金、元代法定月取利三分的 5 倍,其利率之高,剥削之重远超历代。粮食借贷利率方面,西夏法定利率控制和上述诸朝一致,都强调本息相等为最高上限,否则视为违法。有抵押借贷粮食的利率低于无抵押借贷之利率,借贷不同的粮食,其利息也不相同。各种借贷也承袭了倍利而止,不得回利为本的原则。计息方式不同于诸朝仅有按月取利之制,法律规定了日息、月息以及年息之法。通过对西夏出土借贷契约之考察,发现西夏民间借贷利息之清算量基本上遵循了上层法律制度限额,但有时也出现了与西夏法典规制相悖之处。如,前文所引俄藏黑水城 Инв. No. 1523 -

① [宋]谢深甫修,戴建国校:《庆元条法事类》卷八十出举债负,法律出版社 1999 年,第 903 页。
② 陈高华、张帆等校:《元典章》,中华书局出版社、天津古籍出版社 2011 年,第 710 页。
③ [宋]窦仪、薛梅卿点校:《宋刑统》,法律出版社 1999 年,第 470 页。
④ 陈高华等校:《元典章》卷二十七户部·私债,中华书局、天津古籍出版社 2011 年,第 992 页。
⑤ 黄时鉴点校:《通制条格》卷二十八杂令·违例取息,浙江古籍出版社 1986 年,第 307 页。
⑥ [明]宋濂等修:《元史》卷三世祖本纪三,中华书局 1983 年,第 122 页。

25《乾祐壬辰三年贷钱文契约》中贷钱本钱为 700 缗,利息是 1 缗每天生利 8 文钱,日利率为 0.8%,借期 100 天的总利率则为 80%,到期要偿还本利总数则为 1 260 缗。这件货币借贷契约的息率超过了《天盛律令》规定的"一缗收利五钱以下"。

第三章　《当铺门》在民间
典当中的实践

　　《天盛律令》卷三《当铺门》总计有 7 条律文是对西夏典当制度的具体规范,内容涉及典当物品、中间知证人、典物与价值相等、房屋与土地等不动产典当的程序、抵押物损害的赔偿、抵押物回赎及处置、典物借贷本利以及违律处罚等相关问题。尽管典当是借贷中的抵押借贷,但《天盛律令》将典当法律制度与《催索债利门》分类规范,专列一门,这要比《唐律疏议》、《宋刑统》、《庆元条法事类》中质、举不分的规定,律文更为详备、内容更为清晰。这是《天盛律令》中债务法与其他律法的又一特点。本章将结合几件西夏文典畜契约的译释,来探讨《天盛律令》典当法在民间典当中的执行情况及相关问题。

第一节　四件西夏文典畜契约译释

　　典当契约是直接反映典当法的第一手材料。根据目前刊布的西夏文献和学界研究成果,在大量的西夏契约社会文书中,典当契约也有相当的分量。既有汉文典当契约,也有西夏文典当契约。如本文《绪论·综述》梳理,学界对西夏典当契约的研究最多的是俄藏、英藏黑水城出土的天庆六年、十二年、十三年典当商裴松寿放贷粮食汉文契约。从已刊布的西夏文献来看,还有数量众多的西夏文典畜契约尚未解读。本节选取书写相对工整,容易辨识的 4 件西夏文行楷书典畜契约予以录文译释。

　　一、武博藏《乾定戌年典驴契约草稿》译释

　　甘肃省武威市博物馆藏 6726 号西夏文献是 1987 年在甘肃武威新华乡缠山村亥母洞出土。该文献为浅黄色夹丝绵纸书写,由两张纸粘接而成长方形单页,页面长 55 厘米,宽 17 厘米,在纸张右半部手抄西夏文 12 行,满行 15 字,左半部分空白。武威博物馆档案将该文献定名为《西夏天安戌年记账单》,《中国藏西夏文献·甘肃卷》收录有该文献图版①,孙寿岭先生《武威亥母洞出土的一批西夏文物》一文将其定名为《乾定戌年记账单》,认为该文书主要记载了两件事,第一件以契约格式记录了西夏乾定戌年四月八日卖驴之事,卖价为50贯钱;第二件事记录了乾定戌年三月内,佛院中敬献2贯钱,8日敬献2贯和16贯,5日献1贯,排列次序前后颠倒,看来不是正规账单,而是出于初学者之手。② 史金波先生在《中国藏西夏文献新探》一文提及该契约,并纠正了武威博物馆档案定名错误,确定了文书年代,介绍了文书涉及的内容,特别指出该文书为契约草稿或练习稿,并确定了文书的性质。③

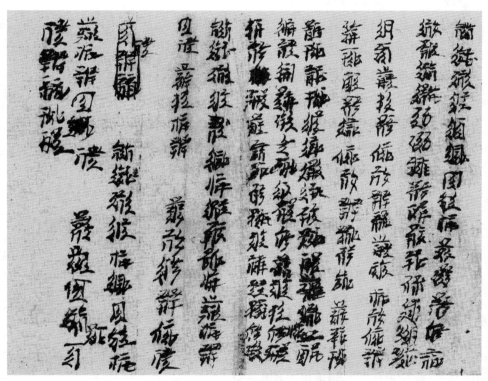

G31·002[6726]《乾定戌年典驴契约草稿》

这件契约文书到底是什么内容,性质又是什么呢?为便于学界利用该文献进一步深入研究西夏典当借贷相关问题,现依据文献原件录文如下,并将其对译后意译。录文依据

① 《中国藏西夏文献》第一六册,第387~389页。
② 孙寿岭:《武威亥母洞出土的一批西夏文物》,《国家图书馆学刊》(西夏专号)2002年,第173~175页。
③ 史金波:《中国藏西夏文献新探》,见杜建录主编《西夏学》第二辑,宁夏人民出版社2007年,第3~16页。

原件格式，分行录文，对于无法辨识的字形，以□代替，■表示原文献在书写后又用墨涂染的字，[illegible] 表示原文献也是用墨线圈定。

录文对译：

1. [illegible][1] [illegible]

乾定戌年　　四月八日二文状为者起

2. [illegible][2] [illegible]

罨斡　善今愿乐依为狄佛鸠之驴喻

3. [illegible]

契一所市为五十缗钱已吞二十五缗

4. [illegible]

实上给为应五十缗钱所言用若它如

5. [illegible]

盗如骗如害者常住等处指典当有抄

6. [illegible][3] [illegible][4] [illegible]

共　男兄张人腰争口缚　　者有时卖者不管

7. [illegible]■[illegible]□[illegible][5] [illegible]

买为■管□己口言易　　时本所者失人

8. [illegible]

乾定戌年三月内著佛院内现二缗

9. [illegible]　　[illegible]

八利翁市二缗　　　若十六缗五厘

10. [illegible][6] [illegible][7]　　[illegible]

一(厘)　缗钱　　乾定戌年二月八日二

11. [illegible]　[illegible][8] [illegible]

现二缗八厘　　乐舅乙　善处一

12. [illegible]

厘缗钱所取

注释：

[1] □□□□：乾定戊年为西夏第九代皇帝献宗德旺在位的第三年，即乾定三年（1226），该年纪年干支为丙戌，是西夏灭亡的前一年。

[2] □□：□，音罨，族姓；□，音斡，族姓。此二字组合在一起见于俄藏黑水城文献保存最完整的刻本西夏文《杂字》之《人名部》，原文为□□□，李范文先生翻译为夏娃吉，而且在《杂字》之《辈份异杂义和合部》，"祖先"之后出现此二字。结合武威亥母洞出土的这件卖驴契约草稿，□□二字应为西夏党项姓氏。笔者请教贾常业先生，贾先生提出□在《音同》中与灯为同一组，□在《音同》中与□为同一组，而在《番汉合时掌中珠》中灯的音为罨，□的音是斡，所以此处□□为姓氏，音译为"罨斡"。

[3] □□：抄共，即同抄。

[4] □□：□直译为口、关卡，□直译为拘、缚。字面意思为口缚，此二字组合出现在俄藏黑水城文献（Инв. No.5010）西夏天盛二十二年（1170）耶和氏宝引卖地契约中。史金波先生意译为"争议"，此处翻译从史金波先生翻译。

[5] □□：□直译为言语，□直译为易、译，此二字字面意思为言易。此二字组合同样出现在俄藏黑水城文献（Инв. No.5010）西夏天盛二十二年（1170）耶和氏宝引卖地契约中，史金波先生意译为"反悔"。

[6] □□□：一缗钱，在原件中用墨线方框圈定此三字，似乎是书写者写错不需要的内容。

[7] □：此字书写于被圈定的"一"和"缗"右侧。族姓，音译利，根据上下文意，此处翻译为族姓不通，应该是货币计量单位，似乎有厘的意思。

[8] □：绢、丝之意，音乙，根据文意此处应该是人名，翻译采用音译。

意译^①：

乾定戊年四月八日立二文状者罨斡善，今自愿为狄佛鸠立一卖驴契约，买卖价格为五十缗钱，现给二十五缗，按照所言实应该给五十缗。假若偷盗欺骗者，在常住处典当有，同抄子弟张人腰等发生争议时，买者不管，卖者管，反悔时本所损失。

乾定戊年三月中，在佛院内现给二缗八厘，翁买卖二缗，若十六缗五厘。

① 此件契约译文笔者曾提交于 2012 年 7 月 7 日至 16 日由中国社会科学院西夏文化研究中心、宁夏大学西夏学研究院联合举办的第二届西夏文研修班高级班，史金波、贾常业等先生对录文和译文提出了诸多修改意见，在此表示感谢。

乾定戌年二月八日,二现二缗八厘,乐舅乙善受处取一缗钱。

从文书内容来看,初步判断是一件卖驴契约。它涉及到签订契约的时间、立约人、买卖物品、双方议价、发生争议以及反悔后的处罚。但与完整的西夏契约行文格式来看,它缺失了立文人、同立文人以及知人的签字画押,这些契约要素的缺失似乎使得其缺失了法律效力。这件出土的文书,左边部分留有较多空白,并不是一件契约残件,正如史先生所论,应该是正式签订契约前的一个草稿。在文中涉及到了乾定戌年四月八日、乾定戌年三月中、乾定戌年二月八日三个时间,前后时间不统一。同时,在契约第一行出现"立二文状为者起",与其他契约相比较多了"二"及"起"。笔者认为,如果我们仔细解读这件契约文书就会发现,这份契约实际上反映的是由于借债而引起的卖驴抵债的偿还债务民事关系。大概意思是罢斡善于乾定戌年三月先后在寺院内欠了二缗八厘、二缗、十六缗五厘,又在乾定戌年二月八日欠了二缗八厘、乐舅乙善的一缗。乾定戌年四月八日将其一头驴子商议价格为五十缗,给了二十五缗,剩余的二十五缗抵还三月以及二月八日所钱的债。契约中涉及到的钱数额,三月和二月八日涉及到的数额加起来是二十五缗一厘,与签订契约时给罢斡善的二十五缗总计为五十缗一厘,与驴子的买卖价格五十缗相当。但它又缺失了契约结尾立文人、同立文人以及知人的签字画押。所以依据译文内容,应该是一份典驴契约草稿。

二、Инв.No.954《光定未年典驴贷粮契》补正

《光定未年典驴贷粮契》,1909年俄国人科兹洛夫从今内蒙古额济纳旗黑水城盗掘运至俄国,原件现保存于俄罗斯科学院圣彼得堡分院东方文献研究所。2006年《俄藏黑水城文献》第12册公布了该件文献图版,定名为《光定未年贷粮契约》。[①] 根据《俄藏黑水城文献绪录》,该契约为写本,麻纸,残叶。高18.4厘米,宽25.6厘米。页面有西夏文15行,前13行为一完整的契约,行书。第1行有"光定未年(1223)四月二十六日"。第14行、15行为另一契约的开始部分,草书。第14行有"光定未年四月二十七日"诸字。有署名画押。[②]

1979年,俄国著名西夏学家克恰诺夫教授《谷物借贷文书》一文,首先对该典当契约进行了刊布了译释,但由于是西夏文行草,克恰诺夫教授仅翻译了部分内容,且有失误。1995日本学者松泽博在克恰诺夫研究基础上,进一步译释了该文书并结合西夏汉文契约

① 《俄藏黑水城文献》第一二册,第146页。
② 史金波、聂鸿音、蒋维崧:《俄藏黑水城文献绪录》,见《俄藏黑水城文献》第一四册,第25页。

残件,对利息、保人、典当予以了初步论述。① 1995 年《中国历代契约汇编考释》(以下简称《契约汇编》)首次公布了汉译文,内容与松泽博翻译的基本相同。② 2002 年王元林《西夏光定未年借谷物契考释》一文对该件契约进行了研究,其录文是转录自《中国历代契约汇编考释》。③ 许伟伟《黑城夏元时期契约文书的若干问题——以谷物借贷文书为中心》引用该契约与黑城出土元代贷谷契约进行了比较,分析了二者的特点等问题。④ 2006 年《俄藏黑水城文献》第 12 册公布了该件文献图版。目前学界研究都是转录自《契约汇编》。依据图版,笔者再次译释了该件契约,内容是耶和小狗山,典当两头驴借贷了三石杂粮,故该件契约似乎定名为《光定未年耶和小狗山典驴贷粮契约》更贴切。同时,对比笔者译文发现,《契约汇编》的译文有待进一步详细译释。现对该西夏文行书进行全文楷书转写、逐行对译,再给出意译,图版录文译释如下:

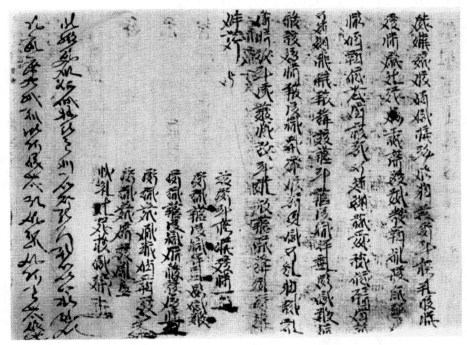

Инв. No. 954《光定未年典驴贷粮契》

① 〔日〕松泽博著:《西夏文粮食借贷契约私见——俄罗斯科学院东方文献研究所列宁格勒分所藏 No. 954 文书再读》,《东洋史苑》第 46 号 1995 年,第 1～23 页。

② 张传玺主编:《中国历代契约汇编考释》,北京大学出版社 1995 年,第 652 页。

③ 王元林:《西夏光定未年借谷物契考释》,《敦煌研究》2002 年第 2 期,第 31～35 页。

④ 许伟伟:《黑城夏元时期契约文书的若干问题——以谷物借贷文书为中心》,《宁夏社会科学》2009 年第 3 期,第 95～97 页。

录文对译：

1. 〔Tangut〕[1] 〔Tangut〕[2]
   光定未年　四月二日五日文状为者耶和　　小狗

2. 〔Tangut〕[3] 〔Tangut〕□[4] 〔Tangut〕[5] 〔Tangut〕[6] 〔Tangut〕[7] 〔Tangut〕
   狗山　今□讹　僧　金刚茂　处三石杂　取本利共

3. 〔Tangut〕[8] 〔Tangut〕
   算四石五斗　为换处一　驴　子　母黑五齿　为用

4. 〔Tangut〕[9] 〔Tangut〕[10] 〔Tangut〕[11] 〔Tangut〕
   一　驴　驹　畜　　等实所典为　典手有　梁氏糜月宝童

5. 〔Tangut〕[12] 〔Tangut〕[13] 〔Tangut〕
   子　男令山　等手有期限年同八月一日日谷数

6. 〔Tangut〕□□
   聚来入为应　若无入为　时过典畜现处□　□

7. 〔Tangut〕
   心服

8. 　　　〔Tangut〕（画押）
   文状为者狗狗山

9. 　　　〔Tangut〕（画押）
   状接典手有梁氏糜月宝

10. 　　　〔Tangut〕（画押）
    状接典手有童子男令山

11. 　　　〔Tangut〕[14]〔Tangut〕（画押）
    状接相　　洛祀福成茂

12. 　　　〔Tangut〕（画押）
    状接相孔茂盛

13. 　　　〔Tangut〕（画押）
    知人□讹　腊月犬

注释：

[1] 〔Tangut〕：光定未年，光定是西夏第八位皇帝，夏神宗遵顼年号，光定年号共使用

188

十三年,光定元年是公元 1211 年,干支纪年辛未,光定十三年(1223),干支纪年癸未,但这一年遵顼禅位于其子德旺,字号上皇。故此处的光定未年为光定元年,即 1223 年。

〔2〕𗄊𗅲:汉音译"耶和",姓氏。

〔3〕𗄊𗟲𗉛:𗄊汉语"小狗",𗟲汉语"狗",𗉛汉语"山",𗄊𗟲𗉛是人名,小狗山。

〔4〕𗄊:姓氏,𗄊,音讹,西夏姓氏,《三才杂字》番姓部有"𗄊𗄊"、"𗄊𗄊"、"𗄊𗄊"①,音译"讹一"、"讹二"、"讹三"。𗄊,音魔,没,意"盲"。

〔5〕𗄊:音阿,意"僧",《同音》44A2"𗄊𗄊"译"僧名"。

〔6〕𗄊𗄊𗄊:汉译"金刚茂",人名。𗄊𗄊字面意思"石王",意译"金刚"此二字长出现在佛经中,对应"金刚"。《番汉合时掌中珠》"𗄊𗄊"译"金刚杵"。②

〔7〕𗄊:汉译"杂",《契约汇编》未译。在西夏文借贷粮契约中出现所借贷的"杂"是指"杂粮"。

〔8〕𗄊𗄊:汉译"五齿",计算牛、马、骆驼、驴等大牲畜年岁大小用"×齿"。

〔9〕𗄊:汉译"驹",《同音》丁中本背注 27B65 解释为"𗄊𗄊𗄊𗄊𗄊",汉译"驹:驴马骆驼子",𗄊𗄊𗄊可意译"幼驴"。

〔10〕𗄊:汉译"畜",《同音》44A8"𗄊𗄊"汉译"牲畜"。

〔11〕𗄊𗄊𗄊:汉文直译"典当手有",意译"典当经手人"。

〔12〕𗄊𗄊:𗄊汉译"儿童",𗄊汉译"儿子",𗄊𗄊可意译为"童子"。西夏规定,男子凡十五岁就要入军籍,即西夏社会男子十五岁就已经是成丁,就要纳服徭役、当兵。所以十五岁以下应该为儿童。《契约汇编》译文为"室子"。

〔13〕𗄊𗉛:人名,音译"令山"。𗄊意"运气",音"令"、"力"。姓名一般音译,故"𗄊𗉛"音译"令山"。

〔14〕𗄊𗄊𗄊:汉译"状接相",即"同立契约者",负有债务连带赔偿责任的人。

意译:

光定未年四月二日,立契约者耶和小狗山,今从□讹僧金刚茂出借三石杂粮,本利共算四斛五斗,换出以一头能用的五齿黑母驴和一头幼驴等实典当为,典当经手者梁氏糜月宝,童子男令山等经手,期限同年八月一日谷数聚齐来应还,若期限过时不还,牲畜交现典

① 西夏文《三才杂字》(乙种本),《俄藏黑水城文献》第一〇册,第 48 页。
② 《番汉合时掌中珠》(甲种本),《俄藏黑水城文献》第一〇册,第 11 页。

押处 卖 □，心服。

立契约者小狗山（画押）

接状典经手者梁氏糜月宝（画押）

接状典经手者童子男令山（画押）

相接状者洛祀福成盛（画押）

相接状者孔茂盛（画押）

知人□讹腊月犬（画押）

《契约汇编》译文：

　　光定未年四月二十六日，立契者耶和小狗山今于移讹阿金刚茂处借贷三石，本利共计为四石五斗，对换一黑色母驴、一全齿骆驼、一幼驴等为典压。保典人梁氏月宝、室子男功山等担保。期限同年八月一日当谷物聚齐交出。若不交时，愿将所典牲畜情愿交出。

立文契者小狗山

商契保典人梁氏月宝

接商契保典人室子男功山

同商契□立福成盛

同商契康茂盛

知人移讹腊月犬

　　依据图版逐字行录文并对译完发现，《中国历代契约汇编考释》所载译文有几处有待修订之处。

　　第一处是出贷者姓与名之间有一字"𗹏"，《契约汇编》音译为"阿"。"𗹏"喉音·ja，音阿，汉语"僧"，《同音》44A2"𗹏𗫂"，解释为"僧名"。有时加在亲属称谓之前，表示尊敬，亲昵。[1] 如《番汉合时掌中珠》"𗹏𗏹𗹏𗣀"汉译"阿耶（爸）阿娘"，"𗹏𗉛𗹏𗣉"汉译"阿哥阿姐"。[2] 根据后文人名"金刚茂"，可知此人是一个僧人，所以此处意译为"僧"，表明其身份是僧人。这种情况就雷同与女性姓氏和名之间的"𗯨"汉译"氏"，表示是女性。如"𗏁𗯨𗸎𗆀"汉译"梁氏糜月宝"；"𗴮𗇋𗯨𗴲𗰔"汉译"耶和氏宝引"。

　　第二处是所借贷的是"杂粮"，西夏文契约中为"𗃀"汉译"杂"，《契约汇编》未译。直接

① 李范文主编、贾常业增补：《夏汉字典》，社会科学出版社2008年，第591页。
② 《番汉合时掌中珠》（甲种本），《俄藏黑水城文献》第一〇册，第11页。

是"借贷三石",让人不知借贷的到底是"麦",还是"谷"？或者是"杂粮"。在西夏文借贷粮契约中出现所借贷的"杂"是指"杂粮"。

第三处是根据西夏文原文,借贷粮食抵押的是"一头能用的五齿黑母驴和一头幼驴",但在《契约汇编》译文中却是"一黑色母驴、一全齿骆驼、一幼驴等为典押",漏译了黑母驴的年岁大小"五齿",多出了"一全齿骆驼"。"五齿黑母驴"之后是西夏文"𗀔𘝶",汉译"是用",强调五齿黑母驴是正能使用的,而没有"一全齿骆驼"。

第四处是立契约人的妻子的姓名"𗼨𗼩𗗙𗴩𗊋"(梁氏糜月宝),人名中遗漏了"𗗙"(糜)。立契约人的儿子是"𗋒𗰛",即尚未成定的"童子",《契约汇编》译文却是"室子"。

第五处是立契约人耶和小狗山的妻子、儿子在这次典押借贷中的契约身份"𘂝𘝶𗊋",汉文直译"典当手有",意译"典当经手人"。如前所引,黑水城出土的有官从普渡寺借贷粮食的契约中,有"𗏁𘝶𗊋𗼨𗊋𗴺𗊰𗊋",汉译"谷经手人梁喇嘛等处"。《契约汇编》译文为"保典人"。保典人为典押担保人,应该是契约中的"𗼦𗴬𗊨(状接相)"洛祀福成盛和孔茂盛二人。

三、Инв.No.4079-2《典畜借粮契约》译释

Инв.No.4079-2借粮典畜契约,1909年俄国人科兹洛夫从今内蒙古额济纳旗黑水城盗掘运至俄国,原件现保存于俄罗斯科学院圣彼得堡分院东方文献研究所。2011年出版的《俄藏黑水城文献》第13册中刊布了该件契约图版。[①]根据《俄藏黑水城文献绪录》(7—14册)言,该文献写本,残页,质地为麻纸,页面高22厘米,宽23厘米。[②]该契约书写有西夏文10行,第一行有残缺,书体为行楷。现据图版逐行录文对译,并根据文意意译如下。

录文对译:

1. □𗊪𗗉𗊭𗗙𘈖 𘝹𗼩𗷶 □𗢳𗅁𗊨𘟛 □□

   □月 三日日文状为者 □小狗胜今□□

2. 𗼨𘈖𗊋𗴩𗼦𗊰𘈙𗊭𗊨𘈙𗊭𗴺𗊰𗈡𘈙𗊭

   梁胜乐宝之五斛麦十一斛杂等一〈 〉十

3. 𘈉𘈙𗰛𗟩𗥃𗊰𗎳𗝠𗴩𗼦𗊰𗏛𗊨□□

   六斛兴借贷求全齿全骆驼公母等二一□□

① 《俄藏黑水城文献》第一三册,第181页。
② 史金波、聂鸿音、蒋维崧:《俄藏黑水城文献绪录》,《俄藏黑水城文献》第一四册,第55页。

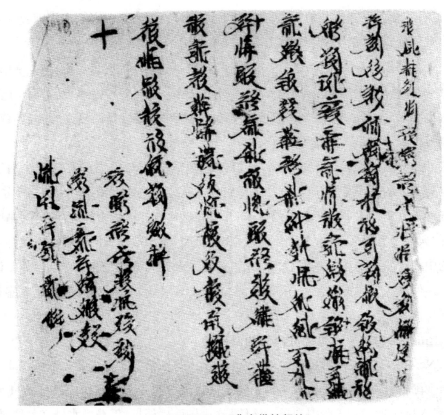

Инв. No.4079－2《典畜借粮契约》

4. 𗙏𗾴𗼋𗢾𗂧𗾆𗋽𗹭□𗗙𗆟𗤁𗏁𘟀□□
   齿母等所典为期限 赎 来九月一日□□

5. □𗎢𗾴𗶷𗂧𗹭𗈜𗈪𗾴𘉞𗗆𗤁𘄦𗓱
   □全给为应期限过不给为时先有典

6. 𗵆𗖰𗕥𗤓𗷝𘃝𗈜𗋽𘃝𗋽𘐏𗢛
   骆驼数债实持口不缚口缚言变

7. 𘄑𗤓𗋽𘝠𗆟𗏇𗔒𘁝𘉞
   官依杂麦十五斛罚服

8. 　　𗅔𘐈𗾴𗂧□𗕛𗔸𗾟（画押）
   　　文状为者□小狗胜（画押）

9. 　　𘏨𘗁𗣼𗧓𗥃𗾅𗉵（画押）
   　　状接相梁回鹘张（画押）

10.　　　　𗇃𗇃𗇃□□□（画押）

　　　　　知人梁□□□（画押）

意译：

　　□月三日，立契约者□小狗胜，今从梁胜乐宝处借五斛麦、十一斛杂等，共请求借贷十六斛，公母全齿骆驼二头、□齿母□一头典押。期限内赎来，九月一日应全还。期限过不给时，先前所典押骆驼数债主实持有不争讼。争讼、反悔依官罚交杂、麦十五斛。服。

　　　　　　　　　状为者□小狗胜（画押）

　　　　　　　　　同接状梁回鹘张（画押）

　　　　　　　　　知人梁□□□（画押）

四、Инв.No.2546‑1《天庆亥年二月典驼契》

　　Инв.No.2546‑1西夏文天庆亥年二月卖骆驼契约，出土于今内蒙古额济纳旗黑水城，原件现保存于俄罗斯科学院圣彼得堡分院东方文献研究所。2011年出版的《俄藏黑水城文献》第13册中刊布了该件契约图版。[①] 写本，残页，麻纸，高20，宽31.2.西夏文11

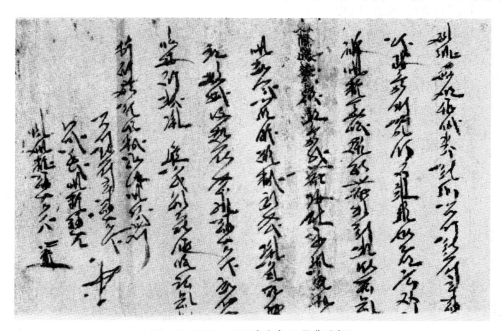

Инв.No.2546‑1《天庆亥年二月典驼契》

---

① 《俄藏黑水城文献》第一三册，第84页。

行,草书,第 1 行有"天庆亥年"(1203),有署名,画押。[1]

录文对译:

1. （西夏文）□□
   天庆亥年二月三十日文状为者梁□□

2. □（西夏文）□
   □今自属齿全一骆驼母自乐意□

3. （西夏文）
   依嵬□十月狗□□卖为价六斛杂

4. （西夏文）□□□□
   今畜等各自已卖传□□□□□

5. （西夏文）
   嵬□□若此畜上□□诸人□抄共男

6. （西夏文）
   口缚者有时梁□□讹管

7. （西夏文）
   等言变□□□过律依五斛杂罚

8. （西夏文）
   交语体入植上有依实行服

9. （西夏文）□□□(画押)
   文状为者梁□□□(画押)

10. （西夏文）□□(画押)
    状接相嵬□□(画押)

11. （西夏文）□□（西夏文）(画押)
    知人嵬□□讹(画押)

意译:

天庆亥年二月三十日,立契约者梁□□讹,今将自属一头齿全母骆驼自愿卖给嵬□十

① 史金波、聂鸿音、蒋维崧:《俄藏黑水城文献绪录》,《俄藏黑水城文献》第一四册,第 47 页。

狗,价格六斛杂,今畜等各自所属。交易□□□□□,兜□□□,若此畜上有诸人共抄男诉讼者时,梁□□讹管。等反悔□□□期限过。依律令罚交五斛杂,依文据上有语情实行,服。

文状为者梁□□□(画押)

接状同者兜□□(画押)

知人兜□□讹(画押)

第二节 《当铺门》对民间典当的规范

一、典畜契约对《当铺门》的遵循

典当是债务人在保留回赎权基础上,出让抵押物的一种借贷交易。这种典押借贷,债务人只是将抵押物的使用权在债务期限内出让给债权人。尽管有抵押物保障债权,《天盛律令》规定典当、借贷及买卖等都要有契约为凭。"诸人将使军、奴仆、田地、房舍等典当、出卖于他处时,当为契约。"[①]为了将债权置于法律保护之下,《天盛律令》卷三《催索债利门》也有同样的规定:"诸人买卖及借债,以及其他类似与别人有各种事牵连时,各自自愿可立文据。"并且要求了契约上主要内容:"上有相关语,买价,钱量及语情等上当计量,自相等数至全部所定为多少,官私交取者当令明白,记于文字上。"[②]从黑水城、敦煌莫高窟以及武威出土的西夏典当借贷契约文书都证实在债务关系产生时都要签订契约文书来见证债务的合法性。

一件具有法律效力的正式契约必须要有当事双方、典当买卖物、价格、违约处罚、借贷者、保证人、知见人的签字画押。但是,上述武威出土的《乾定戌年典驴契约》缺失了结尾立文人、同立文人以及知人的签字画押,是一件还未起草完整草稿。从这一点我们可以得知,西夏契约的签订是有一定的流程,即在正式签订契约之前,应该还要草拟契约,经各方商议无疑和无补充条款之后,再书写正式的契约文书,最后契约结尾要有借贷者、同借者保人以及知见证人的签字画押,方能成为有法律效力的契约。如上三件黑水城出土的典畜契约就具备完整的契约要素,结尾也有立契约人、同借人、知见人的签字画押,是具有法律效力的正式借典契约文书。

《天盛律令》卷三《当铺门》规定,典当物品时,物主及当铺要双方自愿,典当物品要求

---

① 史金波、聂鸿音、白滨译注:《天盛律令》卷十一出典工门,法律出版社 2000 年,第 390 页。
② 史金波、聂鸿音、白滨译注:《天盛律令》卷三催索债利门,法律出版社 2000 年,第 189 页。

价值物有所值,不能物好价低,或是物少钱多,不能强行典当:"典当时,物属者及开当铺者两相厢情愿,因物多钱甚少,说本利相等亦勿卖出,有知证。"①从上述解读的四件典畜契约来看,在民间的日常借典中,都是物主和当铺主双方商议后自愿典当借贷。《乾定戌年罨斡善典驴契》中书写有"自愿立典驴契约",《天庆亥年典驼契约》亦有"自愿典卖给嵬□十狗"之句。

《当铺门》还规定:"诸人当铺中典当各物品时,本利不等,此后无语量,不问属者,不准随意出卖。若违律卖典物时,物价在十缗以内,有官罚马一,庶人十三杖,十缗以上一律徒一年。物现有,则当还属者,若无,则依现卖法则,卖钱及物色相同价钱当还给,应算取本利。"②也就是说,典押借贷钱粮时,债务人在没有偿还完所借债务本利时,当铺主在不问典押物原主人的情况下,未经双方商议,是不允许出卖的。这与《宋刑统》卷二十六《杂律·受寄财物辄费用》"收质者,非对物主不得辄卖"③的规定相同。

虽然抵押物在抵押借贷期间是属于当铺主,但是典押物的所有权还没有发生完全的转移,债务人是有赎回自己的抵押物权利。当然其赎回权也是有一定的期限,期限一般是由双方在契约中约定。《天盛律令》卷三《当铺门》规定:"典当各种物品,所议日期未令明者,本利头已相等,物属者不来赎时,开当铺者可随意卖。"④所以,在典当契约中都写明有赎回期限。如,在 Инв.No.4079-2《小狗胜典驼借粮契约》中就写有:"期限内赎来,九月一日应全还。期限过不给时,先前所典押骆驼数债主实持有,不争讼。"Инв.No.954《光定未年耶和小狗山典驴贷粮契》也规定:"期限同年八月一日谷数聚齐来应还,若期限过时不还,牲畜交现典押处 卖 □,心服。"《宋刑统》对质典物的赎回期限是"本利相等"期以内,债务人在清偿完债务后可以赎回。"若计利过本不赎,听告市司对卖,有剩还之"。⑤ 南宋《庆元条法事类》的规定则与西夏相同,由双方商定赎期。《庆元条法事类》卷八十《出举负债·关市令》亦规定:"其收质者过限不赎,听从私契。"⑥上述典畜契约中写有,双方商议在九月一日、八月一日赎回典押畜物的最后期限,及过限不赎的处理方式,在民间的典押借贷中,基本是遵循双方约定,听从私契约的规定。

《天盛律令》与《宋刑统》对质典物过期不赎的处理方式也有差异。《宋刑统》规定要由

① 史金波、聂鸿音、白滨译注:《天盛律令》卷三当铺门,法律出版社 2000 年,第 186 页。
② 史金波、聂鸿音、白滨译注:《天盛律令》卷三当铺门,法律出版社 2000 年,第 188 页。
③ [宋]窦仪等撰,薛梅卿点校:《宋刑统》,法律出版社 1999 年,第 468 页。
④ 史金波、聂鸿音、白滨译注:《天盛律令》卷三当铺门,法律出版社 2000 年,第 186~187 页。
⑤ [宋]窦仪等撰,薛梅卿点校:《宋刑统》,法律出版社 1999 年,第 468 页。
⑥ [宋]谢深甫等修,戴建国校:《庆元条法事类》卷八十出举债负,法律出版社 1999 年,第 903 页。

听告至市司出卖,来偿还债权人,若有剩余则要归还抵押物主人。《天盛律令》与《庆元条法事类》都是不许诉讼,任依私契。即过期不赎,债权人就可依据契约约定随意买卖处置。上述典畜契约中约定的"典押骆驼数债主实持有""牲畜交现典押处卖"也证实了《天盛律令·当铺门》以上规定,同时契约中也写有"不许诉讼"的约定。

盗物历来被各朝律法所禁止典当,西夏《天盛律令》对此也予以了明确规定。为了禁止盗物典当,要求在抵押借贷时,必须要有中间人知情验证,方可典当:"诸当铺诸人放物典当取钱时,十缗以下,识未识一律当典给,是盗物亦不予治罪,物应还回,钱当取。送十缗以上物者,识则令典给,未识则当另寻识人,令其典当。"[1]从本文译释的典畜契约可知,黑水城出土的三件正式典畜契约中都有"知见人"签字画押来证明典卖畜物是合法的。《天庆亥年典骆驼契》正文开始就用"自属"来说明典卖的骆驼是立契约人自己所有,而非盗物。武威出土的《乾定戊年典驴契约》虽然是草稿,结尾没有知见人的签字画押,但在契约行文中却有"假若偷盗欺骗者,在常住处典当有,买者不管,卖者管,反悔时本所损失"之语,来保证典卖的不是盗物。

当然,有些也并不是完全严格执行了《天盛律令》的规定。如,若典押物属者过期不赎,债权人将抵当物买卖了,物主人是不许诉讼的,"若属者违律诉讼时,有官罚马一,庶人十三杖"。[2]但在典畜契约中规定,典押人若诉讼的处罚是罚交粮食。Инв.No.2546-1《天庆亥年典驼契约》中是"期限过,依律令罚交五斛杂"。在 Инв.No.4079-2《小狗胜典驼借粮契约》中"争讼、反悔依官罚交杂、麦十五斛",未取典偿价而典卖者改口时,有官罚马一,庶人十三杖。

Инв.No.954《光定未年耶和小狗山典驴贷粮契》与其他典当契约相比较,较为特殊。在行文和契约结尾的署名画押处,立契约人耶和小狗山的妻子和儿子在这次典押借贷中的身份是"□□□□",意"状接典手有"。"□□□",意译"典当经手人"。如前所引,黑水城出土的有关普渡寺借贷粮食契约中就有"□□"该词,"□□□□□□□□",意"谷经手人梁喇嘛等处"。《契约汇编》译文为"保典人",保典人为典押担保人,应该是契约中的"□□□(状接相)"。因为该件契约是典押畜物借贷粮食,这里的"□□□"表示典当抵押牲畜也经手了梁氏糜月宝和令山。"□□(状接)"表示他们是这次贷粮债务偿还的连带偿还人——同借者;从行文表述看"□□□(典当经手人)"则意在说明立契约人耶和小狗山的妻子梁氏糜月宝和儿子令山也是畜物的所有者,这次的抵押畜物借贷是经过其妻子梁

---

① 史金波、聂鸿音、白滨译注:《天盛律令》卷三当铺门,法律出版社 2000 年,第 186 页。
② 史金波、聂鸿音、白滨译注:《天盛律令》卷三当铺门,法律出版社 2000 年,第 187 页。

氏糜月宝和儿子耶和令山的同意,是他们一家共同典贷。因为根据西夏文典当、买卖契约行文,契约正文还有"若买卖(典当)物其他相关所有人发生争讼,买者不管,立契约人管"的约定,而此件典驴贷粮契约中确没有。该件契约中的"𗧀𗋽𘊱𗊔𗊱𗥑𗹬𗄋𗤙𘀗𘓺𗧿�ㄍ𗈧(典当经手梁氏糜月宝童子男令山等经手)"之句的意思与上述约定相同,典当物的其他所有者是同意抵押借贷的,不存在物权争讼问题。因为,《天盛律令》卷三《当铺门》第一条就是明确规定,典当物在十缗钱以上的必须要有识人,明确典押物的所有权,一则是为了禁止盗物典当,二则也是明晰物权,避免典当后产生纠纷争讼。

二、典畜价格

《光定未年耶和小狗山典驴贷粮契》中,一大一小二头驴共借贷了三斛杂粮,本利共算四斛五斗;《小狗胜典驼契》中二大一小三头骆驼借了共十六斛粮;又《天庆亥年典驼契》中,一头齿全母骆驼值六斛杂粮。可知,两头大骆驼值12斛,1头小骆驼值4斛。小畜价格则是大畜的一半,光定未年耶和小狗山典驴契中,大驴则约值3斛,小驴价格约为1斛5斗。又在黑水城出土 Инв.No.7630 - 2《光定酉年卖畜契约》中,一头四齿的生牛所卖的价格是4石杂粮。[1] 可知,西夏晚期的黑水城牲畜的价值中,骆驼最高,牛和驴次之。一头骆驼价值是6斛,是一头牛的1.5倍,一头驴的2倍;一头牛的价值是一头驴的1.3倍。

西夏晚期典畜折价表

畜 物 ＼ 价 格	价值（斛/头）	杂粮价（文/斗）	折价（缗）
骆 驼	6	2	12
牛	4	2	8
驴	3	2	6

如前所释,在武威出土的《乾定酉年卖牛契约》中一头牛的价格是65缗钱,《乾定戌年典驴契约草稿》中一头驴的价格是50缗。由此可知,西夏晚期武威地区牛价也高于驴价,一头牛的价值也是一头驴价的1.3倍。史金波先生依据黑水城出土的卖粮账残页推算,黑水城地区每升麦价在20至25钱,即每斗200至250钱,每斗杂粮价为200文钱左右,[2] 依据这一标准,黑水城地区的一头骆驼价格约为12缗左右,一头牛的价格是8缗左右,一

[1]《俄藏黑水城文献》第一四册,第187页。
[2] 史金波:《西夏的物价、买卖税和货币借贷》,载朱瑞熙、王曾瑜等主编:《宋史研究论文集》,上海人民出版社2008年。

驴的价格是 6 缗左右。很明显的是,同属西夏晚期,武威地区的牲畜价格远远要高于黑水城地区。

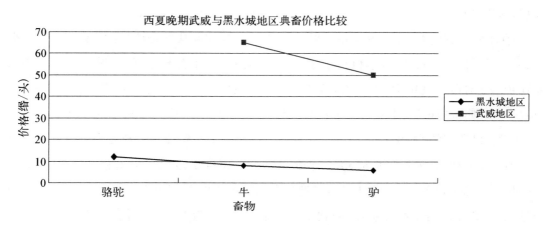

武威出土典畜契价格偏高一是由于武威是西夏的第二大城市——西凉府所在地,经济发展水平高于黑水城地区。另一个原因是武威出土的三件典卖契约是在西夏末期的乾定年间,最晚者是乾定戌年(1226)。此时,河西诸州已被蒙古所攻陷:"秋七月,蒙古破西凉府。蒙古主进兵攻西凉,宿卫官粘合重山执大旗指挥六军,手中流矢,不稍动。守臣斡扎簧力屈,率父老启门降。于是,搠罗、河罗等县皆不守。"[①]一年之后的 1227 年 7 月,西夏灭亡。武威亥母洞出土的这几件契约就书写于蒙古军队进攻西凉府前夕。在蒙古大军压境的时刻,西夏政权即将倾覆,凉州地区社会动荡不安,也是导致了畜价高涨另一因素。

三、典当贷粮利率

典当借贷虽然有典当物作为抵押品,但其本质还是借贷,所以借贷钱粮也都是计算利息的。《天盛律令》卷三《当铺门》在多条律文中都有对本利的说明。如:"因物多钱少,说本利相等亦勿出卖。""典当物时,任意将衣物变破旧者,当取本钱,利当罚,现物归属者。""诸人居舍、土地因钱典当时,……不允与本利钱相等以后再算利。若违律本利送,地上、房舍不归属者时,有官罚马一,庶人十三杖。"[②]在实际的典当借贷契约中对利率又是如何执行的呢? 与无抵押的借贷利率比较是高还是低呢?

《当铺门》规定:"典当各种物品,所议日期未令明者,本利头已相等,物属者不来赎时,开当铺者可随意卖。"[③]这虽然是对典当物赎期已过不来赎回情况下,当铺有权处置典当

---

① ［清］吴广成撰、龚世俊等校注:《西夏书事》卷四十二,甘肃文化出版社 1995 年,第 211 页。
② 史金波、聂鸿音、白滨译注:《天盛律令》卷三当铺门,法律出版社 2000 年,第 186～187 页。
③ 史金波、聂鸿音、白滨译注:《天盛律令》卷三当铺门,法律出版社 2000 年,第 186～187 页。

物的规定,但"所议日期未令明者,本利头已相等"的前提情况,也说明抵押物品典当借贷债务的利息最高也是本利相等,这与《催索债利门》对借贷利率"本利相等以后,不允去超额"的规定相统一。

在本章译释的 Инв.No.954 俄藏黑水城出土《光定未年典驴贷粮契》中,典当一大一小二头驴子所借本 3 石杂粮,本利共计为 4 石 5 斗,总利息 1 石 5 斗,总额利率 50％。Инв.No.4079－3《典畜贷粮契》本 1 石,变 1 石 5 斗[①],总利息 5 斗,总额利率 50％;Инв.No.4079－22《典畜贷粮契》本 4 石麦 1 石杂,变 8 石麦 2 石杂[②],总利息 5 石,总额利率 50％。又如学界已研究的 Or.821/727K.K.Ⅱ.0253(a)《天庆十一年裴松寿典麦契》中,大麦加 3 利,小麦加 4 利,总额利率大麦 30％、小麦 40％。[③] TK.49P《天庆六年裴松寿典麦契》中大麦加 5 利,总额利率 50％。[④] 上述数件通过典当牲畜或皮裘、毛毡等生活用品借贷粮食的利息绝大部分都是总额计息,总额利率也基本是 50％,有些甚至更低,为 30％、40％等。由此可见,典物抵押借贷的利率没有超过《天盛律令·当铺门》中对利率的最高限定。

但是,在前文对无抵押借贷粮食利率的梳理中,它们的总额利率普遍要高于典当抵押借贷利率,至少是有典押物去借贷粮食的利率要比无抵押借贷粮食利率低。如前引武威《乾定申年典糜契约》本 1 石,总利息 8 斗,总额利率 80％。又如,ИНВ.No.4762 天庆寅年普渡寺出贷的诸多粮食借贷契约也都是无抵押借贷,虽规定月息是"一石有利一斗二升",月利率是 12％,但由于契约约定本利相等时还,所以总利息率是 100％。其他无抵押借贷粮食契约中虽然约定有月息,但大部分的偿还期限都是本利相等时还,所以总额利率还是 100％。

所以,通过将上述典当贷契粮契约利率与无抵押贷粮契约比较,似乎确实可以发现,西夏粮食借贷中,无抵押借贷利率一般要比有抵押的典当借贷利率高。可能是有抵押标的物保证了债权人的债权,在债务人无力偿还时,可以将抵押物出卖来抵债,所以利率低;而无抵押的借贷是信用担保,虽有同借者之连带赔偿责任,但债务风险较之有抵押借贷要高,所以利息也高。

总之,通过对数件典畜契约的解读发现,在西夏民间日常典当中,基本是依据《天盛律令·当铺门》中对典当制度的规范来执行。典当时都有熟悉典当物情况的知见人;都有典

---

① 《俄藏黑水城文献》第一三册,第 183 页。
② 《俄藏黑水城文献》第一三册,第 188 页。
③ 杜建录、史金波:《西夏社会文书研究》,上海古籍出版社 2010 年,第 200 页。
④ 杜建录、史金波:《西夏社会文书研究》,上海古籍出版社 2010 年,第 192 页。

当契约为凭据；契约中都有明晰典当物所有权、来源、价格；双方协议有赎回期限，逾期不赎时对典当物的处置；典当借贷的利率基本在 50％ 以下，没有超过《当铺门》所规定的"本利相等"的最高限定。同时，抵押典当借贷的利率要比无抵押的信用担保借贷利率低。出土的西夏典当契约体现了民间典当实践活动很好地实现了与国家法律制度的融合与遵循。

第四章　典贷中的"中间人"及相关问题

　　《天盛律令》卷三中,在涉及到有关典当借贷等债务时,除债务人、债权人之外,还多次出现一个第三方——"🗌🗌🗌🗌🗌",史金波先生等汉译本翻译为"中间捐客"或"买卖中间人"。通过对条文的梳理,西夏典贷中的"🗌🗌🗌🗌🗌",在买卖、典当及借贷中所起的作用,恰好就是唐宋时期买卖交易中的"牙人"的职责。"捐客"虽然也是其另一种称谓,但这是近代以来才出现的对交易中间人的贬义称呼。实际上,在《天盛律令》债务条文中对"中间人"的称谓并非这一固定词组,是有多种表述形式。为统一表述,便于理解,后文出现西夏"牙人"时都以"中间人"代替。

　　中间人是牙人的称谓之一,又称为侩、牙侩、牙郎、捐客等。牙人起源较早,最早可追溯至西周时期的商品交易中的"质人"。汉代时,称为"驵侩"。《史记·货殖列传》:"子贷金钱千贯,节驵会,贪贾三之,廉者五之;此亦比千乘之家。"[1]裴骃《集解》"驵音祖郎反,马侩也"。引《汉书音义》:"会亦是侩也。"索引案:"驵者,度牛马市。云驵侩者,合市也。驵者,其首率也。"[2]《汉书》卷九十一《食货传》"子贷金钱千贯,节驵会",颜师古注曰:"侩者,合会两家交易者也。驵者,其首率也。驵音子朗反。侩音工外反。"[3]唐宋时期,随着商品经济的发展繁荣,买卖交易中的中间人由秦汉时期的马市交易行业为主,逐渐向各个行业渗透,牙人数量急剧扩展壮大,出现了专门的中介机构,开始出现以"牙郎"、"牙人"、"牙保"等称呼这些买卖过程中的中介人,专门经纪中介机构也以"牙行"称谓。至近代以后,开始出现"捐客"的称谓。[4]　他们在交易过程中的职责是撮合交易,接受委托代为买卖、典当、借贷,签订契约等,

---

① 〔汉〕司马迁:《史记》卷一二九货殖列传第六九,中华书局 1959 年,第 3274 页。
② 〔汉〕司马迁:《史记》卷一二九货殖列传第六九,中华书局 1959 年,第 3277 页。
③ 〔汉〕班固:《汉书》卷九十一货殖传第六一,中华书局 1964 年,第 3689 页。
④ 陈明光、毛蕾:《驵侩、牙人、经纪、捐客:中国古代交易中中介人主要称谓演变试说》,《中国社会经济史研究》1998 年第 4 期,第 5~12 页。

以此从买卖双方、借典双方中收取一定的佣金作为劳动报酬。唐宋时期,牙行、牙人甚至还受政府部门委托代收买卖交易税。有些牙人在签订买卖、借贷、典当契约中有时还承担信誉担保的作用。"中人现象是中国传统民事契约在其本身发展过程中逐渐成熟,被固定化与程序化的特殊现象,它构成中国传统民事契约的重要组成部分。"①

党项内迁后,其生产形态也由先前的"不知稼穑"的畜牧业生产,逐渐转变为以农业、畜牧业为主。特别是元昊立国后,西夏王朝吸收唐宋及其周边民族政权的先进文明,封建化程度进一步提高,社会经济形态也趋于多样化,手工业、商业等经济方式也逐步发展起来。与此同时,西夏境内典当借贷经济活动活跃起来。其中,也出现了促成商品买卖的中间经纪人——牙人,甚至还出现了官营性质的牙行。如《太平治迹统类》卷十五记载:"牙(衙)头吏史屈子者,狡猾,为众贷谅祚息钱,累岁不能偿。"②杜建录先生认为这里以国主谅祚名义经营的高利贷或许也属官贷性质。③以毅宗凉祚的高利贷业务委托给牙(衙)头吏史屈子专门从事借贷典当,足见西夏的官营借贷典当已经发展到一定的程度。西夏帝王权贵等统治阶级从事借贷典当业务是通过专门的中介机构来营运,说明西夏的官营借贷业务中也已经出现专门的官营中介机构——官牙行。

目前学术界在西夏经济史研究中,对商业、典当、借贷等经济活动研究取得了一定的成果,但对"中间人"这一问题的关注和研究还处于空白。其实在西夏法典《天盛律令》中对买卖、借贷、典当中"中间人"的职责作用等已有部分零散的规定。同时,在刊布的一些西夏借贷和典当契约中也出现了促成典当借贷的中间人,他们就是从事借贷、典当的经纪人——牙人。他们不仅在典当借贷完成后抽利,而且还担负调节价格、明细借贷典当来源是否合法的责任,有时还担负起草书写契约,同时还要担负违法交易出现后的法律责任。西夏典贷中也有与唐宋社会一样的职业化中间人——牙人。

第一节　《天盛律令》中对"中间人"的表述及规制

一、中间人的表述类型

中间人是在买卖借典交易中,通过自己的言语向交易双方说和,最终达成买卖、借典

---

① 李祝环:《中国传统民事契约中的中人现象》,《法学研究》1997 年第 6 期,第 138～143 页。
② [宋] 彭百川:《太平治迹统类》卷十五神宗经制西夏,影印文渊阁四库全书本。
③ 杜建录:《西夏高利贷初探》,《民族研究》1999 年第 2 期,第 59～63 页。

顺利完成的中间经纪人,即为唐宋时期所称"牙人"。在西夏文中,表述中间人的短语词组中出现最多的为"□□"。《文海》10.122 解释为"□□□□□ □□□□□□□□□□□□□□□□□□□□□"(贩:卖左传全,贩者买卖中间言为者,贩卖物者,贩卖之谓也。)[1]从《文海》对"□"的解释来看,其本意为"买卖中间言传者",这正好就是牙人在商品买卖交易中所起的作用,所以"□"是表达买卖中间人的核心字。但是,在西夏文中并没有一个固定统一的词汇表达"中间人"。通过对《天盛改旧新定律令》有关涉及买卖中间人原文的译释可知,《天盛改旧新定律令》在表述"中间人"时,根据其在交易中的扮演的不同角色,担负的不同作用和功能,使用了不同的表达词语或搭配词组。为了便于学界了解西夏买卖借典中的中间人情况,笔者对《天盛改旧新定律令》中对"中间人"的各种表述情况予以了梳理,发现有七种西夏文词组或短语是表达"中间人"概念的,具体情况如下:

(一)"□□□□□",汉语对译"贩卖言为者"。汉译本译为"中间掮客"。

如《天盛改旧新定律令》卷三《分持盗畜物门》:"□□□□□□□□□□/□□□□□□□□□□□/□□□□□□□□□□□□□/□□□□□□□□□□□/□□□□□□□□□□□**□□□□□□**□□□/□□"。[2] 汉译:"他人畜、谷、物、人等买、抵债、典当等,未知觉为盗窃物,则勿治罪。现有盗畜物应交回属者,所缺者当于盗人处取价。盗人为无主贫子,实未有,则<u>中间掮客</u>当还给。"[3]俄译本译文中将"□□□□□"翻译为"贸易中间人或参与立买卖契约者"。

(二)"□□□□□□□□□",汉语对译"状接相贩卖言为者",汉译本译为"接状相卖中掮客"。

《天盛改旧新定律令》卷三《盗赔偿返还门》:"□□□□□□□□□□□□□/□□□□□□□□□□□□□□□□□□/□□□□□□□□□□□□□□/□□□□□□□□□□□□□ □□□□□□/□□□□□□□□□□ □□□□□□□□□"。[4] 汉译:"若盗人畜物家门确无有,则有知盗而分、买、抵债、典当畜物者,及<u>接状相卖中掮客</u>等,则家门以外上述人,何有畜物当偿还。其亦不能偿还,则于不知盗中<u>接状、卖间掮客</u>者偿还。"[5]俄译本译文中将"□□□□□□□□□"翻译为"中间人与立买卖契约者"。[6]

① 史金波、白滨、黄振华:《文海研究》,中国社会科学出版社 1983 年,第 148 页。
② 《俄藏黑水城文献》第八册,第 86 页。
③ 史金波、聂鸿音、白滨译注:《天盛改旧新定律令》,法律出版社 2000 年,第 172 页。
④ 《俄藏黑水城文献》第八册,第 87 页。
⑤ 史金波、聂鸿音、白滨译注:《天盛改旧新定律令》,法律出版社 2000 年,第 172 页。
⑥ 〔俄〕克恰诺夫著,李仲三汉译:《西夏法典》,宁夏人民出版社 1988 年,第 69 页。

《天盛改旧新定律令》卷三《自告偿还解罪减半议和门》："▨▨▨▨□▨▨▨▨▨▨▨▨▨▨▨/⋯⋯▨▨▨▨ <u>▨▨▨▨▨▨▨</u> ▨▨▨▨▨▨▨▨▨▨▨/▨▨▨▨▨"。[1] 汉译："一盗人将所盗物向他人售卖、还抵债、已典当等，⋯⋯若（盗人）不能还，或<u>接状买卖中间人</u>负担[2]，或罚买者各当还之一部分。"[3]"▨▨▨▨▨▨▨"汉译本翻译为"接状买卖中间人"；俄译本翻译为"买卖中间人和订买卖契约者"。[4]

（三）"▨▨"，汉语对译"贩卖"，汉译本翻译为"卖间掮客"。

《天盛改旧新定律令》卷三《分持盗畜物门》："▨▨▨▨▨▨▨▨▨▨▨▨▨▨▨▨▨/▨▨▨▨▨▨"。[5] 汉译为"一诸人买、抵债、典当所盗窃畜物时，相接状、<u>卖间掮客</u>等知觉为盗物"。[6] 俄译本译文为"贸易中间人或与立买卖契约者"。[7]

（四）"▨▨"、"▨▨▨"，汉语对译"识信人"。

《天盛改旧新定律令》卷三《当铺门》："▨▨▨▨▨▨▨▨▨▨▨▨▨▨▨⋯⋯▨▨▨▨▨▨▨▨/▨▨▨▨▨▨▨▨▨▨▨▨▨▨/▨▨▨▨▨▨▨▨▨▨▨⋯⋯▨"。[8] 汉译："一诸典长府诸人放物典当取钱时，⋯⋯送十缗以上物者，识则令典给，未识则当另寻识人，令其典当。假若无识信人而令典当⋯⋯"[9]"▨▨▨"俄译本译为"德高望重的人"。[10]

（五）"▨▨"汉译"使传"，汉译本"中间人"。

《天盛改旧新定律令》卷三《当铺门》："▨▨▨▨▨▨▨▨▨▨▨▨▨▨▨/▨▨▨▨▨▨▨▨▨▨▨▨/▨▨▨▨▨▨▨▨▨▨▨▨▨"。[11] 汉译："一诸人居舍、土地因钱典当时，分别以<u>中间人</u>双方各自地苗、房舍之【收入】之利【算或不算，应有文字规定】，何时送钱时当还给。"[12]

▨《文海》36.222 解释为"▨▨▨▨▨▨▨▨▨▨▨▨"，汉译："使语右传左，使者二间言传者也。"[13]▨《文海》49.131 解释为"▨▨▨▨▨▨▨▨▨▨▨▨▨▨▨▨"，汉译："传：使右

---

① 《俄藏黑水城文献》第八册，第 89 页。
② ▨▨，汉语对译"分离"，汉译本翻译为"离开"。根据文意此处应该是"分担"、"负担"。此处汉译文修订为"分担"。见上编译释中注释。
③ 史金波、聂鸿音、白滨：《天盛改旧新定律令》，法律出版社 2000 年，第 176 页。
④ 〔俄〕克恰诺夫著，李仲三汉译：《西夏法典》，宁夏人民出版社 1988 年，第 69 页。
⑤ 《俄藏黑水城文献》第八册，第 86 页。
⑥ 史金波、聂鸿音、白滨译注：《天盛改旧新定律令》，法律出版社 2000 年，第 176 页。
⑦ 〔俄〕克恰诺夫著，李仲三汉译：《西夏法典》，宁夏人民出版社 1988 年，第 67 页。
⑧ 《俄藏黑水城文献》第八册，第 96 页。
⑨ 史金波、聂鸿音、白滨译注：《天盛改旧新定律令》，法律出版社 2000 年，第 186 页。
⑩ 〔俄〕克恰诺夫著，李仲三汉译：《西夏法典》，宁夏人民出版社 1988 年，第 86 页。
⑪ 《俄藏黑水城文献》第八册，卷三（46 - 39、40），第 96、97 页。
⑫ 史金波、聂鸿音、白滨译注：《天盛改旧新定律令》，法律出版社 2000 年，第 187 页。
⑬ 史金波、白滨、黄振华：《文海研究》，中国社会科学出版社 1983 年，第 201 页。

奉右，传者传达也，相互受授也。”[①]《同音》19A4“[illegible]”汉译“传达”。[②]《同音》38A7“[illegible]”，汉译“使传”。[③] 根据《文海》对“[illegible]”和“[illegible]”的解释，“使传”即为“传达话语者”，根据后文的“二二”以及文意可知，其职责就是在当物主人和当铺商之间传话，分别商议价格、利息，并签订契约，即为促使典当交易中的“中间人”，典当中的牙人是也。

（六）“[illegible]”、“[illegible]”，汉语对译“贩知”、“贩卖知”。汉译本译为“中间知人”。

《天盛改旧新定律令》卷三《当铺门》：“[illegible]”。[④] 汉译：“一诸人买活死畜物者，当找知识人而买，当做规定。若【有人说】所置物为现寻捕盗畜物先买处明，有中间知人，实有规定，则畜物当归还现属者，价钱当由买处取，盗人罪依法判断。若畜物买处不明，无卖中间知人，无有规定，未得盗，则罚价承罪法当与前盗物典当之罪状同。”[⑤]俄译本译文将“[illegible]”和“[illegible]”译为“证人和中间人”。

根据出土的西夏文、汉文契约，契约结尾处一般都有“[illegible]”，即汉语“知人”或“证人”的签字画押。契约中出现的知人就是《天盛律令》所规定的“中间知人”，是促成双方买卖或是典当借贷成功的中间人。

（七）“[illegible]”，汉语对译“贩卖言为文字写者”。汉译本译为“卖方传语、写文书者”。

《天盛改旧新定律令》卷三《催租罪功门》“[illegible]”。[⑥] 汉译：“一官私地中治谷、农田监、地主人等不知，农主人随意私自卖与诸人而被举时，卖地者计地当比偷盗罪减一等。买者明知地主人，则以从犯法判断。为卖方传语、写文书者等知觉，有无受贿，罪依买盗物知觉有贿无贿之各种罪状法判

---

① 史金波、白滨、黄振华：《文海研究》，中国社会科学出版社 1983 年，第 224 页。
② 李范文：《同音研究》，宁夏人民出版社 1986 年，第 290 页。
③ 李范文：《同音研究》，宁夏人民出版社 1986 年，第 389 页。
④《俄藏黑水城文献》第八册，1998 年，第 97 页。
⑤ 史金波、聂鸿音、白滨译注：《天盛改旧新定律令》，法律出版社 2000 年，第 187 页。
⑥《俄藏黑水城文献》第八册，1998 年，第 305 页。

断。未知,则勿治罪。"①

如前所述,根据文意,这里的"□□□□"(贩卖言为)是"买卖中间人"的一项职责作用,而其后的"□□□□"(文字写者)的意思是"写立契约者",写立契约同样是买卖中间人——牙人在促成交易中的一项职责。所以"□□□□□□□□"也是指"买卖中间人",该固定词组意在突出"中间人"的"写立契约"的作用。并非"为卖方传语、写文书者"。"□□□□□□□□□□□□□□"(卖卖中间人写契约者等知觉,有无受贿)的意思是在卖地过程中,中间人在写立卖地契约时有无受贿的情况。如在俄藏黑水城编号 5142 – 2《天庆寅年正月卖地契约》结尾签字画押中"□□"有三位,其中一位是"□□□□□□□□",汉语对译"知人植写者翟宝胜"②,如前上编第一章《当铺门译释》注释中考述"□□"(人植)即"规定"、"契约"的意思。所以这里的"□□□□□□□□"中的"翟宝胜"即是见证卖地的证明人,同时也是这份卖地契约的起草书写者。

综上述之,《天盛律令》中对典当借贷等债务中的"中间人"一词的表述,之所以有多种形式,是基于"牙人"在不同的典贷活动中扮演的不同角色以及所担负的多种职责。正是由于其身份的多重性,为了更为贴切而具体地体现"中间人"在典贷中的作用,才有了西夏文表述的多样性,这也说明了西夏文语言表达的丰富性。

二、《天盛律令》对中间人的规制

中间人虽然只是买卖、典当、借贷交易中的第三方人,但其依赖在交易市场信息的掌握,加之西夏法典《天盛律令》规定数量较大的货币借贷、土地、房屋、畜物等价值较大的抵押典当及借贷中必须要有熟悉交易物情况的中间人,在签订契约时也必须有中间人签字画押,进一步确定了其在买卖、借典中不可或缺的地位。随着其地位的提升,业务的扩大,一些不法牙人利欲熏心,为了追求利益,出现了大肆敲诈、欺行霸市、坑蒙拐骗、故意压低当物、抬高借贷利息等违法行为,甚至将法律规定严禁买卖抵债的物品也介绍交易,勾结交易者逃避买卖税,严重扰乱了交易市场秩序,破坏了政府税收。

其实,中间人在中介中出现的上述消极现象,在牙人数量庞大的宋代比比皆是,甚至操控了交易市场。日本学者宫泽知之研究认为:"(宋)牙人掌握了左右物价的权利,有时甚至可以控制流通。作为宋代商业史的突出事例,可以举出牙人的抬头。"③为制止牙人的不法行为,宋代制定了一系列的法律制度,规范牙人的活动。如宋神宗元丰六年(1083)

---

① 史金波、聂鸿音、白滨译注:《天盛改旧新定律令》,法律出版社 2000 年,第 495 页。
② 史金波:《黑水城出土西夏文卖地契研究》,《历史研究》2012 年第 2 期,第 45~67 页。
③ 〔日〕宫泽知之著,艾廉莹译:《宋代的牙人》,《中国史研究动态》1982 年第 7 期。

《牙保法》："欲稍出钱帛，议其取舍之便，考其赢缩之归，仍上置权易务，差官吏牙保法，请自七年三月推行。"[①]规定：经官府登记批准，推行《牙人付身牌约束》，即随身携带牙人执照"身牌"从事中介经纪活动；对从业资格也从财产、年龄等方面进行了规定，实行"有物力保识牙人"，即从事牙人中介行业要有物力作保。"诸买茶场量事务繁简，招置有物力保识牙人，应收买起纲茶，依乡例支牙钱，即收买食茶，亦依乡例，于合支价钱内克留。牙钱置历，分闲忙月分均给，有余并不应给者，并入官。诸顾脚，州县召有物力行止人充，甲头准例收保引钱，应所保脚户带官物、脚钱等逃匿，及有所欺隐侵盗致失陷者，甲头备偿。"[②]

囿于史料的稀缺，我们无法知道西夏管理中间人的详细政策制度，也没查找到有关西夏中间人在交易中介中的不良行为。但是，在西夏法典《天盛律令》中对其在交易中的违法行为也作出了一些规制。

一是渎职负连带赔偿

若参与违法交易，中间人要为其违规介绍买卖、违规担保典押抵债等行为负责，依然要按律处罚。如《天盛律令》卷三《分持盗畜物门》：

> 一未参与同谋盗窃，他人畜、谷、物、人等买、抵债、典当等，未知觉为盗窃物，则勿治罪。现有盗畜物应交回属者，所缺者当于盗人处取价。盗人为无主贫子，实未有，则中间揣客当还给。彼亦不能还，则盗人等何时可还时还给。若畜物现已无有，盗人能偿还以外，不能还时，买者无须全偿还，先明计价，及若价量未明，亦应按盗时价何有，分为三分，当还属者二分，一分买者勿偿。[③]

该条文虽然是对盗物分赃罪的规定，但其中也涉及到中间人。通过该条文我们可以明晓，如果买卖中间人玩忽职守，未能检查出典卖抵债物是盗物，在盗人是没有所属主人的贫困者，确实无法偿还时，作为撮合该笔交易的中间人要按盗物价格负责连带赔偿责任，负担盗物价值的三分之一赔偿责任。

此外，《天盛律令》卷三《盗赔偿返还门》也规定如果被盗官私畜谷物人等被抵债、典当等，在盗人及家门中人无力赔偿盗物原主人的情况下，介绍交易的中间人即便是不知盗物也要负担一定的连带赔偿责任。

> 一诸所窃官私之畜、谷、物、人等，盗窃时，畜物属者自告，及有举报者，及以问解明等，一律现有则当送回，现无则偿其所盗，依价量还给，告赏亦当出自盗者。其中或

① ［清］徐松：《宋会要辑稿》，中华书局1957年，第3367页。
② ［清］徐松：《宋会要辑稿》，中华书局1957年，第532页。
③ 史金波、聂鸿音、白滨译注：《天盛改旧新定律令》，法律出版社2000年，第173页。

有不能赔偿、出告赏者,当找相为盗者,各盗者畜、人、物、舍房、地畴计价赔偿。无所还,则自己所在同居家门内之媳妇、未嫁女等当出工。若盗人畜物家门确无有,则有知盗而分、买、抵债、典当畜物者,及接状相卖中掮客等,则家门以外上述人,何有畜物当偿还。其亦不能偿还,则于不知盗中接状、卖间掮客者偿还。抵债、典当者,未知盗畜物者,勿使赔偿、出告举赏。①

二是贿赂枉法按知盗分物罪论处

中间人在其中介行为中无论其是否知晓,若将盗物介绍买卖典债,是负有连带赔偿责任。但是,如果在上述情况的基础上,中间人还有受贿、徇情枉法的违法行为,则就又触犯了西夏的刑罚。律法对其的惩处不仅仅是赔偿盗物价值,同时要按照知盗分物法判断,归于盗窃罪,按律法惩处。如果其不知是盗物则不治罪。如《天盛律令》卷三《分持盗畜物门》:

> 一诸人买、抵债、典当所盗窃畜物时,相接状、卖间掮客等知觉为盗物,受贿则按知盗分物法判断。若虽知但未参与分拿物时,由于徇情,则当在知为盗物而使典当之罪状上减一等判断。未知者勿治罪。②

同时,《天盛改旧新定律令》卷十五《催租罪功门》也有牙人在买卖土地时,如果玩忽职守,接受贿赂,将不是卖者的土地随意出卖,作为中介的牙人同样也是犯罪,按买盗物知觉罪判断。

> 一官私地中治谷、农田监、地主人等不知,农主人随意私自卖与诸人而被举时,卖地者计地当比偷盗罪减一等。买者明知地主人,则以从犯法判断。为买卖中间人书写契约者等知觉,有无受贿,罪依买盗物知觉有贿无贿之各种罪状法判断。未知,则勿治罪。③

三是罚交赏钱

《天盛律令》规定若盗物被典卖抵债后有人举报,及盗人被捉拿归案,要对举报者和追捕盗人者赏赐,其中买卖中间人也要分担一部分赏钱。如《天盛律令》卷三《追赶捕举告盗赏门》规定:

> 一捕盗举见等赏赐法已明。依条下者,当由盗人出,盗人无有,贫穷无力出,由家门出工仍不足,则由知盗分物、买、抵债、使典当、接状中间人等出,其人亦不能,则由

---

① 史金波、聂鸿音、白滨译注:《天盛改旧新定律令》,法律出版社 2000 年,第 173 页。
② 史金波、聂鸿音、白滨译注:《天盛改旧新定律令》,法律出版社 2000 年,第 172 页。
③ 史金波、聂鸿音、白滨译注:《天盛改旧新定律令》,法律出版社 2000 年,第 495 页。

畜物主得偿还物中,二十缗中分成二份,一份当给追捕、首告赏。二十缗以上每十缗当抽出二缗给赏。若畜物主所得赔偿甚少,不足按份给偿数,及未得赔偿者,则当由官赐给。①

对于给举报者及追盗者的赏钱分为两种情况,一是盗人有经济能力则盗人出;二是若盗人为贫困无资的良人,家门中又无出工偿还者,则牙人要承担一定的数额。

从以上《天盛律令》对买卖、典当、借贷交易过程中出现违反律法的规定来看,中间人发生违律行为后的处罚主要是向原物主人赔偿交易物的价值,担负债务违约后的连带赔偿责任,以及向举报人、提供盗人线索者、追捕盗物者缴纳部分赏赐钱。

三、西夏与唐宋律法对中间人规制的异同

为了规范交易市场,遏制违规典卖行为,唐宋律法中也规定若牙人参与欺瞒交易、控制交易价格,扰乱交易秩序的行为也要严厉惩处。如《宋刑统》卷十三《户婚律》之典卖指当论竞物业:"如是卑幼骨肉蒙昧尊长,专擅典、卖质举、倚当、或伪署尊长姓名,其卑幼及牙保引致人等,并当重断,钱业各还两主。"②《宋刑统》卷十三《户婚律》之"典卖指当论竞物业"条还引唐元和六年以来条令予以明确:

一应典、卖、倚当物业,先问房亲,房亲不要,次问四邻,四邻不要,他人并得交易。房亲着价不尽,亦任就得价高处交易。如业主、牙人等欺罔邻亲,契帖内虚抬价钱,及邻亲妄有遮悋者,并据所欺钱数,与情状轻重,酌量科断。

一应有将物业重叠倚当者,本主、牙人、邻人并契上署名人,各计所欺人已钱数,并准盗论。不分受钱者,减三等,仍征钱还被欺之人。如业主填纳罄尽不足者,勒同署契牙保、邻人等同共陪填,其物业归初倚当之主。③

再如,《宋刑统》卷二十六《杂律》之"受寄财物辄费用"引唐长庆二年八月十五日敕节文:"或有祖父分析多时,田园产业各别,疏远子弟行义无良,妄举官钱,指为旧业。及征纳之际,无物可还,即通状请收,称未曾分析。诸司、诸使、诸军等不详事由,领人管领,或依投无处,转自徙至多,事涉甚冤,恐须厘革。伏请应有此色,并碟府县推寻,若房分多时妄有指注,即请散征牙保代纳官钱,若其所举官钱,妄指庄园等人,及保人,各决重杖二十。纵属诸军、诸使,亦请准百姓例。"④南宋时又规定:"交易诸盗及重叠之类,钱主知情者,钱

---

① 史金波、聂鸿音、白滨译注:《天盛改旧新定律令》,法律出版社 2000 年,第 178 页。
② [宋]窦仪等撰,薛梅卿校:《宋刑统》卷十三户婚律,法律出版社 1999 年,第 231 页。
③ [宋]窦仪等撰,薛梅卿校:《宋刑统》卷十三户婚律,法律出版社 1999 年,第 232 页。
④ [宋]窦仪等撰,薛梅卿校:《宋刑统》卷二十六杂律,法律出版社 1999 年,第 469 页。

没官,自首及不知情者,理还。犯人偿不足,知情牙保均备。"①

由此可知,唐宋时期牙人若参与违法交易,出现欺行霸市、欺诈行骗、哄抬物价等有违职业操守、违反律法的行为,同样是要承担赔偿责任,情节严重的还要受到杖刑二十。与《天盛律令》对牙人法律责任的处罚相比较,唐宋律法对牙人违规参与不法交易的惩罚较西夏法律之规制轻。唐宋律令仅仅是规定负连带赔偿,缴纳罚金,最重者是受杖刑二十。但西夏律法规定,中间人违法不仅要赔偿,若是参与盗物交易、受贿枉法则按知分盗物罪严惩。西夏牙人的赔偿也是在盗人无力偿还物主的情况下,负有一定的赔偿责任。同时,唐宋律法中未见有对举报者要赏赐之规定,有可能牙人不对举告者和捕盗者给付赏钱,但西夏的中间人却要给付举赏和捕盗赏。

唐宋交易中,交易双方是否需要牙人中介及证明,实行"自愿的原则",若交易双方自愿达成交易意向,不存在纠纷则可允许交易。"客人般贩茶盐到住卖处,欲用牙人货卖者,合依已立定等籍第三等户充牙人交易。如愿不用牙人,自与铺户和议出卖,或情愿委托熟分之人作牙人引领出卖者,听从客便"。② 委托双方都较为熟悉的人代替专业牙人交易也未尝不可。但根据《天盛律令》之规定,西夏的买卖、借贷、典当等物权发生转移中,无论官私都必须要有中间人参与,并立契约为证,似乎带有强制性。

由上述之,中间人虽然只是买卖、典当、借贷交易中的第三方人,若债务人因贫困无资产、病死等原因,债务到限期,无法偿还债务时,西夏的中间人是不用为负违约后债务连带清偿责任。但若是参与违法交易同样要按律惩处。《天盛律令》对中间人违法行为的法律规制在一定程度上对于规范商品交易市场、约束其在中介中的欺诈、受贿、弄虚作假、合谋盗物等违法行为起到了有效的制约。同时,在一定程度上也尽可能保证的交易行为的公平性,保证了原物主、买卖双方的财产所有权。法律对中间人的规制同样也促进了西夏商品交易的活跃。

第二节 中间人的职责

随着西夏社会生产力的发展,商品交换、商业贸易逐渐也兴盛起来,西夏法律对交易

---

① [明]张四维辑,中国社会科学院历史研究所、宋辽金元史研究室校:《名公书判清明集》,中华书局1987年,第145页。
② [清]徐松:《宋会要辑稿》,中华书局1957年,第703页。

中必须有买卖中间人的规定,使得中间人在交易中的作用日渐重要。中间人从业范围涉及商品买卖、粮借贷、典当、租赁、人口买卖、劳动力雇佣、结婚嫁娶、物权转让等行业,发挥着愈益重要的作用。西夏的典当、借贷中,中间人有哪些具体的职责,肩负什么作用呢?

一、见证交易

唐宋时期,商品经济的繁荣达到了新的历史高度,牙人在市场交易、借贷典当中的所起作用越来越重要。为了规范市场,政府甚至开始赋予了牙人登记交易、监督交易、征收买卖税、契税收税的职责。“市主人、牙子、牙商各给印纸,人有买卖随自署记,翌日合算之。有自贸易,不用市牙子者,验其私簿,无私簿者,投状自集。其有隐钱,二千杖之,告者偿钱奖励十千。”[①]当然,这是基于牙人是买卖交易中不可或缺的第三方,他们掌握着市场交易的基本情况,政府为了征收买卖交易税、契税,所以这一特殊中间“商人”,被纳入到政府管理体系,赋予了上述诸多权利。

在商品交易、抵押典当、借贷过程中,牙人的一项重要职责就是负责验证明晰交易物、抵押物的所有权。《天盛律令》规定盗物是不能买卖、抵债、典当的。所以牙人的职责之一就是确定交易的物品、抵押的标的物是否为盗物,是否是出让方自属所有。

西夏时期,牙人同样在交易中发挥着举足轻重的作用,政府在律法中也规定了买卖、典当、借贷等物权转移交易中要有“买卖中间人”。特别是数量较大的货币借贷、土地、房屋、畜物等价值较大的抵押典当及借贷中必须要有熟悉抵当物情况的中间人。在签订交易凭证——契约时必须有中间人签字画押。如前所引,《天盛律令》规定盗物,租借物,良人的父母、妻眷、子女、兄弟、姐妹等亲属,武器装备,政府配发的官物,官畜等是不允许拿来买卖、抵押借贷、偿还所借债务的。为了杜绝上述严禁典卖的人、畜、物交易买卖、抵债,保障交易双方的合法物权,《天盛律令》规定在买卖、典当以及抵押借贷经济活动中,首先必须要有“识信人”,由识信人做出交易物品是属于律法规定的能够交易买卖的合法物品的证明后,买卖、典当以及抵押借贷才有效,否则不允许进行交易,交易后也是违法。如上所梳理的“中间人”表述方式中,“识信人”就是其中的一种表达形式。其在典借中的“识信”职责,就是指在典当、借贷过程中,首先要对典当物的所有权是否合法做出辨别、鉴定,证明交易物的所有权和来源是合法,是律法所允许买卖、抵债、典当的物品。《天盛律令》中牙人的另一表述词汇“𗤶𗠅”(知情)就说明了中间人是在买卖典当交易过程中,负责了解抵当物情况的人。

---

① [后晋] 刘询等撰:《旧唐书》卷一三五卢杞传,中华书局 1975 年,第 3715～3716 页。

在出土的西夏文、汉文契约中，一般在契约开始就写有"立文状者自属土地、畜物"等文字，明确典贷、买卖物的实际所有者，这就是"中间人"在交易中的"识情"职责。牙人在西夏文契约中以"𘜶𗾴"（知人）称谓，在西夏汉文契约中以"知人"、"知见人"出现在契约结尾，即该笔交易的"证明人"，见证交易是合法有效的。以后若发生纠纷和违约行为后，"契约"和"知人"成为官府评判的物证和人证。俄藏黑水城文献 Инв. No.4696/17-33 号是一件借粮契约长卷，第 1 份契约中的知人梁老房宝，同时还是第 2、6、7、8、9、16、17、18、19、35 份等十多笔贷粮契约中的知见人。Инв. No.4696/17-33 号第 1 分契约中的另一知见人平尚山势在第 2、6、15 份贷粮契约中也是知见人。① 说明西夏的借贷、典当买卖中确实有专门的职业化的"知见人"。他们是交易过程中的证明人，充当典当借贷交易中的中介者，最终促成典当、借贷活动的完成。尽管"中间人"不用担负债务人违约不还债时的连带偿还法律责任，但是《天盛律令》规定如果"中间人"在交易中玩忽职守、欺诈隐瞒交易实情，没有履行好验证交易物是盗物等违禁买卖、典当、抵债的物品，出现纠纷，也是要承担一定的赔偿责任。

二、议定价格

中间人在买卖借贷中不仅介绍交易，而且还要评定价格。甚至有些官牙在交易后，还要协助政府收缴买卖税。在田宅买卖活动中的中介人为庄宅牙人，其主要职责是核实钱数，帮助官府完税，促成契约成立。如，据宋人李元弼《作邑自箴》记载："应镇耆、庄宅牙人，根括置簿，各给手把历，遇有典卖田产，即时抄上立契月日钱数，逐旬具典卖数申县，乞催印契。"②再如，张传玺编著的《中国历代契约会编汇考》中收录的南宋项永和卖山契中记载有："三面评议价钱十八界官会五十贯文省，其钱当立契日一并交收足讫，并无分文少欠，别不立碎领。"③这里的"三面评议价钱"就是买卖双方，再加中间人。可见，中间人要参与交易物价格的议定。那么，西夏典当借贷中，中间人是否也会参与典押物价格议定呢？《天盛律令》卷三《当铺门》规定：

> 一诸人居舍、土地因钱典当时，分别以中间人双方各自地苗、房舍之收入之利算或不算，应有文字规定，何时送钱时当还给。此外，其中钱上有利，房舍、地亩亦重令归属者收入，令利交有名者。钱上利、房舍、地土上苗、果之收入等当各自重算，不允与本利钱相等以后再算利。若违律本利送还，地畴、房舍不归属者时，有官罚马一，庶

---

① 史金波：《西夏社会》，上海人民出版社 2007 年，第 198~199 页。
② ［宋］李元弼：《作邑自箴》，黄山出版社 1997 年，第 75 页。
③ 张传玺：《中国历代契约会编汇考》，北京大学出版社 1995 年，第 522 页。

人十三杖。①

从该条律法规定可知,在将房屋、土地等价值较大的不动产进行典押借贷货币时,抵押标的物房屋、土地的价值,甚至地上禾苗、果木的收入算不算价值,价值多少,以及抵押借贷利息的确定上都是由中间牙人与典贷双方分别商议后,再签订契约文据。说明西夏借典经济活动中牙人在居中说合,还负责抵押物价格的议定、利率的协商等。同时,在出土的西夏买卖契约中通常会有"𗗙𗤶……𗳒𗹏",汉译"议定全价……",这里对价格的"议定"除了买卖双方参与外,"中间人"也是重要的一方。在买卖双方提出各自的接受价格后,牙人将再从中调解说合,达成一个买卖双方都能接受的中间价格后,再签订契约明确,"于买价、钱量及语情等当计量,自相等数至全部所定为多少,官私交取者当令明白,记于文书上"。② 以后若有反悔,将由反悔一方按律法及契约上议定的违约罚金数额,缴纳罚金,罚金通常是交易物价值的 1 倍。有些出土契约结尾签字处的"知人"后直接就有"言为"来修饰,有些知人是"知人言为者×××"。如俄藏黑水城文献 5010《天盛二十二年耶和寡妇卖地契约》契尾有 4 位知人,但该件契约的知人与其他契约的知人不一样,它是"𗾰𗤶𗳒𗑹𗾱𗈁𗪊𗣀(押)",③汉译"知人言为者耶和铁茂","言为者"说明这位"知人"参与了在卖地者耶和寡妇与买地者耶和米千之间说合商议价格。

三、书写契约

契约是见证当事双方交易及债务行为的凭据,也是维护双方权益的法律依据,所谓"口说无凭,立字为据"。唐宋律法都规定了契约在债权维护中的所起的法律证据作用。契约在调节民事关系、维护物权中的重要作用,催生了一批有文化的知识分子专门从事书写契约——书契人。如宋徽宗时:"诸以田宅契投税者,即时当官注籍,给凭由付钱主,限三日勘会业主,邻人、牙、保,写契人书字圆备无交加,以所典卖顷亩田色。间架,勘验元业税租,免役钱,纽定应割税租分数令均平,取推收状入案。当日于部内对注开收。"④

西夏《天盛律令》也同样规定官私借贷典当中必须要有文字规定——契约。强调契约在债权维护保障中的重要作用。《天盛律令》卷三《催索债利门》规定:"一诸人买卖及借债,以及其他类似与别人有各种事牵连时,各自自愿,可立文据,上有相关语,于买价、钱量及语情等当计量,自相等数至全部所定为多少,官私交取者当令明白,记于文书上。"⑤《天

---

① 史金波、聂鸿音、白滨等译注:《天盛改旧新定律令》,法律出版社 2000 年,第 187 页。
② 史金波、聂鸿音、白滨等译注:《天盛改旧新定律令》,法律出版社 2000 年,第 189 页。
③ 史金波:《西夏文教程》,社会文献出版社 2013 年,第 393 页。
④ [清]徐松:《宋会要辑稿》,中华书局 1957 年,第 5905 页。
⑤ 史金波、聂鸿音、白滨等译注:《天盛改旧新定律令》,法律出版社 2000 年,第 189 页。

盛改旧新定律令》卷十一《出工典门》也规定："一诸人将使军、奴仆、田地、房舍等典当、出卖于他处时，当为契约。"① 在达成交易意向后，签订契约成为必需的环节。契约由谁来起草书写呢？

据史金波先生整理研究，从黑水城出土的社会文书中，契约有 100 多号，500 件，其中有具体年代的就有 200 多件。② 有的契约可能是债权人直接起草的，但有的契约还写有"书契者"的姓名，他们是专门书写契约的人——书手。如黑水城出土的西夏汉文天庆年间裴松寿典麦系列契约中在契约结尾签字画押处出了立文人、知见人之外，还有"书文契人××"、"书契×××"等字，如俄藏 TK.49P《天庆年间裴松寿典麦契》(7-5)，录文据杜建录、史金波《西夏社会文书研究》转录。③

（前缺）

　　1. 嵬名圣由嵬今▭▭
　　2. ▭　次男皆矗（押）
　　3. 　知见人马能嵬（押）
　　4. 　书文契约张□□在

《斯坦因中亚考古所获汉文文献》（非佛经部分）第 1 册中收录有数件天庆年间裴松寿典麦契，契尾也书有"书契□□"文字。今据杜建录、史金波《西夏社会文书研究》④录文如下：

英藏 Or.8212/727K.Ⅱ0253（a），西夏天庆年间裴松寿典麦契（15-7）

（前缺）

　　1. ▭一日立文人▭▭
　　2. ▭一条旧皮毯一领于▭▭
　　3. ▭本利二石七斗其典▭▭
　　4. ▭日不见▭▭
　　5. 　立文人▭▭
　　6. 　▭屈（牙）
　　7. 　书 契 ▭▭

① 史金波、聂鸿音、白滨等译注：《天盛改旧新定律令》，法律出版社 2000 年，第 390 页。
② 史金波：《西夏粮食借贷契约研究》，《中国社会科学院学术委员会集刊》第 1 辑，中国社会文献出版社 2004 年，第 186~204 页。
③ 杜建录、史金波：《西夏社会文书研究》，上海古籍出版社 2010 年，第 195 页。
④ 杜建录、史金波：《西夏社会文书研究》，上海古籍出版社 2010 年，第 206、210 页。

英藏 Or.8212/727K.Ⅱ0253(a),西夏天庆年间裴松寿典麦契(15-8)

（前缺）

1. ▭▭一任出 卖 ▭▭

2. 　立文字人夜▭▭

3. 同典人 夜 ▭▭

4. 同典人 ▭▭

5. 书契 ▭▭

英藏 Or.8212/727K.Ⅱ0253(a),西夏天庆年间裴松寿典麦契(15-11)

1. ▭▭二日立文▭▭

2. ▭▭皮毯二旧▭▭

3. ▭▭ 典 大大麦四石▭▭

4. ▭▭月一日将本利▭▭

5. ▭▭一任出卖不词▭▭

6. ▭▭立文字人▭▭

7. ▭▭ 书 契▭▭

由上所述,西夏在借典、买卖时也有专门负责起草书写契约的人。黑水城出土的西夏文契约文献中有许多是连在一起的契约长卷,之上有数十件契约,契约字体相同,而且连契约结尾立文人、同立文人、知人的姓名签字都是相同的笔迹,说明契约是由专人书写,借、典、卖者只是画押。正如史金波先生所言:"应该是同一写者一人的手笔,看来契尾各种签字系由书手包办,或许当地能用西夏文书写自己名字的人是少数,多数借贷人和相借者自己只能画押。"[1]

除了专门有起草书写契约的人外,西夏买卖交易中的中间人有时也代替书写契约,他们既是买卖中间的证人(知人),又是契约书写者,在契约上的签字画押反映了牙人在买卖、借贷、典当等交易中肩负了双重身份。如在《俄藏敦煌文献》第十七册中有一件是西夏时期的还债契约——Дx19076《西夏直多昌磨彩代还钱契》。[2] 在该契约结尾立文人、同债人之后是书契知见人王智多。[3]

---

① 史金波:《西夏社会》,上海古籍出版社 2007 年,第 199 页。
②《俄藏敦煌文献》第一七册,上海古籍出版社 2001 年,第 336 页。
③ 杜建录、史金波:《西夏社会文书研究》,上海古籍出版社 2010 年,第 216 页。

在出土的西夏文契约结尾签字人画押中也有中间人代写契约的现象。如在俄藏黑水城出土 5142－2《天庆寅年正月卖地契约》中结尾签字画押中"𗗓𗅲"有三位,其中一位是"𗗓𗹙𗈜𗗙𗤱𗐯𗏇",汉语对译"知入植写者翟宝胜"①,如前上编第一章《当铺门译释》注释中"𗹙𗈜"(入植)即"文书"、"契约"的意思。所以这里的"𗗓𗹙𗈜𗗙𗤱𗐯𗏇"意义为"知写契约者翟宝胜"中的"翟宝胜"即是见证卖地的证明人知人,同时也是这份卖地契约的书写者。他的作用与 Дx19076《西夏直多昌磨彩代还钱契》中的书契知见人王智多相同,"知"即"知人"、"证明人";"契约写者"即这个证明人还是该件契约的书写者。《天盛改旧新定律令》卷十五催租罪功门有一短语"𗌝𗐯𗤋𗤍𗌝𗊬𗤱𗐯"②,汉译"为卖方传语、写文书者"。③ 实际上根据文意这里的"𗌝𗐯𗤋𗤍"是"买卖中间人"的一项职责作用,而其后的"𗌝𗊬𗤱𗐯"(文字写者)的意思是"写立契约者"。这一短语恰好就反映了在买卖土地时,有时候写立契约同样是买卖中间人。该固定词组意在强调了"中间人"在买卖交易中还有"写立契约"的作用。综上所述,无论是《天盛律令》还是出土的西夏汉文契约、西夏文契约都反映出中间人在交易中,有时还有承担书写契约的职责。

四、中介代理

中间人虽然只是通过说合、介绍促成交易后从中抽取一定的佣金、获取报酬的第三方。但是,这一群体也是特殊的"商人",他们在市场交易中的角色,不仅仅是见证交易、商议说合、促成交易,有时候"中间人"甚至直接接受交易物主人的委托,代理完成借贷、买卖、典当交易。西夏的借贷中就有这样一批做交易代理的"中间人",他们不是借典物的实际所有者,但借贷要由他们经手。虽然传统的汉文资料、西夏法典《天盛律令》中没有"买卖中间人"从事接受委托、代理交易的记载,但是,在出土的西夏粮食借贷契约中有一些行文较为特殊的契约。立契约者从某某处借贷大麦、小麦、谷物等粮食却要经过第三方,从第三方处拿取,但到期偿还时,本利却不是还给经手者,而是还给原物主。原物主被称为"本持者",有些第三方前有"手入"说明,即"经手"之意。这些典借契约中要经手的第三方也有可能就是买卖中,接受委托代理的另一种"牙人"。如武威亥母洞出土的《乾定申年典糜契约》中,没水隐藏狗向讹国师借贷一石糜子,但要从"命屈般若铁"手中拿取。在亥母洞出土的《乾定酉年卖牛契约》中,买卖同样要经手"屈般若铁"。④ 再如,俄藏黑水城文献

① 史金波:《黑水城出土西夏文卖地契研究》,《历史研究》2012 年第 2 期,第 45～67 页。
② 《俄藏黑水城文献》第八册,上海古籍出版社 1998 年,第 305 页。
③ 史金波、聂鸿音、白滨译注:《天盛改旧新定律令》,法律出版社 2000 年,第 495 页。
④ 《中国藏西夏文献》第一六册,第 387～389 页。

Инв.No.4696(17－33)是天庆年间的西夏文贷粮契约。根据史金波先生译文,这十几件契约中,都明确写到"自使军兀黑成处借贷",但粮食的实际持有人却是梁善盛。Инв.No.6377(23－23)光定卯年三月梁十月狗借粮契约中记载"光定卯年二月六日文状为者梁十月狗,今于兀尚般若山自本持者老房势处借一石五斗麦"。[①] 这里的兀尚般若山是粮食的实际所有人,而老房势是借贷粮食时的经手人。使军兀黑成和老房势作为借贷的中间人出现在诸多契约中,说明他们似乎是买卖、借贷交易中,专门从事委托代理交易的中间经纪人。

史金波先生对国图所藏社会文书残页进行了整理翻译和相关问题研究。这些文书大多是同一账簿中的残页,薄麻纸,草书,两面书写,有的残下部,有的残上部。其中在这些文书中发现了十数件贷粮账的文书残页。这些贷粮账内容涉及粮食所有者的姓名、粮食种类、本利数量,虽然内容是借贷内容,但又不是粮食借贷契约的格式,很像所记的流水账。现据史先生《国家图书馆藏西夏文社会文书残页考》[②]一文译文将较完整的九件贷粮账文书汉译文转录如下:

042 号(7.10X－8),残存 7 行

    1. 嵬名老房大麦本五 石 ▭

    2.   利二石 ▭

    3.   麦本二 石 ▭

    4.   利一石 ▭

    5. 刘山狗大麦本三 石 ▭

    6.   利一石

    7.   麦 ▭

043 号(7.10X－8),残存 6 行

    1.   利五斗

    2.   麦本五斗 ▭

    3.   利二斗五

    4. 嵬名氏双宝大麦本一石五 ▭

① 史金波:《西夏粮食借贷契约研究》,《中国社会科学院学术委员会集刊》第 1 辑,社会科学文献出版社 2004 年,第186～204 页。
② 史金波:《国家图书馆藏西夏文社会文书残页考》,《文献》2004 年第 2 期,第 138～151 页。

5.   麦本一石五斗

6.   利杂一石▭▭▭

045 号(7.10X－8),残存 2 行

1. 董正月狗麦本五斗▭▭▭

2.   利二斗五升

051 号(7.13X－2),残存 5 行

1. 刘阿车麦本七斗

2.   利三斗五升

3. 朱腊月乐麦本五斗

4.   利二斗五升

5. 噶尚讹赞麦五斗

061 号(7.13X－8),残存 7 行

1. 西禅定吉麦一斗

2.   利五升

3. 波年正月犬糜本一石五斗

4.   利七斗五升

5.   麦本一石

6.   利五斗

062 号(7.13X－8B),残存 7 行

1. 赵阿富豌豆本五斗

2.   利二斗五升

3.   麦本五斗

4.   利二斗五升

5.   命屈那征铁糜本一石

6.   利五斗

7.   麦本二石

055 号(7.13X－4),残存 5 行

1. ▭▭▭城▭▭▭

2. ▭▭▭大麦本一石五斗

3.   利七斗五升

4.　　麦三石五斗

5.　　荜豆一石一斗　　荜豆一石四斗

056号(7.13X－4B),残存6行

1.▭▭大麦一石五斗　　麦一石

2.　利七斗五升

3.　麦本一石　　　麦一石三斗

4.　利五斗

5.　大麦本二石　　大麦二石二斗

6.　利▭▭

039(7.10X－5),残存5行

1. 本……本三百五十

2. 麦豆共　五斗糜　二斗麦借

3.▭▭月一日　　十五捆草

4.▭▭利有　三斗?　　大麦本借,　四斗五▭▭

5.▭▭钱　　一百五十

　　通过汉译文,我们发现上述借贷文书格式一般是粮食主人姓名＋粮食种类＋原本数量＋利息数量。关于这些文书的性质,史金波先生认为:"这是一种借贷粮食的账目,它既不是借贷契约,也不是借贷契约的誊录账,而似乎是着重记录各放贷主及其放贷粮食的账目。可能是存粮的放贷主将粮食放到质贷铺之类的放贷场所,然后统一对外放贷。这类账目可能是经营放贷的质贷铺的底账。"[①]这些与粮食借贷契约迥异的贷粮账目应该是粮食所有者将多余的粮食寄存到从事借贷典当业务的中介机构,通过专业的借贷中介来从事放贷,这是中介机构接受粮食主人寄贷粮食的种类、数量、利息之后所记的账目。粮食所有者给出自己粮食的利息后,由借贷中介再从事放贷。中介以粮食所有者给出的利息为基础,再加利放贷。在签订粮食借贷契约时,立文状者(借贷者)是与上述账目中的粮食所有者签订借贷契约,即上文所述借贷契约中的"粮食本持者"。契约中的"经手"应该就是账目持有者。由于国图所藏上述西夏文粮食借贷账目文书甚残,这里从事接受物主人委托,经营代理放贷业务的中介有可能是实力雄厚的"私人中介",也有可能是官营背景的"官营中介"。

---

① 史金波:《国家图书馆藏西夏文社会文书残页考》,《文献》2004年第2期,第138～151页。

由上所述,将武威亥母洞出土的典糜、买牛契约、黑水城出土的粮食借贷契约中的"经手人"与国图所藏委托代理借贷账目结合起来,进一步说明西夏的中间人的中介经营范围已经扩展到接受物主和债主委托,从事代理借贷、典当、买卖业务。可以说,西夏中间人在商品交易、买卖、放贷等行业的作用与唐宋时代的牙人所涉及的业务,担负的职能,所起的作用并无二致。

综上所述,从《天盛律令》对中间人行为的规制,以及出土的西夏汉文、西夏文契约来看,中间人在西夏的商品交易中确实是一个必不可少的群体。他们的活动不仅出现在政府职官体系中,而且在民间交易中渗透到百姓生活的方方面面,特别是畜物交易租借、债务借贷、土地房屋买卖租赁、奴婢买卖、劳动力雇佣、婚姻缔结。这从一个方面也证实西夏时期商品买卖交易的繁荣。中间人在一定程度上促进了商品交易,保证了各类交易的合法性,减少了交易中的纠纷,保证了交易双方的财产所有权及其他权益。同时,中间人的出现,对于家境贫困、生活困难的广大百姓来说,在很大程度上有中间人的保证和见证,使他们能够在青黄不接、生活困难的时候典借到维持生计的粮食、春种所需的种子、耕地的畜力,无地的农牧民也能在其介绍说合下,租赁到耕地等生产资料,在一定程度上中间人为广大的贫苦大众和小生产者提供了种种便利。当然,在这些借贷、租典中,存在着大量的高利贷剥削压迫,中间人在交易中的种种弊端和欺诈行为是无可避难的。

总之,西夏法律中对典当、借贷、买卖交易中必须有中间人见证的立法,最主要的是起到了规范交易市场,有利于督促交易的合法性,以及保障交易双方的合法权益,其积极作用还是肯定的。遗憾的是,限于资料的有限性及本人的浅陋学识,本文无法对西夏中间人有关问题展开深入论述,仅能就上述问题勾稽出西夏买卖、典当、借贷等交易活动中的一般概貌。

结　语

西夏是由党项族建立的多民族政权,在其立国近两百年历史中,生产方式以农业、畜牧业为主。元昊立国以后,西夏王朝的封建化程度进一步提高,社会经济形态也趋于多样化,手工业、商业等经济方式也逐步发展。与此同时,西夏境内典当借贷经济活动亦较为活跃。传世汉文典籍有关西夏借贷典当的史料仅寥寥数语,但黑水城出土的西夏文《天盛律令》有专门的门类对典当借贷等债务民事关系予以了详细的规制。

《天盛律令》卷三《当铺门》和《催索债利门》是专门对典当、借贷经济的详细法律规定。卷十一《出典工门》是对债务人以工抵债方式的规定,专列一门、内容丰富是其又一特点。《天盛律令》有关债务法的规定如此详尽,是我国其他传统律法中所不曾有。这些丰富的资料也为揭示西夏典当借贷经济活动提供了极为珍贵的材料。

西夏故地出土的数百件西夏时期的典当和借贷契约文书是明清以前所不见,这些契约文书是西夏典当借贷经济在操作层面真实体现。它们为研究西夏典当借贷经济的法律规制在实践层面的操作提供了第一手的资料。

文章上篇通过录文、对译、校勘以及注释证实史金波先生等汉译本中的上述三门不存在缀合错误、整条整行漏译、误译的失误。汉译本与俄文本译文比较,史金波等汉译本翻译更为准确,但亦有数处未识别的字词,本论文予以了补正。并提出《名略·当铺门》中的"𘈖𘜶",汉译本翻译为"分别",根据文意应该是"分担"。《催索债利门》中的"𗰱𘂆"汉译本翻译为"地苗"、俄译本翻译为"畜毛",根据出土的西夏文租地契约文书,该词应该翻译为"地租"。"𗵮𘃡"汉文本音译为"谷宜",并注释其义未详,本文通过《天盛律令》中出现"𗵮𘃡"的语料的梳理比对,根据文意"𗵮𘃡"应该是"收益"之意。

下篇在前贤研究的基础上,将出土的西夏典当借贷契约文书与《天盛律令》结合,就西夏典当借贷中的牙人问题、官营借贷典当问题、债务清偿保障措施、借贷利率、以工抵债以及借贷契约所反映的西夏社会经济等相关问题进行专题研究,并与《唐律疏议》、《宋刑统》、《庆元条法事类》、敦煌吐鲁番出土借贷契约比较研究，分析了西夏债务法与唐宋元等朝代律法之异同。

"官当铺"、"市易库"是西夏官营典贷的专业机构。西夏官物典当借贷的特殊流程，经营官营典贷的官吏所必须遵守的规范，体现出官营借贷确实不同于一般的民间借典，必须严格按照官物管理制度规范操作，手续完备。违反规定后的处罚也较为严重，多以贪赃罪、偷盗罪论处，有官之人也没有以官当罪，以罚减刑的变通。这些法律条文有效地遏制或震慑了官营借典机构经营者、库局管理人员借职务便利以权谋私、侵吞公物等职务犯罪，其最主要的目的是为了防止官有物资财产的损耗和流失，增加政府财政收入。

《天盛律令》中详备的债务法条款的制定，主要目的是为了保护债权人出借的本利能够及时收回。为此，西夏律法制定了契约签订、违约处罚、官府受理、同借担保者代偿、出工抵债、家资抵押等诸多措施来最大限度地保障债权。无论是债务清偿方式，还是法律依据，西夏都有完备的债权保障体系。

《天盛律令》对官私借贷的利息额度予以了规范，其货币借贷月利率为15％，是唐、宋利率的2倍强，是辽、金、元代月取利三分的5倍，其利率之高，剥削之重远超历代。粮食借贷利率和上述诸朝一致，强调本息相等为最高上限，否则视为违法。各种借贷也承袭了倍利而止，不得回利为本的原则。计息方式不同于诸朝仅有按月取利之制，法律规定了日息、月息以及年息之法。有抵押借贷粮食的利率低于无抵押借贷之利率。通过对出土借贷契约之考察，西夏民间借贷利息之清算量虽有与国家法典制度相悖之处，但基本上遵循了上层法律制度。

《天盛律令》中有关"出工抵债"法律条文的详细规定是历代律法体系中所没有的，这是西夏债务法的又一特色。西夏法律所规定的出工抵债者是除父母、年70岁以上的年老者、10岁以下的幼童以外的男女口都可典工抵债，不同于唐律所规定的仅限于男口。债权人与出工者之间是主仆关系，在债务未抵偿清期间，出工者地位如同债权人私属使军、奴仆，工价抵偿债务后，这种关系即可解除。出工抵债期间的工价要比正常的雇佣劳动力价格低，而从出土的典工契约来看，实际出工抵债中，出工者的工价往往比法律规定的更低。

典当是以抵押动产或不动产方式的借贷，债务人在一定期限内保留有抵押物的回赎权。从出土的西夏典当契约来看，西夏的典当既有对土地、房屋等不动产的典卖或典贷，也有以"畜物"、"毛毡"、"皮裘"等畜产品抵押的典贷，有些甚至是以"犁铧"、"衣服"等日常生产生活用品为典押物。无论是典卖耕地、房屋、畜物，还是衣服、毛毡等，基本都是为了典贷到维持生计的必需品——"粮食"。通过对数件典畜契约的解读发现,在民间日常典当中,基本是依据《天盛律令·当铺门》中对典当制度的规范来执行。典当借贷的利率基本在50%以下,没有超过《当铺门》所规定的"本利相等"的最高限定。同时,抵押典当借贷的利率要比无抵押的信用担保借贷利率低。

其中,牙人是在买卖借典交易中,通过自己的言语向交易双方说和,最终达成买卖、借典顺利完成的中间经纪人。《天盛律令》在翻译"牙人"时,根据牙人在交易中扮演的不同角色,担负的不同功能,使用了不同的词语和搭配词组来表达。《天盛律令》有七种西夏文词组或短语是表达牙人概念。它们是:"𗥃𗆜𘉊𗟻𗾔"汉语对译"贩卖言为者";"𗩾𗭪𗥃𗘊𗆜𘉊𗟻𗾔"汉译"接状相贩卖言为者";"𗥃𗆜"汉译"卖间捎客";"𗾈𗼕"、"𗾈𗼕𗗙"汉译"识信人";"𗟳𗆤"汉译"中间人";"𗆜𗮀"、"𗥃𗆜𗮀"汉译"中间知人";"𗥃𗆜𘉊𗟻𗾉𗿿𘝶𗾔"汉译"贩卖言为文字写者"。西夏的牙人在借贷、典当、买卖中主要起验证交易物是否合法、见证交易、议定价格、负责书写订立契约以及代理经手贷典等交易的职责。《天盛律令》同时还对牙人的行为予以了规制,在交易借贷中,牙人无论是否知晓交易物为盗物,都将承担连带赔偿;牙人接受贿赂、徇情枉法要按知盗分物罪法论处。还要为举报盗物者和追捕盗贼者罚交赏钱。他们的活动不仅出现在政府职官体系中,而且在民间交易中渗透到百姓生活的方方面面。牙人的存在,在一定程度上促进了商品交易,保证了各类交易的合法性,减少了交易中的纠纷,保证了借典双方的财产所有权及其他权益。

10至13世纪,是中国古代商品经济发展的一个高峰时期。尽管这一时期,是宋与辽、金、夏先后并存割据的时代,但这并没有因此而影响社会经济的发展。宋朝突破中原王朝传统的重农抑商政策,鼓励商品流通,其中就包括对借贷典当经济的支持。同时,也从国家法律的角度实行了一系列政策来规范、引导借贷典当的良性发展,因此借贷典当获得了前所未有的发展。正如日本学者斯波信义认为,唐宋社会变革的一个特点就是:"全国性市场圈的形成及农业的商品经济化。随着具有全国声望的自然手工物资的生产在各地集中和特产化,及其商品流通量的增加,便出现了票据交易、金融机关的利贷、信用惯例等高度的货币经济显现,以及运输机构的发达和运输契约惯例等。"[1]与宋先后并立的辽、金、西夏塞北三朝少数民族政权,也改变了畜牧业主导的传统生产模式,大力发展农业、手工业和商业,境内的官营、私营典贷也顺应这一时期商品经济发展的大趋势,得到了长足的发展和繁荣。

---

[1] 〔日〕斯波信义著,庄景辉译:《宋代商业史研究》,稻香出版社1997年,第2页。

　　西夏《天盛律令》中对典当借贷经济活动详细的法律规范条文以及出土的各种形式的大量典当、借贷、买卖契约文书从另一个侧面印证了偏居西北地区的少数民族政权——西夏王朝在无形之中也融入到了这一大的时代变革背景中，以典当借贷经济为重要内容之一的商业经济活动与传统的农业、畜牧业较为发达共同构成西夏社会的经济结构形态。典当借贷经济通过征收典当、借贷买卖税，也成为西夏政权重要的财政收入来源之一。

　　从出土的大量西夏借贷、典当契约文书来看，既有货币借贷、典当，又有以粮食、土地、房屋为主的实物借贷、典当，而货币借贷次之。同时，由于所处地理位置和经济区域的不同，西夏境内的典当借贷经济也表现出明显的区域差异。民间典借实践之所以如此的活跃繁荣，最主要的原因之一就是西夏政府颁布的国家大法《天盛律令》中，专门制定了《当铺门》、《催索债利门》、《出工典门》等诸多法律条文来鼓励、规范民间典当借贷，最大限度保障债权。《天盛律令》中债务法，在吸收唐宋律法中有关债务、债权的法律条文外，更多的是结合自己民族政权和经济发展的特点，又进行了融合创新，突出了自己的债务法特点。

　　如，相较唐宋律法，《天盛律令》中债务法中的"禁止强力牵掣家资抵债"、"给债务人宽限"、"以民事处罚为主"、"出工抵债"、"利率较高"等是其特色。又如，对于土地、房屋等不动产的典卖，唐宋律法制定了"亲邻优先"原则。《宋刑统》卷十三《户婚律》之"典卖指当论竞物业"条还引唐元和六年以来条令予以明确："一应典、卖、倚当物业，先问房亲，房亲不要，次问四邻，四邻不要，他人并得交易。房亲着价不尽，亦任就得价高处交易。如业主、牙人等欺罔邻亲，契帖内虚抬价钱，及邻亲妄有遮悋者，并据所欺钱数，与情状轻重，酌量科断。"①但是，西夏《天盛律令》却废除了"亲邻优先"原则，而是强调典卖双方"情愿"原则："诸人卖自属私地时，当卖情愿处，不许地边相接者谓'我边接'而强买之、不令卖情愿处及行贿等。违律时庶人十三杖，有官罚马一，所取贿亦当还之。"②元代律法则沿袭了唐宋时期的亲邻优先和问账批退规定："诸典卖田宅，须从尊长书押，给据立帐，历问有服房亲及邻人典主，不愿交易者，限十日批退，违限不批退者，笞一十七。愿者限十五日议价，立契成交，违限不酬价者，笞二十七。任便交易，亲邻典主故相邀阻，需求书字钱物者，笞二十七。业主虚张高价，不相由问成交者，笞三十七，仍听亲邻典主百日收赎，限外不得争诉。业主欺昧，故不交业者，笞四十七。"③

①　[宋]窦仪等撰，薛梅卿点校：《宋刑统》卷十三户婚律，法律出版社1999年，第231页。
②　史金波，聂鸿音，白滨译注：《天盛改旧新定律令》，法律出版社2000年，第178页。
③　[明]宋濂等撰：《元史》卷一百三刑法二，中华书局1976年，第2639页。

尽管在民间借贷典当实践中，典贷契约在一定程度上遵循了上层法律制度的规定。但在实际的典贷契约实践中也吸收了一些民间习惯法和历史习俗，出现了与西夏法典《天盛律令》规定相悖的地方。西夏法律虽没有规定在典卖中的亲邻具有优先权，但根据出土的西夏土地典卖文书中却提到了"先问有服房亲"等言词。如前引敦煌研究院藏 G11.031 [B59：1]《鬼名法宝达卖地契》实际上是土地所有者鬼名法宝因举借他人钱债无法偿还，将土地典卖他人还债前所立的立账批退文书。即在土地典卖时先确定房亲四邻不买后，再典卖于他人。同样在如前所引的俄藏 No.7779C 汉文《卖田地文书》中也明确写有"房亲父伯兄弟，先来已经房"之句，似乎也是确认批退房亲四邻的优先权。在西夏文典卖畜物、土地等契约中虽然没有明确写有"先问房亲，后问四邻"之句，但在大多数典卖契约中写有"𗣼𗣼𗣼𗣼𗣼𗣼𗣼𗣼𗣼"（有同抄子弟意谋争诉讼时），这尽管是进一步确定典卖物的所有权没有争议，同时也映射出在签订典卖畜物、土地、房屋等动产或不动产契约时，已经确定了同抄子弟等亲邻放弃了典买的权利。如武威出土《乾定戌年典驴契约》有"𗣼𗣼𗣼𗣼𗣼𗣼𗣼𗣼"（有同抄子弟张人腰意谋争诉讼时）[①]、Инв. No.4193《天庆戊年典地房契约》有"𗣼𗣼𗣼𗣼𗣼𗣼𗣼"（有官私诸人争诉讼者时）"、Инв. No.4194《天庆庚申年典地及房契约》有"𗣼𗣼□𗣼𗣼𗣼𗣼𗣼𗣼"（官私典当有争诉讼者有时）"[②]、Инв. No.5124－1《天庆寅年典地及房契约》[③]、Инв. No.5124－4（8－4,5）《天庆寅年典地契约》中也有"𗣼𗣼𗣼𗣼𗣼𗣼𗣼"（有同抄子弟争诉讼时）。[④] 如《天盛二十二年耶和氏宝引卖地契约》中"𗣼𗣼𗣼𗣼𗣼𗣼𗣼𗣼"（若有口缚者时宝引等管）[⑤]、Инв. No.5124－3（4）《天庆寅年卖畜契约》中也有"𗣼𗣼𗣼𗣼𗣼𗣼𗣼𗣼"（有同抄子弟意谋争诉讼时）[⑥]，其大意为"若所卖、典之物的共有人或具有优先典买权的同抄子弟，以后发生争诉，由典卖者负责"。

总之，《天盛律令》中《当铺门》、《催索债利门》、《出典工门》详细的条文、完备的制度，对西夏借贷典当经济的发展提供了有力的制度保障，维护了借贷双方的合法权益，在一定程度上也是促进借贷、典当经济繁荣的重要因素。

虽然对《天盛律令》中《当铺门》、《催索债利门》、《出典工门》进行注释考证，校正了汉

---

① 西夏文《乾定戌年典驴契》，《中国藏西夏文献》第一六册，第387～389页。
② 西夏文《天庆庚申年典地房契约》，《俄藏黑水城文献》第一三册，第194页。
③ 西夏文《天庆庚申年典地房契约》《俄藏黑水城文献》第一四册，第13页。
④ 西夏文《天庆寅年典地契约》，《俄藏黑水城文献》第一四册，第20页。
⑤ 杜建录、史金波：《西夏社会文书研究》，上海古籍出版社2010年。
⑥ 西夏文《天庆寅年卖畜契》，《俄藏黑水城文献》第一四册，第17页。

译本中的多处漏译、误释、存疑的词汇，并对有关名物制度、固定词组译文找到了翻译依据。但是，正如已故俄罗斯著名西夏学家克恰诺夫教授在《天盛律令》俄译本序言中所言："这类典籍任何时候也不可能一译而就，需要一代、两代、三代学者，对它们二次、三次甚至十次翻译，每次都要仔细推敲原文，才能使译文臻于完善。"①上篇的文献译释仍然还有诸多问题，许多难译的西夏文词汇还没解决，有些考证也没有十足的说服力，有待新材料的发现来佐证，《出工典门》没有俄译本译文，未能与汉译本进行比较等。专题研究仅仅是选取了《天盛律令》中债务法的几个专题问题，没有对整个借贷典当制度展开系统研究。在借贷典当契约的译释中，也仅仅是选取了数件书写相对工整，容易翻译的契约文书进行了译释解读，还有大量的借贷典当契约没有译释等。这些问题都是以后要继续努力和有待进一步研究的重要问题。

---

① 〔俄〕克恰诺夫著，李仲三汉译：《西夏法典·序》，宁夏人民出版社1988年，第5页。

参 考 文 献

古 籍 文 献

［汉］司马迁：《史记》,北京：中华书局 1959 年。

［汉］班固：《汉书》,北京：中华书局 1964 年。

［唐］李林甫撰,陈仲夫点校：《唐六典》,北京：中华书局 2005 年。

［唐］长孙无忌撰,刘俊文点校：《唐律疏议》,北京：中华书局 1986 年。

［后晋］刘昫：《旧唐书》,北京：中华书局 1975 年。

［宋］王溥：《唐会要》,北京：中华书局 1998 年。

［宋］窦仪撰,薛梅卿点校：《宋刑统》,北京：法律出版社 1999 年。

［宋］欧阳修等撰：《新唐书》,北京：中华书局 1975 年。

［宋］薛居正：《旧五代史》,北京：中华书局 1987 年。

［宋］欧阳修等撰：《新五代史》,北京：中华书局 1992 年。

［宋］王钦若：《册府元龟》,北京：中华书局影印 1982 年。

［宋］司马光撰：《资治通鉴》,北京：中华书局 2005 年。

［宋］李焘撰：《续资治通鉴长编》,北京：中华书局 1992 年。

［宋］王溥撰：《唐会要》,北京：中华书局 1955 年。

［宋］曾巩撰：《隆平集》,台北：商务印书馆 1986 年。

［宋］彭百川撰：《太平治迹统类》,见《文渊阁四库全书》影印本,台北：商务印书馆 1986 年。

［宋］马端临著,上海师范大学古籍研究所、华东师范大学古籍研究所点校：《文献通考》,北京：中华书局 2011 年。

〔南宋〕谢深甫等修,戴建国点校:《庆元条法事类》,北京:法律出版社 1999 年。

〔西夏〕骨勒茂才著,史金波等整理:《番汉合时掌中珠》,银川:宁夏人民出版社 1998 年。

〔元〕脱脱:《宋史》,北京:中华书局 1977 年。

〔元〕脱脱:《辽史》,北京:中华书局 1983 年。

〔元〕脱脱:《金史》,北京:中华书局 1975 年。

〔明〕宋濂:《元史》,北京:中华书局 1983 年。

黄时鉴点校:《通制条格》,杭州:浙江古籍出版社 1986 年。

黄时鉴辑校:《元代法律资料辑存》,杭州:浙江古籍出版社 1988 年。

陈高华等点校:《元典章》,北京、天津:中华书局、天津古籍出版社 2011 年。

〔明〕张四维辑,中国社会科学院历史研究所,宋辽金元史研究室点校:《名公书判清明集》,北京:中华书局 1987 年。

〔清〕徐松:《宋会要辑稿》,北京:中华书局影印本 1957 年。

〔清〕吴广成撰,龚世俊等校:《西夏书事校证》,兰州:甘肃文化出版社 1995 年。

〔清〕张澍著,周鹏飞、段宪文点校:《凉州府志备》,西安:三秦出版社 1998 年。

〔民国〕戴锡章撰,罗矛昆校:《西夏纪》,银川:宁夏人民出版社 1988 年。

〔民国〕王云五主编:《丛书集成初编·孙子十家注》,北平:商务印书馆发行 1935 年。

〔民国〕柯邵忞:《新元史》,北京:中国书店影印版 1988 年。

李学勤主编:《十三经注疏》,北京:北京大学出版社 1999 年。

〔日〕《大正新修大藏经》,东京:大正一切经刊行会 1934 年。

出 土 文 献

俄罗斯科学院东方研究所圣彼得堡分所、中国社会科学院民族研究所、上海古籍出版社编:俄藏黑水城文献(1—14),上海:上海古籍出版社 1998～2012 年。

宁夏大学西夏学研究中心,国家图书馆,甘肃省古籍文献整理编译中心编:《中国藏西夏文献》(1—20),兰州:甘肃人民出版社,敦煌文艺出版社 2005 年。

西北第二民族学院、上海古籍出版社、英国国家图书馆主编:《英藏黑水城文献》(第

1—5 册),上海:上海古籍出版社 2005 年。

武宇林、荒川慎太郎主编:《日本藏西夏文献》(上下),北京:中华书局 2011 年。

西北第二民族学院、上海古籍出版社、法国国家图书馆主编:《法藏敦煌西夏文文献》,上海:上海古籍出版社 2007 年。

俄罗斯科学院东方研究所圣彼得堡分所、俄罗斯出版社东方文学部、上海古籍出版编:《俄藏敦煌文献》第 17 册,上海:上海古籍出版社 2001 年。

任继愈主编:《国家图书馆藏〈敦煌遗书〉》第 85 册,北京:国家图书馆出版社 2008 年。

沙知、吴芳思编:《斯坦因第三次中亚考古所获汉文文献》(非佛经部分)第 1～2 册,上海:上海辞书出版社 2005 年。

塔拉、杜建录、高国祥:《中国藏黑水城汉文文献》,北京:国家图书馆出版社 2008 年。

睡虎地秦墓竹简整理小组:《睡虎地秦墓竹简》,北京:文物出版社 1978 年。

国家文物局古文献研究室等编:《吐鲁番出土文书》第 6 册,北京:文物出版社 1985 年。

国 外 译 著

Е. И. Кычанов: Каталог тангутских буддийских памятников, Киото: Университет Киото. 1999г。

〔俄〕克恰诺夫俄译,李仲三汉译,罗矛昆校对:《西夏法典—天盛改旧新定律令》,宁夏人民出版社 1988 年。

〔俄〕克恰诺夫、李范文、罗矛昆著:《〈圣立义海〉研究》,银川:宁夏人民出版社 1995 年。

〔俄〕戈尔芭乔娃、〔俄〕克恰诺夫著:《西夏文写本和刊本》,白滨译,《民族史译文》第 3 辑 1978 年。

〔俄〕聂历山:《西夏语文学》,李范文主编《西夏研究》,北京:中国社会科学出版社 2007 年。

〔俄〕克平:《孙子兵法》IX,莫斯科:东方文献出版社 1979 年。

〔俄〕捷连吉耶夫—卡坦斯基著,崔红芬,文志勇译:《西夏物质文化》,北京:民族出版社 2006 年。

〔日〕西田龙雄：《西夏文华严经》，京都大学文学部 1975～1977 年。

〔日〕新泻大学主编：《西北出土文献研究》第 6 期，新泻西北出土文献研究，2008 年。

〔日〕大阪大学主编：《丝绸之路与世界史》，大阪大学研究院文学研究科 2003 年。

〔日〕仁井田升编著，栗劲、霍存福编译：《唐令拾遗》，长春：长春出版社 1989 年。

〔日〕斯波信义著，庄景辉译：《宋代商业史研究》，台北：稻香出版社 1997 年。

〔法〕谢和耐著，耿升译：《中国 5—10 世纪的寺院经济》，上海：上海古籍出版社 2005 年。

〔德〕马克思著，中共中央马克思、恩格斯、列宁、斯大林著作编译局译：《资本论》，北京：人民出版社 2004 年。

今 人 论 著

白　滨：《西夏史论文集》，银川：宁夏人民出版社 1984 年。

陈炳应：《西夏文物研究》，银川：宁夏人民出版社 1985 年。

陈炳应：《西夏谚语》，太原：山西人民出版社 1986 年。

陈炳应：《〈贞观玉镜将研究〉》，银川：宁夏人民出版社 1995 年。

陈炳应：《西夏探古》，兰州：甘肃文化出版社 2002 年。

陈永胜：《西夏法律制度研究》，北京：民族出版社 2006 年。

崔红芬：《西夏河西佛教研究》，北京：人民出版社 2010 年。

杜建录：《西夏经济史研究》，兰州：甘肃文化出版社 1998 年。

杜建录：《西夏经济史》，北京：中国社会科学出版社 2002 年。

杜建录主编：《二十世纪西夏学》，银川：宁夏人民出版社 2004 年。

杜建录：《〈天盛律令〉与西夏法制研究》，银川：宁夏人民出版社 2005 年。

杜建录、史金波：《西夏社会文书研究》，上海：上海古籍出版社 2010 年。

杜建录、史金波：《西夏社会文书研究》（增订版），上海：上海古籍出版社 2012 年。

杜建录：《中国藏西夏文献研究》，上海：上海古籍出版社 2012 年。

杜建录主编：《党项西夏文献研究》，北京：中华书局 2011 年。

龚煌城：《西夏语言文字研究》，北京：民族出版社 2005 年。

韩荫晟:《党项与西夏资料汇编》,银川:宁夏人民出版社 2000 年。

韩小忙:《〈同音文海宝韵合编〉整理与研究》,北京:中国社会科学出版社 2008 年。

韩小忙:《〈同音背隐音义〉整理与研究》,北京:中国社会科学出版社 2011 年。

胡兴东:《元代民事法律制度研究》,北京:中国社会科学出版社 2007 年。

姜　歆:《西夏法律制度研究——〈天盛改旧新定律令〉初探》,兰州:兰州大学出版社 2005 年。

景永时编:《西夏语言与绘画研究论集》,银川:宁夏人民出版社 2008 年。

景永时、贾常业:《西夏文字处理系统》,银川:宁夏人民出版社 2006 年。

李范文:《同音研究》,银川:宁夏人民出版社 1986 年。

李范文:《西夏陵出土残碑粹编》,北京:文物出版社 1984 年。

李范文:《宋代西北方音——〈番汉合时掌中珠〉对音研究》,北京:中国社会科学出版社 1994 年。

李范文:《西夏语比较研究》,银川:宁夏人民出版社 1999 年。

李范文主编:《西夏研究》(1—8),北京:中国社会科学出版社 2007 年。

李范文:《西夏通史》,银川:宁夏人民出版社 2007 年。

李范文:《夏汉字典》,北京:中国社会科学出版社 2008 年。

李范文:《李范文西夏学论文集》,北京:中国社会科学出版社 2012 年。

李逸友:《黑水城出土文书》(汉文文书卷),北京:新华出版社 1991 年。

李　蔚:《西夏史研究》,银川:宁夏人民出版社 1989 年。

李　蔚:《简明西夏史》,北京:人民出版社 1997 年。

李　蔚:《中国历史·西夏史》,北京:人民出版社 2009 年。

李华瑞:《宋夏关系史》,石家庄:河北人民出版社 1998 年。

李华瑞:《视野、社会与人物——宋史、西夏史研究论文集》,北京:中国社会科学出版社 2012 年。

黎大祥:《文物精粹》,兰州:甘肃文化出版社 2002 年。

黎大祥:《武威文物研究文集》,兰州:甘肃文化出版社 2002 年。

林英津:《夏译〈孙子兵法〉研究》(上下),台北:国立中央研究院历史语言研究所单刊之二十八 1994 年。

林英津:《西夏语译〈圣妙吉祥真实名经〉释文研究》,台北:中央研究院语言学研究所 2006 年。

刘秋根：《中国典当制度史》，上海：上海古籍出版社 1995 年。

罗彤华：《唐代民间之借贷研究》，台北：台湾商务印书馆股份有限公司 2005 年。

牛达生：《西夏遗迹》，北京：文物出版社 2007 年。

牛达生：《西夏活字印刷研究》，银川：宁夏人民出版社 2004 年。

聂鸿音：《西夏文〈德行集〉》，兰州：甘肃文化出版社 2002 年。

聂鸿音：《西夏文〈新集慈孝传〉研究》，银川：宁夏人民出版社 2009 年。

聂鸿音：《西夏文〈孔子和坛记〉研究》，北京：民族出版社 2009 年。

聂鸿音：《西夏文献论稿》，上海：上海古籍出版社 2012 年。

乜小红：《俄藏敦煌契约文书研究》，上海：上海古籍出版社 2009 年。

宁可：《隋唐经济史》，北京：经济日报出版社 2007 年。

彭向前：《西夏文〈孟子〉整理研究》，上海：上海古籍出版社 2012 年。

漆侠：《宋代经济史》，北京：经济日报出版社 2009 年。

漆侠、乔幼梅：《辽夏金经济史》，北京：经济日报出版社 2007 年。

漆侠主编：《辽宋西夏金代通史》，北京：人民出版社 2010 年。

曲彦斌：《中国典当史》，上海：上海文艺出版社 1997 年。

史金波、白滨、黄振华：《文海研究》，北京：中国社会科学出版社 1984 年。

史金波：《西夏佛教史略》，银川：宁夏人民出版社 1988 年。

史金波、白滨：《西夏文物》，北京：文物出版社 1988 年。

史金波、黄振华、聂鸿音：《类林研究》，银川：宁夏人民出版社 1993 年。

史金波、聂鸿音、白滨译：《天盛律令译注》，北京：科学出版社 1994 年。

史金波、聂鸿音、白滨译：《天盛改旧新定律令》，北京：法律出版社 2000 年。

史金波：《西夏出版研究》，银川：宁夏人民出版社 2004 年。

史金波：《西夏社会》，上海：上海人民出版社 2007 年。

史金波：《西夏文字教程》，北京：社会科学文献出版社 2013 年。

汤开建：《党项西夏史探微》，台北：台湾允晨出版社 2005 年。

王静如：《王静如文集》（上），北京：社会科学文献出版社 2013 年。

吴天墀：《西夏史稿》，桂林：广西师范大学出版社 2006 年。

王天顺：《西夏〈天盛律令〉研究》，兰州：甘肃文化出版社 1998 年。

王文书：《宋代借贷业研究》，石家庄：河北大学出版社 2014 年。

杨积堂：《法典中的西夏文化——西夏〈天盛改旧新定律令〉研究》，北京：法律出版社

2003 年。

杨　蕤：《西夏地理研究》，北京：人民出版社 2008 年。

杨富学、陈爱峰：《西夏与周边关系研究》，兰州：甘肃民族出版社 2012 年。

杨　浣：《辽夏关系史》，北京：人民出版社 2010 年。

杨志高：《西夏文〈经律异相〉整理研究》，北京：社会科学文献出版社 2014 年。

杨天宇校注：《周礼译注》，上海：上海古籍出版社、世纪出版集团 2004 年。

朱瑞熙、张邦炜等著：《辽宋西夏金社会生活史》，北京：中国社会科学出版社 1998 年。

张传玺：《中国历代契约会编汇考》，北京：北京大学出版社 1995 年。

赵彦龙：《西夏公文书研究》，银川：宁夏人民出版社 2012 年。

论　文　类

陈国灿：《西夏天庆间典当残契的复原》，《中国史研究》1980 年第 1 期。

陈　静：《黑水城所出天庆年间裴松寿处典麦契考释》，《文物春秋》2009 年第 2 期。

陈明光、毛蕾：《驵侩、牙人、经纪、掮客：中国古代交易中中介人主要称谓演变试说》，《中国社会经济史研究》1998 年第 4 期。

崔红芬：《〈天盛律令〉与西夏佛教》，《宗教学研究》2005 年第 2 期。

杜建录：《西夏阶级结构研究》，《固原师专学报》（社会科学）1998 年第 4 期。

杜建录：《论西夏〈天盛律令〉的特点》，《宁夏社会科学》2005 年第 1 期。

杜建录：《西夏〈天盛律令〉的历史文献价值》，《西北民族研究》2005 年第 1 期。

杜建录：《俄藏西夏天庆年间典粮文契考释》，《西夏研究》2010 年第 1 期。

杜建录：《西夏高利贷初探》，《民族研究》1999 年第 2 期。

杜建录：《黑水城出土的几件西夏汉文社会文书考释》，《中国史研究》2008 年第 4 期。

杜建录：《西夏畜牧法初探》，《中国农史》1999 年第 3 期。

黄振华：《西夏天盛二十年卖地文契考释》，载白滨编《西夏史论文集》，银川：宁夏人民出版社 1984 年。

霍存福：《论中国古代契约与国家法的关系——以唐代法律与借贷契约的关系为中心》，《当代法学》2005 年第 1 期。

〔日〕宫泽知之著,艾廉莹译:《宋代的牙人》,《中国史研究动态》1982 年第 7 期。

韩小忙:《天盛律令与西夏婚姻制度》,《宁夏大学学报》1992 年第 2 期。

〔俄〕克恰诺夫:《西夏国家管理机构的西夏文资料》,《亚细亚民族研究所简报》,莫斯科科学出版社 1965 年。

罗福成校录:《重修护国寺感应塔碑铭》,李范文主编《西夏研究》(第 4 辑),北京:中国社会科学出版社 2007 年。

罗福苌:《妙法莲花经弘传序释文》,《国立北平图书馆馆刊》四卷三号,1932 年。

贾常业:《西夏文译本〈六韬〉解读》,《西夏研究》2011 年第 2 期。

李范文:《西夏文〈杂字〉研究》,《西北民族研究》1997 年第 2 期。

李范文:《西夏官阶封号表考释》,《社会科学战线》1991 年第 3 期。

李　蔚:《西夏蕃官当议》,《西北史地》1985 年第 2 期。

李　蔚:《略论西夏的儒学》,《兰州大学学报》(社会科学版)1992 年第 3 期。

李华瑞:《〈天盛律令〉修纂新探——〈天盛律令〉与〈庆元条法事类〉比较研究之一》,《西夏学》2013 年第 9 辑。

李并成:《西夏时期河西走廊的农牧业开发》,《中国经济史研究》2001 年第 4 期。

李晓明、张建强:《英藏黑水城文献中一件西夏契约文书考释》,《西夏研究》2012 年第 1 期。

李祝环:《中国传统民事契约中的中人现象》,《法学研究》1997 年第 6 期。

黎大祥:《武威发现夏汉合璧铜象棋子考证》,《西夏研究》2012 年第 2 期。

刘兴全:《谈西夏蕃官》,《宁夏大学学报》(社会科学版)1991 年第 1 期。

刘秋根:《元代官营高利贷资本述论》,《文史哲》1991 年第 3 期。

刘秋根、王文书:《宋朝的抵挡所和抵当库》,《宋史研究论丛》第 9 辑,2008 年。

刘秋根:《中国封建社会利率管制政策》,载《漆侠先生纪念文集》,河北大学出版社 2002 年。

〔俄〕聂力山:《〈类林〉译文》,《国立北平图书馆馆刊》四卷三号,1932 年。

聂鸿音:《西夏〈天盛律令〉成书年代辨析》,《寻根》1998 年第 6 期。

聂鸿音:《西夏遗文录》,杜建录主编《西夏学》2007 年第 2 辑。

聂鸿音:《西夏译〈孙子传〉考释》,《中国民族古文字研究》(三),天津古籍出版社 1991 年。

聂鸿音:《〈孟子传〉的西夏文译本》,《民族古籍》1991 年第 3 期。

聂鸿音：《西夏文献研究小史》，《北京师范大学学报》1990 年第 3 期。

聂鸿音：《西夏译本〈论语全解〉考释》，《西夏文史论丛》（一），宁夏人民出版社 1993 年。

聂鸿音、史金波：《西夏文〈三才杂字〉考》，《中央民族大学学报》1995 年第 6 期。

聂鸿音、史金波：《西夏文本〈碎金〉研究》，《宁夏大学学报》（社会科学版）1995 年第 2 期。

聂鸿音：《〈孔子和坛记〉的西夏译本》，《民族研究》2008 年第 3 期。

聂鸿音：《关于黑水城的两件西夏文书》，载《西夏文献论稿》，上海古籍出版社 2012 年，第 116～123 页。

聂鸿音：《俄藏 6965 号〈天盛律令〉残卷考》，《宁夏大学学报》（哲学社会科学版）1998 年第 3 期。

聂鸿音：《西夏〈天盛律令〉里的中药名》，《中华文史论丛》2009 年第 4 期。

任仲书、于海生：《宋代"牙人"的经济活动及影响》，《史学集刊》2003 年第 3 期。

史金波：《西夏的职官制度》，《历史研究》1994 年第 2 期。

史金波：《西夏〈天盛律令〉略论》，《宁夏社会科学》1993 年第 1 期。

史金波：《西夏贷粮契约简论》：载林英津等编《汉藏语研究——龚煌城先生七秩寿庆论文集》2004 年。

史金波：《西夏农业租税考》，《历史研究》2005 年第 1 期。

史金波：《国家图书馆藏西夏文社会文书残页考》，《文献》2004 年第 2 期。

史金波：《西夏粮食借贷契约研究》，《中国社会科学院学术委员会集刊》第 1 辑，社会科学文献出版社 2004 年。

史金波：《西夏户籍初探》，《民族研究》2004 年第 5 期。

史金波：《西夏文〈过去庄严劫千佛名经〉译证》，《世界宗教研究》1981 年第 1 期。

史金波、白滨：《莫高窟榆林窟西夏文题记研究》，《考古学报》1982 年第 3 期。

史金波：《凉州感应塔碑西夏文校译补正》，《西北史地》1984 年第 2 期。

史金波：《西夏佛教新探》，《宁夏社会科学》2001 年第 5 期。

史金波：《西夏的藏传佛教》，《中国藏学》2002 年第 1 期。

史金波：《中国藏西夏文献新探》，杜建录主编《西夏学》2007 年第 2 辑。

史金波：《西夏时期的武威》，杜建录主编《西夏学》2011 年第 7 辑。

史金波：《西夏语的"买"、"卖"和"嫁"、"娶"》，《民族语文》1995 年第 4 期。

史金波：《黑水城出土西夏文卖地契研究》，《历史研究》2012 年第 2 期。

史金波：《黑水城出土西夏文租地契约研究》，《吴天墀教授百年诞辰纪念文集》，四川人民出版社 2013 年。

史金波：《西夏的物价、买卖税和货币借贷》，载朱瑞熙，王曾喻等主编《宋史研究论文集》，上海人民出版社 2008 年。

史金波：《西夏文〈金光明最胜王经〉序跋考》，《世界宗教研究》1983 年第 3 期。

孙寿岭：《西夏乾定申年典糜契约》，《中国文物报》1993 年 2 月 7 日。

孙寿岭：《武威亥母洞出土的一批西夏文物》，《国家图书馆学刊》（西夏研究专号）2002 年。

孙伯君：《西夏文〈妙法莲花心经〉考释》，杜建录主编《西夏学》2011 年第 8 辑。

〔日〕松泽博：《武威西夏博物館藏亥母洞出土西夏文契約文書について》，《东洋史苑》，2010 年第 75 号。

唐耕耦：《唐五代时期的高利贷：敦煌吐鲁番出土借贷文书初探》，《敦煌学辑刊》1985 年第 2 期。

汤开建：《西夏蕃官名号表补正》，《四川大学学报》1983 年第 2 期。

田振洪：《唐代契约实践中的国家法律与民间规则：以民间借贷契约违约责任为视角》，《东南学术》2012 年第 4 期。

王静如：《佛母大孔雀明王经夏汉藏合璧校释》，《西夏研究》第一辑，国立中央研究院历史语言研究所单刊甲种本之八 1932 年。

王静如：《金光明最胜王经卷五夏藏汉合璧考释》，《西夏研究》第三辑，国立中央研究院历史语言研究所 1933 年。

王静如：《〈现在贤劫千佛名经〉下卷残卷考释》，《西夏研究》第三辑，国立北平中央研究院历史语言研究所 1933 年。

王静如、李范文：《西夏文〈杂字〉研究》，《西北民族研究》1997 年第 2 期。

王天顺：《〈天盛律令〉与西夏社会形态》，《中国史研究》1999 年第 4 期。

王新元：《西夏天盛廿二年卖地文契研究》，《西北第二民族学院学报》1994 年第 4 期。

王元林：《西夏光定未年借谷物契考释》，《敦煌研究》2002 年第 2 期。

魏淑霞、孙颖慧：《西夏的官品与阶品》，《宁夏社会科学》2012 年第 6 期。

文志勇：《〈西夏官阶封号表〉残卷新译及考释》，《宁夏社会科学》2009 年第 1 期。

许伟伟：《天盛律令·节亲门对译与考释》，杜建录主编《西夏学》2011 年第 7 辑。

许伟伟：《〈天盛律令·内宫待命等头项门〉中的职官问题》，杜建录主编《西夏学》2011 年第 7 辑。

许伟伟：《黑城夏元时期契约文书的若干问题——以谷物借贷文书为中心》，《宁夏社会科学》2009 年第 3 期。

杨际平：《谈敦煌出土契约中的违约责任条款—兼与余欣同志商榷》，《中国社会经济史研究》1994 年第 4 期。

杨卉青：《宋代契约保障制度》，《榆林学院学报》2007 年第 1 期。

杨卉青：《宋代契约中介"牙人"法律制度》，《河北大学学报》（哲学社会科学版）2010 年第 1 期。

杨鹏亮、杨卉青：《宋代契约担保法律制度研究》，《中国社会科学院研究生院学报》2010 年第 4 期。

杨惠玲：《敦煌契约文书中的保人、见人、口承人、同便人、同取人》，《敦煌研究》2002 年第 6 期。

杨　蕤：《〈天盛律令·司序行文门与西夏政区刍议〉》，《中国史研究》2007 年第 4 期。

于光建、闫婷婷：《西夏时期河西走廊区位特点试析》，《兰州教育学院学报》2006 年第 4 期。

于光建、徐玉萍：《武威西夏墓出土冥契研究》，《西夏研究》2010 年第 3 期。

于光建、黎大祥：《武威市博物馆藏西夏文〈维摩诘所说经〉上集残叶考释》，《西夏研究》2010 年第 4 期。

于光建、徐玉萍：《武威博物馆藏 6721 号西夏文佛经定名新考》，杜建录主编《西夏学》2011 年第 8 辑。

郑显文：《唐代债权保障制度研究》，《西北师大学报》（社会科学版）2003 年第 1 期。

赵彦龙：《西夏时期的契约档案》，《西北民族研究》2001 年第 4 期。

赵彦龙：《西夏契约研究》，《青海民族研究》2007 年第 4 期。

赵彦龙：《西夏契约成立的要素》，《宁夏师范学院学报》（社会科学版）2007 年第 5 期。

赵彦龙：《论西夏契约及其制度》，《宁夏社会科学》2007 年第 4 期。

赵彦龙：《西夏契约再研究》，《宁夏社会科学》2008 年第 5 期。

学 位 论 文

刘志刚：《宋代债权担保制度研究》，河北大学博士学位论文，2008 年。

杨卉青：《宋代契约法律制度研究》，河北大学博士学位论文，2008 年。

王培培：《西夏文〈维摩诘所说经〉研究》，中国社会科学院博士学位论文，2010 年。

潘　　洁：《〈天盛改旧新定律令〉农业卷研究》，宁夏大学博士学位论文，2010 年。

佟建荣：《西夏姓氏考论》，宁夏大学博士学位论文，2011 年。

王文书：《宋代借贷业研究》，河北大学博士学位论文，2011 年。

许伟伟：《〈天盛改旧新定律令·内宫待命等头项门〉研究》，宁夏大学博士学位论文，2012 年。

翟丽萍：《〈天盛律令〉卷十研究》，陕西师范大学博士学位论文，2012 年。

周　　峰：《西夏文〈亥年新法·第三〉译释与研究》，中国社会科学院研究生院博士学位论文，2014 年。

附　　　录

附录一：《天盛律令》卷三当铺门、催索债利门图版

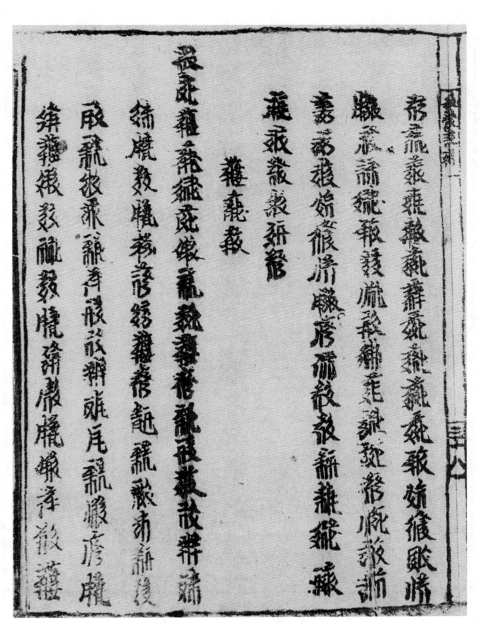

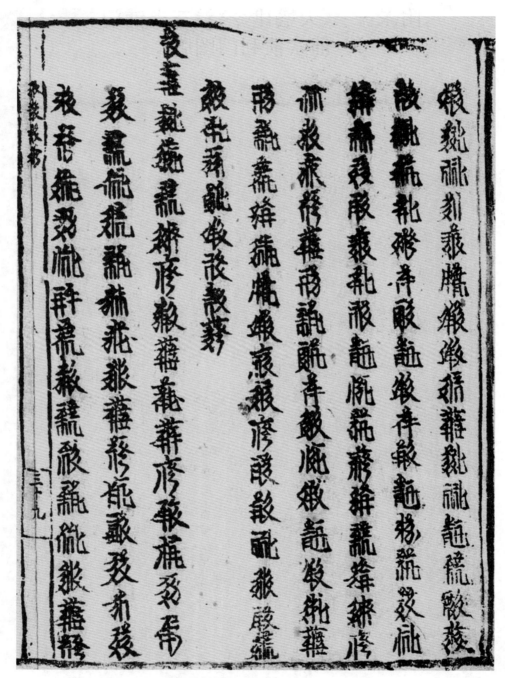

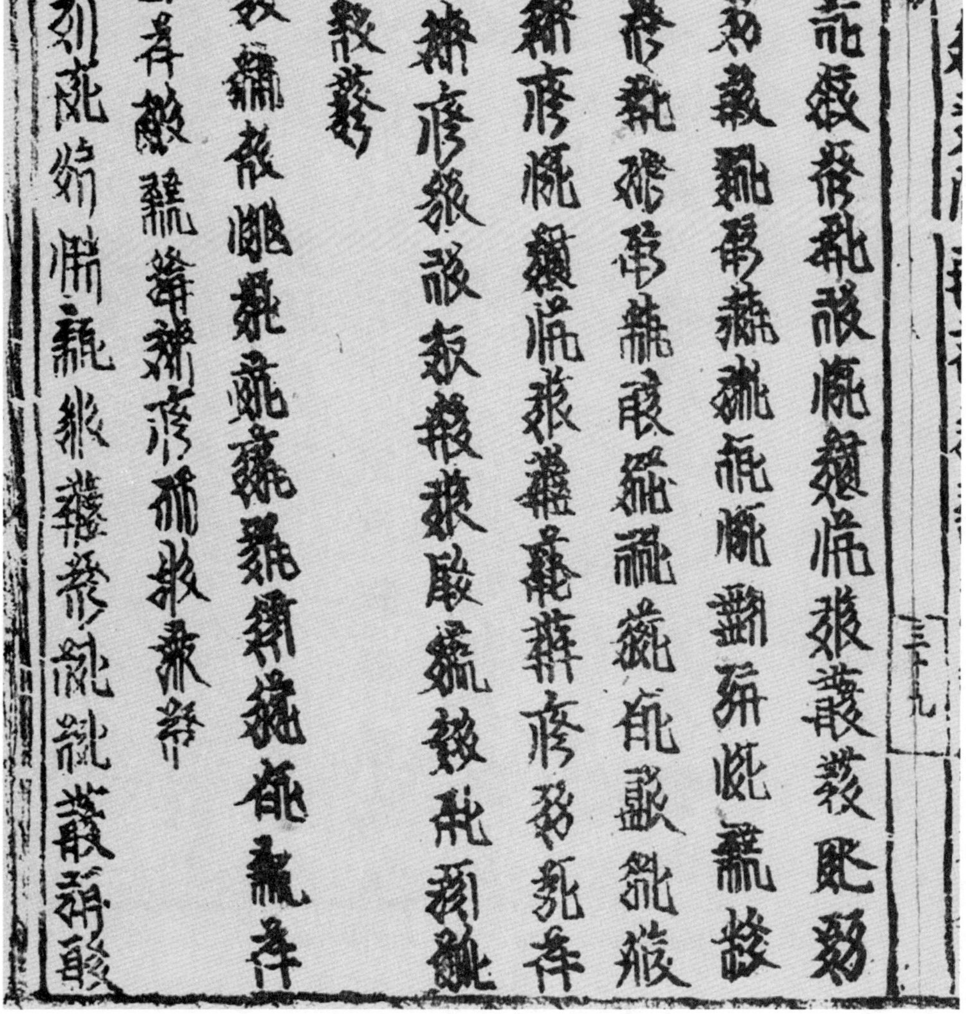

Инв.No.169　2576　2578　4188(46－39)左

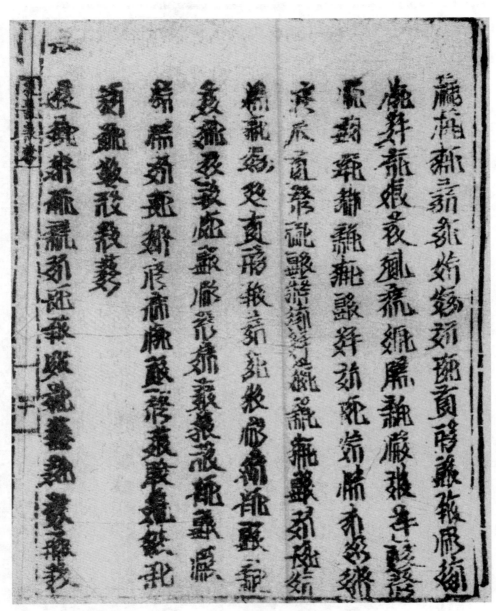

Инв.No.169　2576　2578　4188(46－40)右

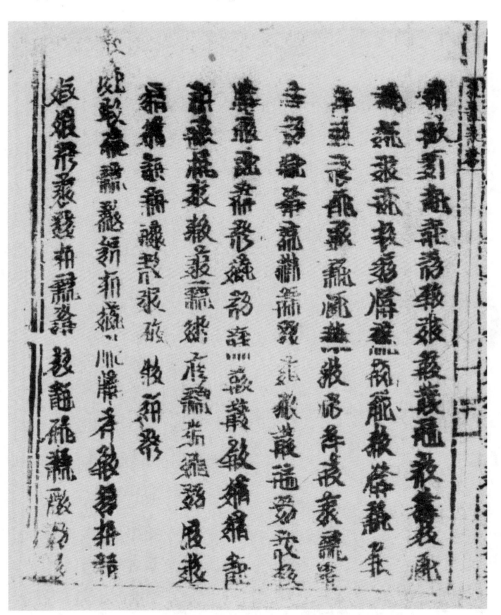

Инв.No.169　　2576　　2578　　4188(46－40)左

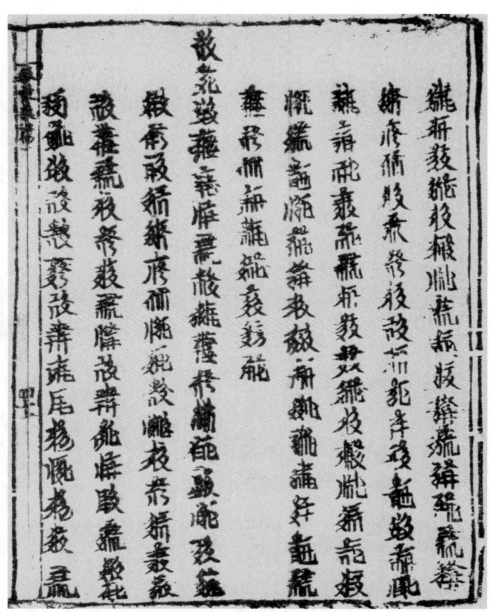

Инв.No.169　2576　2578　4188(46－41)右

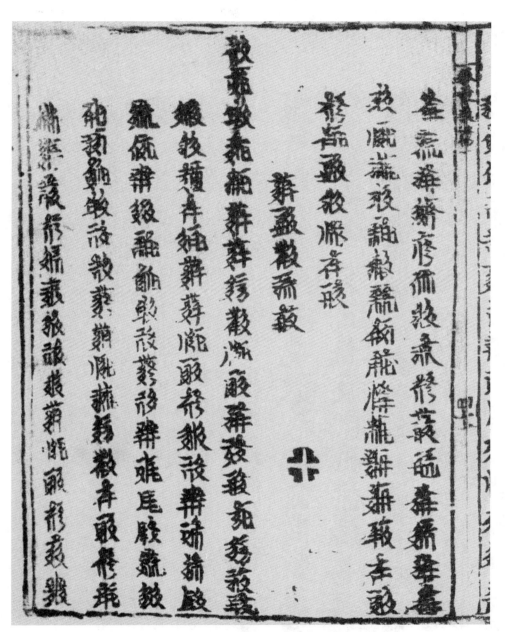

Инв.No.169　2576　2578　4188(46–41)左

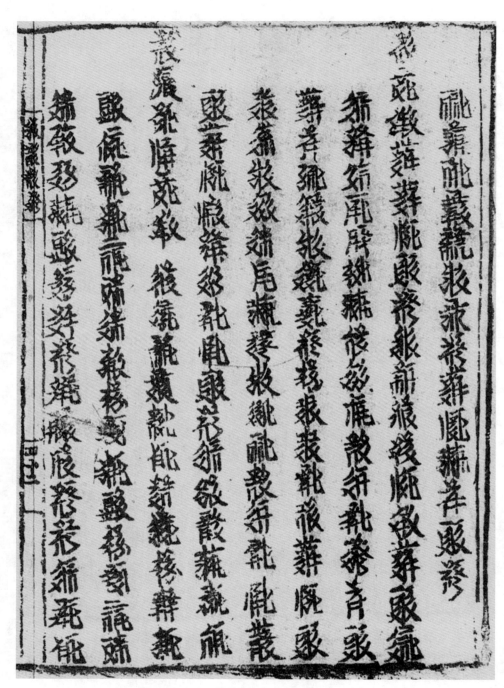

Инв.No.169　2576　2578　4188(46－42)右

Инв.No.169　2576　2578　4188(46－42)左

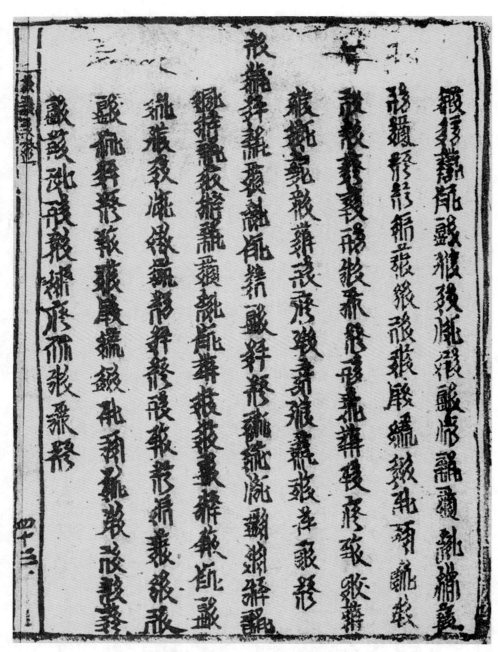

Инв.No.169　2576　2578　4188（46－43）右

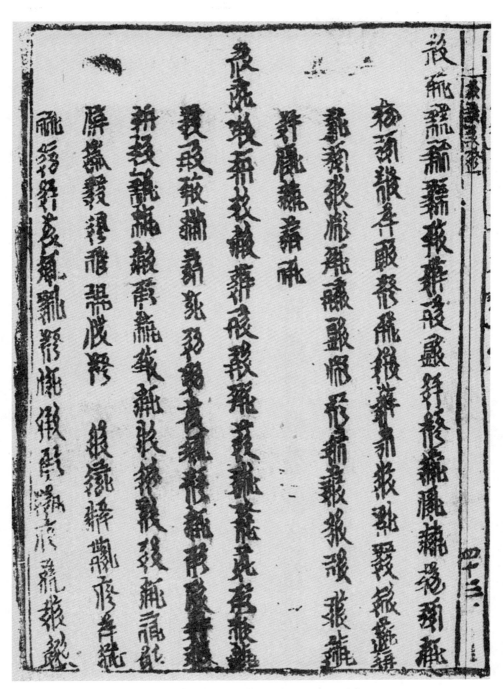

Инв.No.169　2576　2578　4188(46-43)左

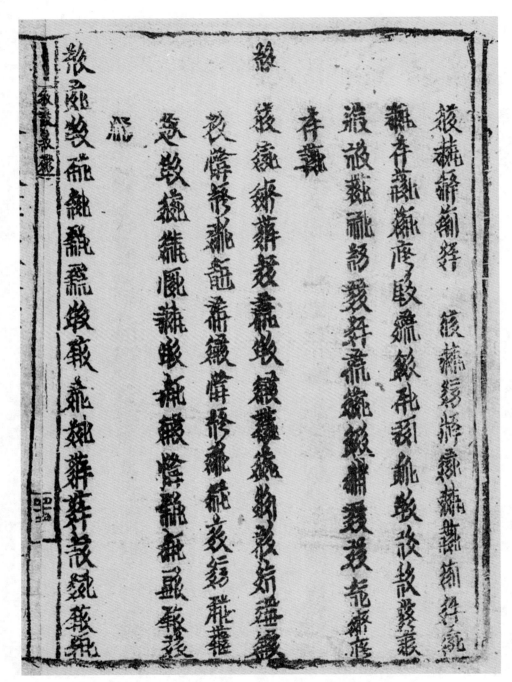

Инв.No.169 2576 2578 4188（46－44）右

254

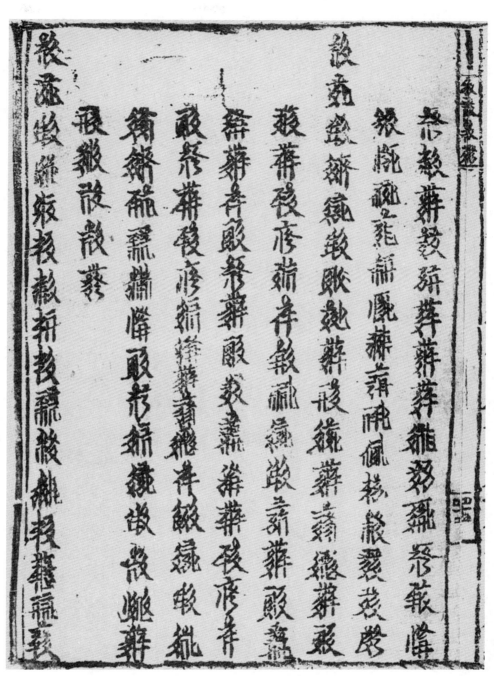

Инв.No.169　2576　2578　4188(46－44)左

255

Инв.No.169　2576　2578　4188(46－45)右

Инв.No.169　2576　2578　4188(46－45)左

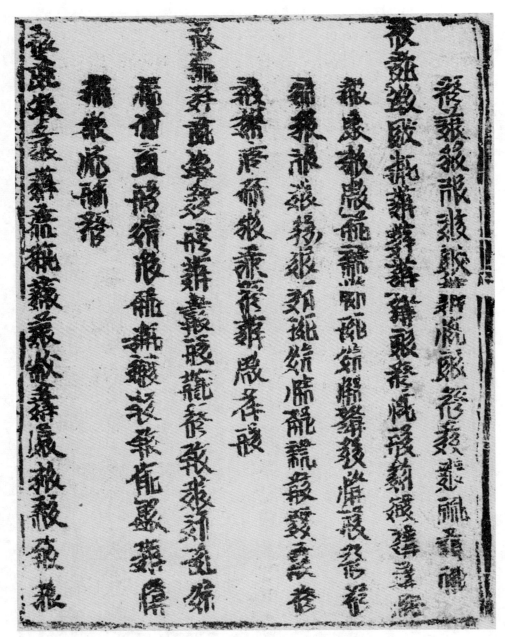

Инв.No.169　2576　2578　4188(46－45)右

附录二：《天盛律令》卷十一
出典工门图版

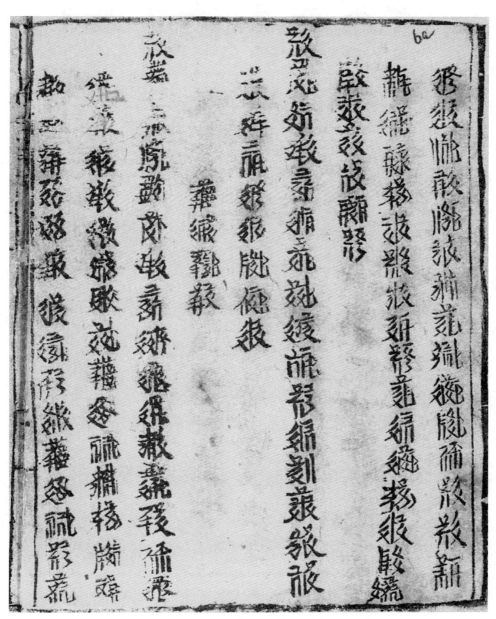

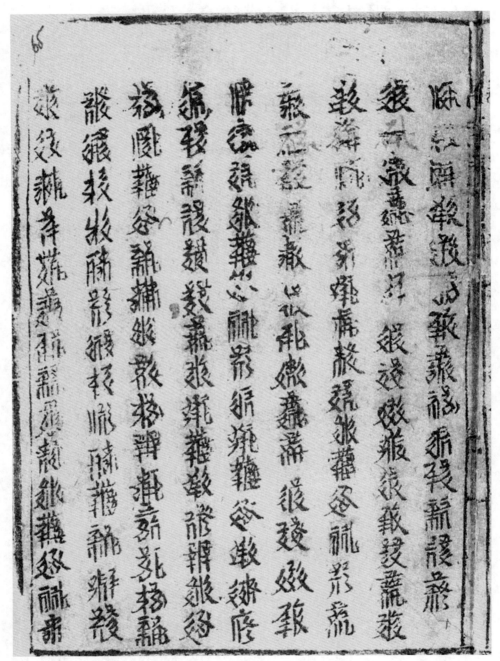

Инв.No.176　178　180(49－10)左

Инв.No.176　178　180(49‑11)右

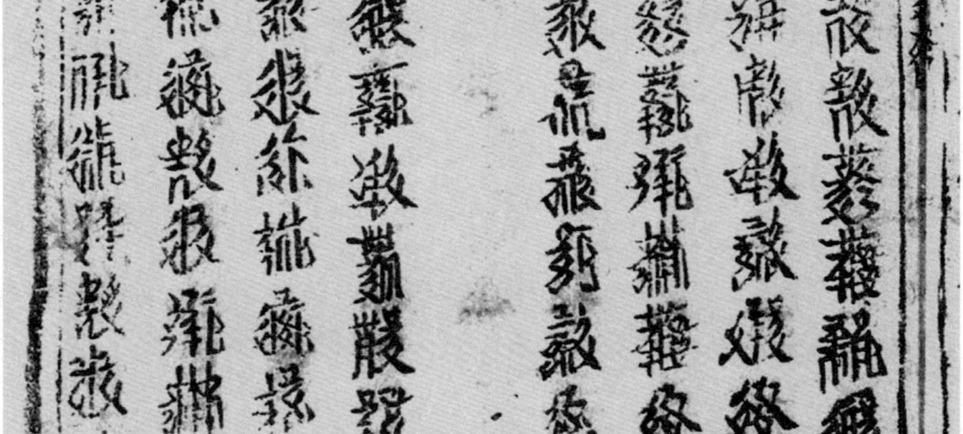

Инв.No.176　178　180(49－11)左

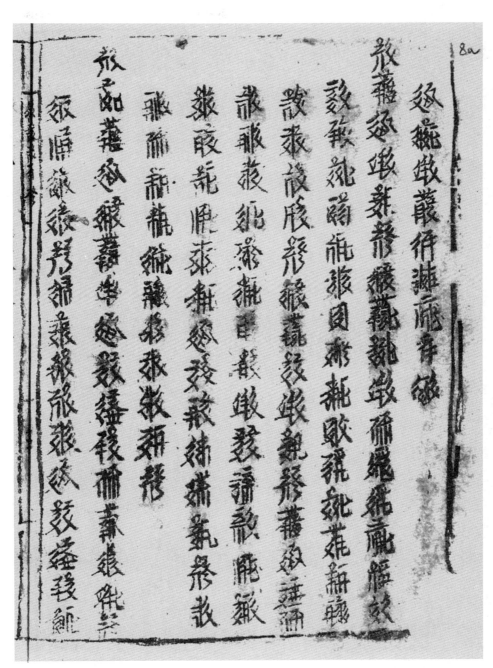

Инв.No.176　178　180(49‑12)右

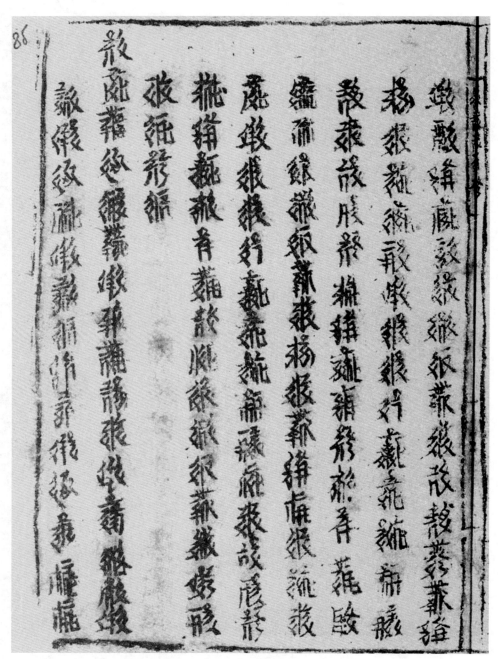

Инв.No.176　178　180(49－12)左

Инв.No.176　178　180(49－13)右

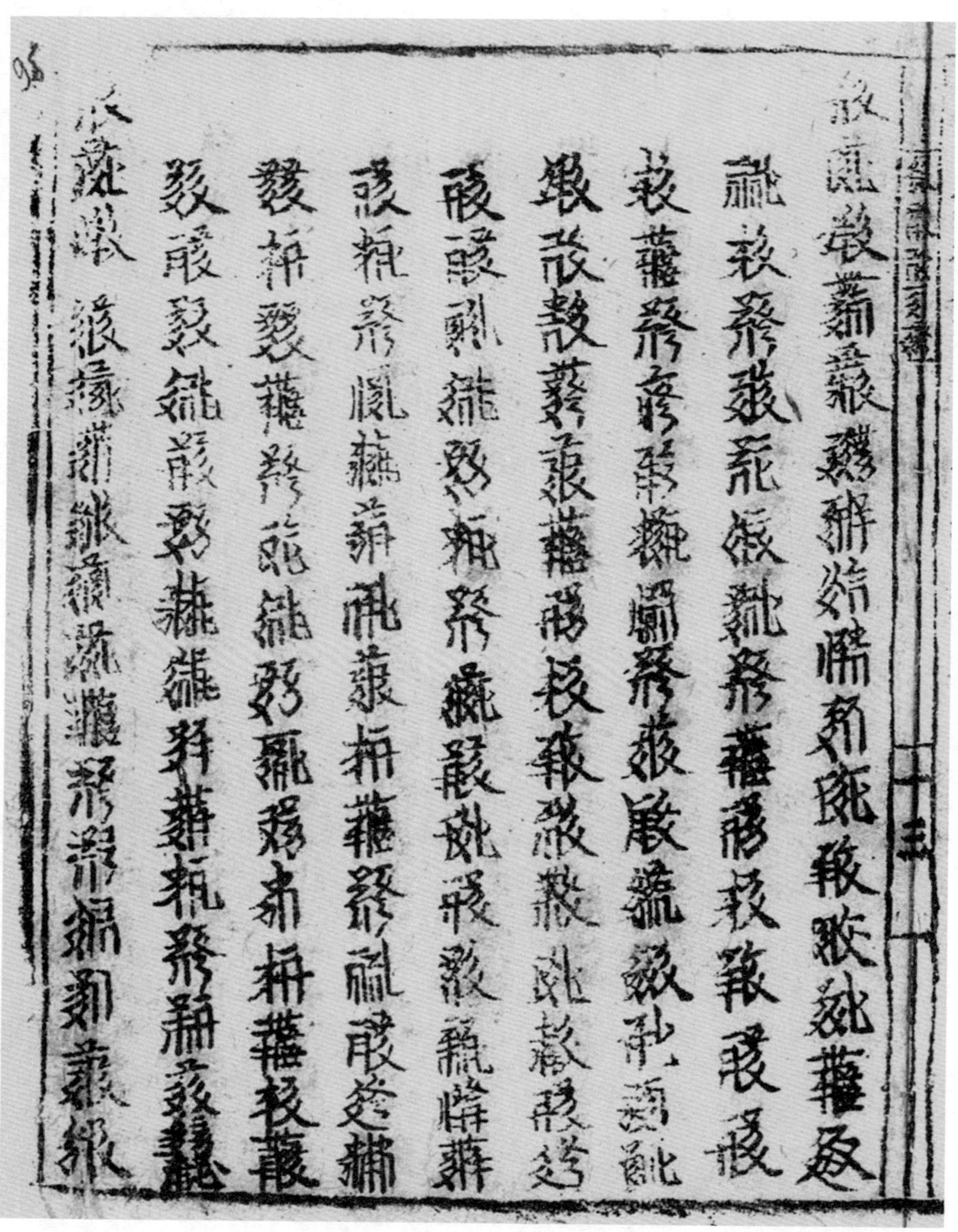

Инв.No.176　178　180(49－13)左

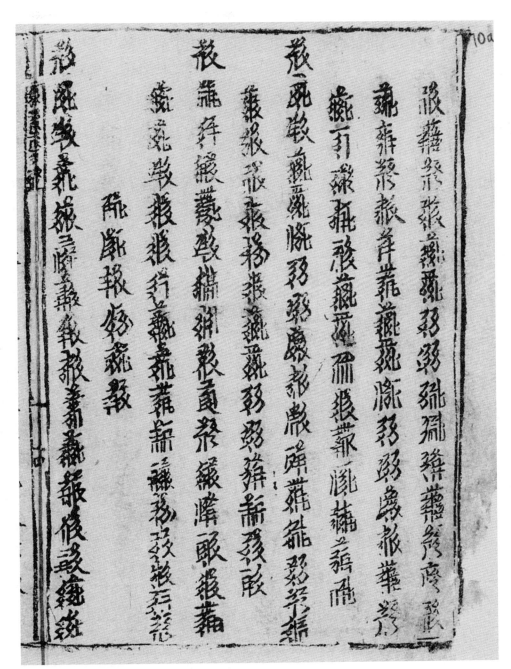

Инв. No. 176　178　180(49 - 13)右

267

附录三：西夏文字词索引

本索引为西夏文《天盛律令》卷三当铺门和催索债利门、卷十一出典工门索引。四角号码为首字四角号码，出处为该字词在《俄藏黑水城文献》第八册《天盛改旧新定律令》甲种本卷三和卷十一中首次出现的位置。如藬藙（当铺）3-46-38-B-5-1,3 表示《天盛改旧新定律令》卷三,46 表示俄藏黑水城文献第八册《天盛改旧新定律令》卷三总图版数,38 表示卷三第 38 个图版,B 表示在左面(A 表示右面),5 表示第 5 行,1 表示该词语首字位于该行第 1 个字。

四角号码	西夏文	汉 译	出 处
102121	蘿螭蒲	……以下、地下	3-46-42-A-8-6
104100	茈	感染	11-49-11-A-5-14
104144	藏豩	诬陷	3-46-44-B-1-11
	藏豩	谋诬、诬陷	11-49-13-B-7-9
104224	蘋藐	稻谷、粮食	3-46-42-A-7-9
112250	胼桃	远近	3-46-42-A-3-5
112920	誧	孙	3-46-45-B-1-1
114100	懂	媳	3-46-45-A-9-16
114100	羄	媳、妇	11-49-12-A-4-14
114114	羆	诈	3-46-40-B-1-5
114117	霾豩	无言、不说	3-46-40-B-4-12
114140	磘羖	量价	3-46-40-B-2-4
114142	藏鞛	借贷	3-46-44-B-9-15
114224	豩胼	边近、近处	11-49-11-A-6-9
	豩桃	边远、偏远	11-49-11-A-7-2
114240	翔	斛	3-46-42-A-8-10
114440	羾	退/悔/减少	3-46-40-B-7-10
114550	羼	幼、孩	3-46-43-B-2-16
117122	藟藏骈	依……实行	3-46-39-B-2-7

四角号码	西夏文	汉 译	出 处
117140	𗰱	妾	11 - 49 - 12 - A - 3 - 11
117441	𗰱𗀔	传达、交易、中间人	3 - 46 - 39 - B - 9 - 15
117900	𗰱𗀔	逼迫	3 - 46 - 42 - B - 2 - 3
121080	𗧓	有	3 - 46 - 42 - B - 8 - 3
122127	𗘮	活	3 - 46 - 40 - B - 8 - 6
122422	𗀔𗀔	大小、多少	11 - 49 - 13 - B - 4 - 9
124400	𗀔	姊妹	11 - 49 - 12 - A - 3 - 1
134420	𗀔𗀔	时节、期限	46 - 42 - A - 5 - 1
144140	𗀔𗀔	日限、期限	3 - 46 - 39 - A - 2 - 4
	𗀔𗀔	过限、超期	3 - 46 - 39 - A - 3 - 6
144140	𗀔𗀔	宽限	3 - 46 - 42 - A - 5 - 13
154244	𗀔𗀔	奴仆	11 - 49 - 13 - B - 1 - 6
172122	𗀔	卧具、敷具	3 - 46 - 39 - B - 7 - 9
172125	𗀔𗀔𗀔	未嫁女	3 - 46 - 42 - B - 4 - 6
	𗀔𗀔	男女	3 - 46 - 45 - A - 9 - 14
172152	𗀔𗀔𗀔	物属者	3 - 46 - 39 - A - 7 - 5
	𗀔𗀔	物色、品相	3 - 46 - 40 - B - 2 - 8
172222	𗀔	少许、几何	3 - 46 - 43 - B - 8 - 5
172240	𗀔𗀔	收益	3 - 46 - 40 - A - 1 - 10
172250	𗀔𗀔𗀔	未商量	3 - 46 - 41 - A - 7 - 2
	𗀔𗀔	语情	3 - 46 - 43 - B - 7 - 6
	𗀔𗀔	反悔	3 - 46 - 43 - B - 9 - 10
	𗀔𗀔𗀔	争讼人、当事人	11 - 49 - 12 - A - 5 - 7
172252	𗀔𗀔	财产	3 - 46 - 43 - B - 1 - 4
172420	𗀔	隐	3 - 46 - 40 - B - 4 - 14
172424	𗀔	归还	3 - 46 - 44 - A - 4 - 6
174120	𗀔𗀔	破旧	3 - 46 - 39 - B - 7 - 10
174125	𗀔𗀔	辅主	11 - 49 - 10 - A - 7 - 13
174125	𗀔𗀔	狗咬	11 - 49 - 11 - A - 5 - 5
174220	𗀔𗀔	屋舍	3 - 46 - 39 - B - 9 - 4

四角号码	西夏文	汉　译	出　　处
174222	𗇜𗰱	各自	3－46－40－A－1－4
174240	𗷚𗷚	乐意、自愿	3－46－43－B－6－7
174420	𗼑	缩	3－46－38－B－6－16
175450	𗱕𗾔	强力	3－46－41－B－5－18
177322	𗵹	归还	3－46－39－B－8－11
177442	𗢳𗾫	正军	11－49－10－B－1－8
	𗢳𗵺𗈇	军首领	11－49－11－A－7－10
182151	𗼮	钱	3－46－38－B－6－12
	𗼮𗫃𗆍	钱上利	3－46－44－A－7－11
	𗼮𗟰	钱法	11－49－11－A－1－6
182152	𗼸𗟲	畜物	3－46－40－A－9－4
	𗼸𗫽	雌畜	3－46－43－B－2－7
	𗼸𗙏	畜踏	11－49－11－A－5－7
182248	𗎳𗼋	荒淫、奸淫	11－49－12－A－3－4
184244	𗷚𗼮	赏钱	3－46－39－A－5－1
184400	𗳦𗭪𗳦	相等	3－46－39－A－8－13
184400	𗳦𗫂	局分、有司	3－46－41－B－5－13
184440	𗮔𗵉	同借者	3－46－42－B－2－15
210111	𗡜𗼘	迁溜	11－49－11－A－7－13
210120	𗜳	媳	3－46－42－B－4－3
210124	𗥤𗫽	以后	3－46－39－A－4－11
210127	𗥤𗎫	有无	3－46－40－A－2－1
	𗥤𗤡	此外、除……以外	3－46－40－A－3－1
	𗥤𗆨	非道、不合理	3－46－45－B－2－6
214121	𗭑𗴮	何时	3－46－40－A－2－8
214122	𗴱𗎫	前述	3－46－41－A－4－12
214127	𗴵𗣼	妻眷、妻妾	3－46－42－B－4－1
214140	𗬩𗰀	分离、分担	3－46－42－A－4－6
214220	𗣝	尸、死	3－46－40－B－8－7
214222	𗣞𗵉𗡜𗵉	无主贫子	11－49－10－B－1－10

四角号码	西夏文	汉　译	出　　处
214240	𗥻𗥻	举告	3 - 46 - 41 - B - 5 - 16
214420	𗥻𗥻	诉讼	3 - 46 - 39 - B - 5 - 7
	𗥻𗥻	检校	11 - 49 - 11 - A - 7 - 15
	𗥻𗥻𗥻𗥻	辱骂	11 - 49 - 12 - A - 9 - 1
217442	𗥻	交纳	3 - 46 - 40 - A - 4 - 8
220422	𗥻𗥻	分居、分家	11 - 49 - 10 - B - 1 - 2
220452	𗥻𗥻	毁亡、破用	3 - 46 - 45 - B - 2 - 11
222444	𗥻	罚	3 - 46 - 39 - A - 7 - 1
224000	𗥻	果	3 - 46 - 40 - A - 5 - 4
224028	𗥻𗥻𗥻	日交钱、日息	3 - 46 - 43 - A - 5 - 16
	𗥻𗥻	天数	3 - 46 - 44 - A - 3 - 11
224055	𗥻	兄弟	3 - 46 - 45 - A - 9 - 10
224422	𗥻𗥻	铠甲	11 - 49 - 10 - B - 2 - 3
227450	𗥻𗥻𗥻	主人	11 - 49 - 11 - A - 6 - 6
230254	𗥻𗥻	帐舍	3 - 46 - 46 - A - 3 - 7
232140	𗥻𗥻	死伤	11 - 49 - 11 - B - 7 - 5
232452	𗥻𗥻	恃势、强力	3 - 46 - 46 - A - 9 - 10
232452	𗥻	逼迫	3 - 46 - 46 - A - 9 - 14
234144	𗥻𗥻	超额	3 - 46 - 43 - A - 7 - 6
234220	𗥻𗥻	田畴	3 - 46 - 39 - B - 9 - 6
	𗥻𗥻	地苗、禾苗	3 - 46 - 40 - A - 1 - 6
	𗥻𗥻	地程	3 - 46 - 42 - A - 3 - 3
	𗥻𗥻	地租、租金	3 - 46 - 46 - A - 7 - 5
234220	𗥻𗥻	男妇、男女	3 - 46 - 44 - A - 3 - 13
234282	𗥻	名	3 - 46 - 40 - A - 1 - 15
240122	𗥻𗥻	知证、知验	3 - 46 - 39 - A - 10 - 5
	𗥻𗥻	知识、知情、知情人	3 - 46 - 40 - B - 8 - 9
240125	𗥻𗥻	司中	11 - 49 - 11 - A - 7 - 5
	𗥻𗥻	司边	11 - 49 - 12 - A - 6 - 4
244122	𗥻𗥻	头监	3 - 46 - 44 - B - 6 - 14

四角号码	西夏文	汉　译	出　　处
248122	𗾚𗗘𗾚	月交钱、月息	3 - 46 - 43 - A - 6 - 1
250125	𗗘	枷锁	11 - 49 - 12 - A - 5 - 13
254125	𗗘𗗘𗗘	邻居主、邻家主	11 - 49 - 11 - A - 8 - 9
270222	𗗘	计算	3 - 46 - 40 - A - 1 - 14
	𗗘𗗘	减除	3 - 46 - 46 - A - 8 - 3
270224	𗗘𗗘	国土、全国	3 - 46 - 42 - A - 7 - 2
270450	𗗘𗗘	有官人	3 - 46 - 39 - A - 6 - 15
	𗗘𗗘𗗘	局分位	11 - 49 - 13 - A - 6 - 14
270525	𗗘	测量	3 - 46 - 40 - B - 2 - 7
274100	𗗘𗗘	主人	11 - 49 - 12 - A - 8 - 9
274142	𗗘	私	3 - 46 - 40 - A - 9 - 3
	𗗘𗗘	私人	3 - 46 - 44 - B - 3 - 5
	𗗘𗗘	私事	11 - 49 - 10 - B - 5 - 2
274420	𗗘𗗘𗗘	年交钱、年息	3 - 46 - 43 - A - 6 - 4
274455	𗗘	工、力	3 - 46 - 42 - A - 4 - 4
	𗗘𗗘𗗘	出工	3 - 46 - 42 - B - 4 - 13
	𗗘𗗘	工价	3 - 46 - 44 - A - 3 - 15
	𗗘𗗘	工价	3 - 46 - 44 - A - 4 - 7
	𗗘𗗘𗗘	出工人	11 - 49 - 11 - B - 3 - 9
280142	𗗘𗗘	酒肉	3 - 46 - 44 - B - 9 - 4
280151	𗗘𗗘	识信	3 - 46 - 38 - B - 9 - 10
	𗗘𗗘𗗘	识信人	3 - 46 - 39 - A - 1 - 6
280440	𗗘	高	3 - 46 - 40 - B - 6 - 14
280450	𗗘𗗘	活业	11 - 49 - 11 - B - 6 - 11
282140	𗗘𗗘𗗘	辱骂	11 - 49 - 12 - B - 1 - 6
284000	𗗘𗗘	争斗	3 - 46 - 45 - A - 3 - 1
284220	𗗘𗗘	房舍	3 - 46 - 46 - A - 6 - 15
284221	𗗘𗗘𗗘	偷盗	3 - 46 - 40 - B - 5 - 12
284420	𗗘𗗘	殴打	3 - 46 - 45 - A - 2 - 13
	𗗘𗗘𗗘	持械	11 - 49 - 11 - B - 7 - 10

续　表

四角号码	西夏文	汉　译	出　　处
	𘜀𘝗	拷打	11－49－11－B－7－14
287420	𘜀𘝕	违法	3－46－39－B－5－5
	𘜀𘝔	法令、律令	3－46－42－A－6－12
	𘜀𘝖𘝘𘝙𘝚	贪赃枉法罪	3－46－44－B－2－1
288420	𘜁	官、公	3－46－40－A－9－2
	𘜁𘝛	官人、官奴	11－49－10－A－8－3
	𘜁𘝜	官马	11－49－10－B－2－1
	𘜁𘝝	官事、公事	11－49－10－B－2－7
294274	𘜂𘝞	大小	11－49－12－A－6－10
302422	𘜃𘜀𘝟	只关者	3－46－39－A－6－8
322422	𘜄𘝠	侵凌	11－49－12－A－5－1
322440	𘜅	姑姑	11－49－12－A－2－16
410112	𘜆𘝡	本利	3－46－39－A－8－11
412122	𘜇𘝢	双方	3－46－40－A－1－1
502124	𘜈𘝣	逃跑	11－49－12－B－8－9
504144	𘜉	拿	3－46－44－A－2－3
504200	𘜊	杖	3－46－39－A－7－8
504520	𘜋	债	3－46－41－B－4－1
	𘜋𘜋	借债、负债	3－46－41－B－5－6
	𘜋𘝤	赖债	3－46－41－B－9－2
	𘜋𘝥𘝟	借债者	3－46－42－B－1－14
	𘜋𘝦𘝧	债主	3－46－44－B－3－12
	𘜋𘝨𘝟	还债者	3－46－45－B－6－3
	𘜌𘜍	当铺、典当	3－46－38－B－5－1
505120	𘜌𘜍𘝩	典当长府	3－46－38－B－6－3
	𘜌𘝪𘝩	典当人	3－46－39－A－7－2
	𘜌𘜍𘜌𘝟	当铺商人	3－46－39－A－7－9
505120	𘜌𘝫𘝛	典押人	11－49－12－A－2－2
505450	𘜎𘝬	强卖	3－46－39－B－1－13
505520	𘜏𘝟𘝭	持主者、主人	3－46－42－B－6－11

四角号码	西夏文	汉　译	出　　处
	𮨰𗟲𗠟	持主者、主人	3－46－42－B－7－2
507140	𗢍𗾧	水火	11－49－11－A－5－1
522450	𗱘𗾰	催索	3－46－41－B－4－3
604222	𗣼𗧾	使军	11－49－10－A－7－2
	𗣼𗮔	役使	11－49－11－B－6－7
712142	𗾃𗾾	……以上	3－46－38－B－8－10
732442	𗳕𗣊	他处、别处	3－46－40－A－9－10
784442	𗫯𗒹	起火、烧火	3－46－40－B－1－2
794245	𗟭𗤁	……以下	3－46－38－B－6－17
802122	𗡞𗴲	眼前、当面	11－49－12－B－1－4
802400	𗼦𗫂	文字	3－46－40－A－2－5
804122	𗾴𗱚𗤢𗣙𗤑𗧓	绞杀、绞刑	11－49－12－B－3－8
804280	𗦜𗫡	丈夫	3－46－44－B－3－13
804440	𗣑	索取	3－46－43－A－1－16
804440	𗩾𗱲	铁刃	11－49－11－A－5－9
807441	𗪚𗮍	决断、判断	3－46－41－A－3－2
808124	𗥿𗱲	父母	3－46－45－A－9－8
812120	𗬓𗤁	文据、文契	3－46－39－B－1－3
812142	𗦳𗾔	庶人	3－46－39－A－7－4
812454	𗡷𗰖	罪情、罪状	3－46－41－A－5－4
812454	𗡷𗥃	犯罪	11－49－11－B－3－11
814120	𗫴	拔、拉、赎	3－46－39－B－1－10
814141	𗫿	变、易、译	3－46－44－A－2－4
814144	𗤑𗣙𗤑𗧓	剑斩、斩刑	11－49－12－B－6－3
814170	𗥻𗴛	次等	3－46－40－B－2－2
822122	𗩮	黥	3－46－44－B－2－10
824020	𗟀𗥇	假若	3－46－39－A－1－4
824080	𗨳𗫂	势力、权贵	3－46－46－A－2－13
824455	𗮈𗦺	牵掣、强制	3－46－46－A－3－1
834142	𗧐	伤	3－46－45－A－3－11

四角号码	西夏文	汉　译	出　　处
834142	𗥃𗥤	伤者	11－49－12－B－2－3
842122	𗥃𗥤	多夥、众多	3－46－39－A－8－3
842124	𗥃𗥤	差异	3－46－39－B－9－12
854142	𗥃𗥤	患病	11－49－11－A－5－12
872220	𗥃𗥤	不许、不准	3－46－42－A－9－13
872224	𗥤	特殊、超、多	3－46－40－B－5－7
874100	𗥃𗥤	打击	11－49－11－B－6－16
874140	𗥤	衣服	3－46－39－B－7－8
874400	𗥃𗥤	不义、非道	3－46－46－A－6－6
875450	𗥃𗥤	家门、门户	3－46－42－B－8－5
	𗥃𗥤	室头、家长	3－46－45－A－9－6
	𗥃𗥤	何所、多少	3－46－46－A－3－13
	𗥃𗥤	何因	11－49－11－B－9－14
884400	𗥃𗥤	分食、分享、享用	3－46－42－B－7－16
884420	𗥤	抓捕	3－46－40－B－9－9
884442	𗥃𗥤𗥤	故意杀人者	11－49－11－B－8－9
884550	𗥃𗥤	恃、依仗、依靠	3－46－46－A－2－15
912117	𗥃𗥤	盗物	3－46－38－B－7－10
	𗥃𗥤	偷盗者、盗贼	3－46－39－A－2－8
915121	𗥤	变化	11－49－13－B－5－6
915440	𗥃𗥤	买卖	3－46－43－B－5－4
917145	𗥃𗥤	自……起	11－49－13－A－2－5
	𗥃𗥤	到……止	11－49－13－A－2－10
917242	𗥃𗥤	稀少	3－46－39－A－8－6
922420	𗥃𗥤	任意、随意	3－46－39－B－7－6
925400	𗥤	市、商	3－46－39－A－9－1
	𗥃𗥤𗥤	贩卖知人、牙人、捐客	3－46－41－A－3－10
955122	𗥤	死亡	11－49－11－A－5－15
972420	𗥃𗥤	寄存、寄放	3－46－44－A－9－14
972452	𗥃𗥤	种种	3－46－41－A－6－8

四角号码	西夏文	汉　译	出　　处
975400	𧸷𘟙	价钱、价格	3 - 46 - 41 - B - 2 - 3
975444	𗰷𗂧	中间知人、牙人、捐客	3 - 46 - 41 - A - 1 - 6
985240	𗡜𘁩	一律	3 - 46 - 41 - A - 9 - 11
985240	𗡜𘉑𘋩𘈩	同居时	3 - 46 - 45 - A - 9 - 2
	𗡜𘏑𘋩	同居	11 - 49 - 10 - A - 8 - 13
985545	𗰸𗂴	巡检	11 - 49 - 11 - A - 7 - 8

附录四：西夏文草书借贷典当
契约常用词汇表

本西夏文草书借贷典当契约常用词汇表利用史金波先生等译释解读出的西夏文草书契约，结合作者翻译的西夏文典当借贷契约，对照《俄藏黑水城文献》(第 12、13、14 册)、《中国藏西夏文文献》刊布的原始图版整理。每个字词选取较为清晰的四种不同写法图版，依据西夏文契约基本格式，按照常用字词出现先后顺序分类排列，每组给出对应的汉文意思、西夏文楷书、西夏文草书，便于学界对照解读西夏文草书契约文书。

汉 语	西夏文楷书	西 夏 文 草 书			
乾祐	𘟙𗦀				
天盛	𗇁𘘍				
天庆	𗇁𘝯				
应天	𗇁𘏨				
光定	𗼲𘒣				
乾定	𘟙𘒣				

汉语	西夏文楷书	西 夏 文 草 书			
子	𗇜				
丑	𗥔				
寅	𗋐				
卯	𗰔				
辰	𗤱				
巳	𗢜				
午	𗣼				
未	𗒘				
申	𗍫				
酉	𗋽				
戌	𗊱				
亥	𗦲				
年	𗵯				
月	𗼑				

汉语	西夏文楷书	西夏文草书			
日	𘝾𗧓				
同日	𗯿𗧓				
一	𗂧				
二	𗍺				
三	𗾺				
四	𗥃				
五	𗏁				
六	𗤁				
七	𗒹				
八	𘉋				
九	𗢸				
十	𗰗				
文状为者	𗇋𘎛𗫡𗥃				

汉语	西夏文楷书	西 夏 文 草 书			
今	𗢳				
自属	𗤋𗤋				
自愿	𗤋𗏹				
……处	𗼣				
石/斛	𗟑				
斗	𗟏				
升	𗟒				
缙	𗰖				
钱	𗄹				
麦	𘇞				
粟	𗾽				
杂	𗫷				
糜	𘊝				
持	𗰜				

汉语	西夏文楷书	西 夏 文 草 书			
取/借	𘔭				
牛	𗊲				
牛	𘚢				
马	𗆐				
狗	𗥃				
驴	𗵘𗺓				
骆驼	𗅩𗥦				
雄	𗥐				
雌	𗿢				
齿	𗙴				
黑	𗢳				
地	𗂧				
园	𗰖				
一	𗍁				

281

汉 语	西夏文楷书	西　夏　文　草　书			
卖	𫞩				
作价	𫞧𫞩				
所言	𫟲𫞤				
……上	𫞃				
本	𫟱				
利	𫞝				
有	𫞜				
共算	𫞰𫞮				
借贷	𫞬𫞫				
典贷	𫞭				
工价	𫞨𫞩				
差异	𫞯𫞰				

汉语	西夏文楷书	西 夏 文 草 书			
若	𗖾				
同抄	𗵘𗒀				
子弟	𗼦𗟲				
争	𗾬				
诉讼	𗙸𗟲				
反悔	𗵒𗭼				
时	𗣼				
集聚	𗏇𗾫				
期限	𗋽𗮔				
同年	𗵘𗃛				
不	𗦫				

汉　语	西夏文楷书	西　夏　文　草　书			
有					
偿还					
各/时					
来					
依					
官					
私					
语情					
文书					
律令					
实行					
罚					

汉 语	西夏文楷书	西 夏 文 草 书			
交	㛜				
本	㨂				
心服	㛜㛜				
同立文人	㛜㛜㛜				
同借者	㛜㛜				
知人	㛜㛜				

后　记

　　二十世纪九十年代以来,随着《俄藏黑水城文献》、《英藏黑水城文献》、《中国藏西夏文献》、《中国藏黑水城汉文文献》、《斯坦因第三次中亚考古所获汉文文献》(非佛经部分)、《法藏敦煌西夏文献》、《俄藏敦煌文献》、《日本藏西夏文献》等大型文献的出版,为全面深入研究西夏与黑水城文献奠定了坚实的基础。为此,宁夏大学西夏学研究院展开系列研究,在组织重大重点项目的同时,编纂出版《西夏文献研究丛刊》,由杜建录教授主编。2013年,又将中俄人文合作研究课题"西夏法律文献研究"、"西夏文献专题研究"纳入《西夏文献研究丛刊》出版计划,由中俄西夏学联合研究所中方所长杜建录教授和俄方所长波波娃教授共同主编。

　　《西夏文献研究丛刊》自2010年推出后,目前已出版杜建录、史金波《西夏社会文书研究》、聂鸿音《西夏文献论稿》、杜建录编著《中国藏西夏文献研究》、彭向前《西夏文〈孟子〉整理研究》、杜建录、波波娃主编《〈天盛律令〉研究》、胡进杉《西夏佛典探微》、段玉泉《西夏〈功德宝集偈〉跨语言对勘研究》、杜建录《党项西夏碑石整理研究》,即将出版的有潘洁的《〈天盛律令〉农业门整理研究》、于光建的《〈天盛律令〉典当借贷门整理研究》、翟丽萍的《〈天盛律令〉职官门整理研究》等。该文献研究丛刊的出版,得到中俄人文合作委员会秘书处(教育部)、教育部国际合作与交流司、社会科学司、宁夏回族自治区教育厅、宁夏大学、俄罗斯科学院东方文献研究所以及上海古籍出版社的大力支持,教育部副部长、中俄人文合作委员会教育合作分委会中方主席郝平拨冗作序,在此一并表示衷心的感谢!

编　者

二○一六年三月七日

图书在版编目(CIP)数据

　　《天盛律令》典当借贷门整理研究 / 于光建著.
—上海：上海古籍出版社，2018.1
　　(西夏文献研究丛刊)
　　ISBN 978-7-5325-8624-0

　　Ⅰ.①天…　Ⅱ.①于…　Ⅲ.①典当业-民法-法制史
-研究-中国-西夏②《天盛律令》-研究　Ⅳ.
①D929.463

　　中国版本图书馆 CIP 数据核字(2017)第 242136 号

西夏文献研究丛刊

书　　　名　《天盛律令》典当借贷门整理研究
作　　　者　于光建　著
责任编辑　谷　玉
出版发行　上海古籍出版社
　　　　　　　(上海瑞金二路 272 号　邮政编码 200020)
(1) 网　　址：www.guji.com.cn
(2) E-mail：gujil@guji.com.cn
(3) 易文网网址：www.ewen.co
印　　　刷　金坛古籍印刷有限公司
版　　　次　2018 年 1 月第 1 版
　　　　　　　2018 年 1 月第 1 次印刷
规　　　格　开本 787×1092　1/16
印　　　张　18.25　字数 333,000
国际书号　ISBN 978-7-5325-8624-0/K・2386
定　　　价　78.00 元